Sylvia Börgens

Wie aus Trauer Neues wächst

Sylvia Börgens

Wie aus Trauer Neues wächst

Ich finde Trost in meinem Tun

KREUZ

© KREUZ VERLAG
in der Verlag Herder GmbH, Freiburg im Breisgau 2010
Alle Rechte vorbehalten
www.kreuz-verlag.de

Umschlaggestaltung: Bergmoser + Höller Agentur, Aachen
Umschlagfoto: © Tina Ruisinger / buchcover.com

Satz: de·te·pe, Aalen
Herstellung: fgb · freiburger grafische betriebe, Freiburg
www.fgb.de

Gedruckt auf umweltfreundlichem, chlorfrei gebleichtem Papier
Printed in Germany

ISBN 978-3-7831-3399-8

Inhalt

Vorwort

von Hubertus Busch, Klinikseelsorger am Olgaspital, Stuttgart

Das vorliegende Buch ist aus der jahrelangen Praxis einer erfahrenen Trauerbegleiterin heraus entstanden und aus den Erfahrungen, die die Autorin aufgrund ihrer eigenen Betroffenheit gemacht hat. Es ist ein Buch aus der Praxis für die Praxis und wendet sich zuerst an die Leserinnen und Leser, deren Leben von der Trauer erfasst und verändert wurde.

Als Ratgeber und Ermutigung mag dieses Buch vor allem den Menschen dienen, denen es, aus welchen Gründen auch immer, schwer fällt, ihre Trauer ausschließlich emotional auszudrücken. Es ist für Menschen, die eher im Tun, im Handeln und Gestalten ihre bevorzugten Ausdrucksweisen finden. Hier unterscheidet sich Sylvia Börgens' Buch wesentlich von anderer Trauerliteratur, in der meist die emotionale Seite der Trauer betont wird.

Mit einem Beispiel aus meiner Arbeit als Seelsorger an einer Kinderklinik möchte ich die am Lebenspraktischen orientierte Grundstruktur dieses Buches aufgreifen:

Ein Ehepaar, dessen zehn Monate alte Tochter nach einer langen Krankheitsphase gestorben war, berichtete mir ein Vierteljahr nach dem Tod von ihrer Trauer. Während die Mutter sehr gefühlsbetont trauerte, immer wieder weinte und mit ihr nahe stehenden Menschen über diesen Schmerz sprechen musste, zog sich der Vater zurück. Zwar ging er bald nach dem Tod seiner Tochter wieder in seine Firma arbeiten, doch er schien zunehmend das Alleinsein zu suchen. Dabei reaktivierte er eine alte Leidenschaft, die seit der Geburt der Tochter in den Hintergrund getreten war – das Joggen langer Distanzen in der Natur. Er erzählte von dem, was ihm das Laufen bedeutet, von dem Drang, sich ganz auspowern zu müssen, und der Erleichterung, die er danach spüren konnte, von dem Eindruck, in der Natur manchmal so etwas wie ein großes Ganzes spüren zu können, das alles, was geschieht, umgibt und trägt, und er erzählte von den Momenten, in denen er sich bei diesen ausgedehnten Läufen plötzlich seiner Tochter sehr nahe fühlte, in denen er meinte, sie zu spüren – mehr und anders als zu Hause oder auf dem Friedhof. Das waren Orte, die ihm wenig Trost spenden konnten.

Seine Frau hörte ihm beim Erzählen genau zu und sagte mit Tränen in den Augen, dass sie froh sei, das zu hören. Sie hatte immer nur den Eindruck gehabt, dass er sich entziehe und irgendwie auf der Flucht sei. Sie wünschte sich mehr Nähe, mehr gemeinsames Trauern mit ihrem Mann, und es war schwierig für sie, diese Distanz zu ertragen, nicht mit ihm über die gemeinsame Trauer reden zu können und nicht zu wissen, wo er steht.

Gedanken, Fragen bis hin zu Vorwürfen, wie zum Beispiel die Frage, ob der andere denn nicht unter dem Verlust leide, oder er den Schmerz nicht ähnlich tief und einschneidend spüre, entstehen dann sehr leicht und können in solchen Situationen tief verletzen.

Ähnliche Erfahrungen werden von vielen trauernden Eltern, aber auch überhaupt von Trauernden gemacht. Die Unterschiedlichkeit des Trauerverhaltens hat Auswirkungen auf das Miteinander in den vertrauten persönlichen Alltagsbeziehungen innerhalb der Partnerschaft oder der Familie. Versucht ein Teil dieses Systems seine Art des Trauerns zum Maß für den oder die anderen zu machen, so ist das ein erfolgloses, manchmal verletzendes und von Enttäuschungen geprägtes Unterfangen. Wenn man allerdings um die mögliche Andersartigkeit in der Trauer bei seinem Gegenüber weiß, kann dieses Wissen in der Tat sehr hilfreich und entlastend sein. Der andere trauert auch, und zwar nicht weniger oder mehr, sondern einfach nur ganz anders als ich.

Die Erfahrung, dass Menschen ihre Trauerwege in einer vielfältigen Unterschiedlichkeit gehen, ist eine uralte Tatsache, die zum Beispiel auch durch einen Blick in die verschiedenen Kulturen und Religionen dieser Welt bestätigt wird.

Schaut man in unseren Kulturkreis, der lange und bis heute von christlichen Gedanken, Bräuchen und Ritualen im Zusammenhang mit Sterben, Tod und Trauer geprägt ist, so fällt auf, dass Rituale immer auch eine gemeinschaftsstiftende Funktion haben, in der die Menschen in ihrem persönlich unterschiedlichen Trauerverhalten zusammenkommen und sich verbinden können.

Die Kirchen halten auch heute noch eine Vielzahl von Ritualen vor, die als Form der Trauerbewältigung hilfreich und unterstützend sein können. Leider haben diese Rituale im Verständnis vieler Menschen inzwischen ihre eigentlichen und tiefen Bedeutungen verloren, sodass sie mancherorts nicht mehr als trostreiche Hilfen empfunden werden bzw. als eine Möglichkeit der Trauerbegleitung einfach fremd geworden sind. Gleichwohl erlebe ich als Klinikseelsorger ein großes Bedürfnis nach Handlungs- und Gestaltungsformen, die in der Trauer Halt geben, und die ihr einen Ausdruck ermöglichen können. Abschieds- und Übergangsrituale haben wesentlich den Sinn, Gemeinschaft zu stiften, den Schmerz miteinander zu teilen und dadurch die Verlorenheit des Einzelnen aufzufangen. Entsprechend kann ein solches Ritual dem Einzelnen, der sich vor der enormen Wucht der Gefühle fürchtet und sich ihr nicht ausliefern möchte, helfen, dieses ungeordnete chaotische Meer von Emotionen in eine Form zu bringen, die nicht zu sehr überwältigt und hilflos macht.

Wollen wir Trauernde durch Rituale hilfreich unterstützen, ist es unsere Aufgabe, dass wir ihnen die bestehenden Rituale in ihrem Sinn erschließen und sie dadurch mit Bewusstsein und Leben erfüllen. Die andere Möglichkeit ist das Suchen und Schaffen von neuen persönlichen Ritualen, die in der Lage sind, eine innere Verbindung zum geliebten Verstorbenen herzustellen und seine Bedeutung für uns und unseren Umgang mit seinem Tod auszudrücken.

In diesem Buch finden sich viele wertvolle Beispiele sowohl für ›alte‹, meist aus der christlichen Tradition stammende Rituale als auch für neue bewährte Möglichkeiten von rituellen Handlungen, die in der Zeit des Abschiednehmens zwischen Tod und Beerdigung ihren Platz haben oder auch auf dem Trauerweg danach.

Lange Zeit wurde in der Trauerbegleitung der emotionale Weg der Trauerbewältigung favorisiert. Vermutlich reagieren alle Menschen emotional, doch nicht für jeden ist es die hauptsächliche Ausdrucksform seiner Trauer. Viele Trauernde gehen mit einem handlungsorientierten Verhalten ihren Weg durch die Trauer, d.h. sie suchen und finden in unterschiedlichsten Tätigkeiten und Handlungen, die als kreatives Geschehen in der Trauer zu verstehen sind, einen Ausdruck für ihren Schmerz und für ihre Liebe zum Verstorbenen. Manchmal lässt sich in solchen Tätigkeiten ein neuer sinnstiftender Ort für die Beziehung zum geliebten Verstorbenen finden. So sind beispielsweise viele Stiftungen aus diesen Beweggründen heraus entstanden.

Wiederholt wird von Trauernden in diesem Zusammenhang auch von der Erfahrung berichtet, dass sie das Reden

über den Verlust und die damit zusammenhängenden Gefühle nicht immer als hilfreich erleben. Manchmal scheint
es die Last und den Schmerz eher noch zu erhöhen. Dagegen scheinen Aktivitäten als heilsamer erlebt zu werden,
die unmittelbar den geliebten Verstorbenen betreffen und
eine innere Verbindung zu ihm herstellen. Es sind Aktivitäten, in denen sich die Beziehung zu ihm ausdrückt, und es
sind Tätigkeiten, von denen der Trauernde weiß, dass sie
ausdrücklich im Sinn des Verstorbenen wären.

Es ist ein zentrales Anliegen der Autorin, mit ihrem Buch
die Bedeutung des handlungsorientierten Ansatzes für die
Trauer bewusst zu machen. Diesem Anliegen kommt sie
auf beeindruckende Weise nach. Es sind die vielfältigen
Erfahrungen, die Menschen auf ihrem persönlichen Weg
durch die Trauer gemacht haben, die dieses Buch bereichern. Die Autorin hat diese Erfahrungen systematisiert
und übersichtlich dargestellt. Sie präsentiert den Leserinnen und Lesern ein Werk, das sich mit seinen Aussagen auf
dem aktuellen Stand der internationalen Trauerforschung
weiß. Sylvia Börgens hat einen gut lesbaren Ratgeber vor
allem für all die trauernden Menschen geschrieben, die vorwiegend den instrumentellen, also den handlungsorientierten Weg der Trauerbewältigung einschlagen.

Natürlich ist das Buch auch eine Unterstützung für alle,
die überwiegend intuitiv, also emotional trauern, und die
irritiert und enttäuscht sind, wenn die Menschen in ihrem
nächsten Umfeld scheinbar so ganz anders trauern als sie.
Das Buch vermittelt notwendiges Wissen und Hinter-
gründe für das unterschiedliche Verständnis von Trauernden und kann damit helfen zu vermitteln und zusammen-
zuführen.

Die Autorin schreibt auch für alle Kolleginnen und Kollegen, die in der Trauerbegleitung oder Trauertherapie tätig

sind. Ihre Ergebnisse sind wichtige Hintergrundinformationen, um die jeder, der in der Begleitung von Trauernden aktiv ist, wissen sollte.

Sylvia Börgens schließt mit ihrem Buch eine Lücke. Zumindest im deutschsprachigen Raum gab es bisher keine Literatur, die die handlungsorientierte Trauerbewältigung als zentrales Thema enthielt.

Ich persönlich habe dieses Buch als eine Ermutigung für alle Trauernden empfunden, ihren eigenen, ganz persönlichen Kraftquellen zu vertrauen und die Bewältigungsformen zu aktivieren, die sich in ihrem bisherigen Leben für sie als hilfreich und durchtragend erwiesen haben. Wenn uns das gelingt, können wir – auch in unserer Unterschiedlichkeit – einander nahe bleiben.

Den Leserinnen und Lesern dieses Buches wünsche ich ermutigende und unterstützende Impulse, die ihnen helfen, ihren eigenen Weg in der Trauer zu gehen – begleitet von der Erfahrung, dass sie Trost in ihrem Tun finden können.

Liebe Leserin, lieber Leser!

Sie haben dieses Buch gekauft oder von jemandem erhalten, weil Sie in Trauer sind. Oder Sie beschäftigen sich aus mitmenschlichem oder beruflichem Interesse mit diesem Thema. Was immer auch Ihr Ausgangspunkt ist: Betrachten Sie dieses Buch als einen »Steinbruch«, in dem Sie das einsammeln können, was für Sie persönlich stimmig und passend ist.

Durch den Tod eines Menschen, der uns nahestand, geraten wir in eine Lebenskrise, also eine deutliche Veränderung der Lebensumstände, an die wir uns nach und nach anpassen müssen. Aber selbst bei so einschneidenden Erlebnissen bewährt sich das große menschliche Potenzial, Lebensveränderungen zu bewältigen.

Welche Wege wir einschlagen, um in der Bewältigung voran zu kommen, liegt an unserer Persönlichkeit und unseren bisherigen Lebenserfahrungen. Es ist unwahrscheinlich, dass wir in einer Extremsituation völlig neue Wege wählen. Wir verlassen uns eher auf das, was sich bisher für uns mehr oder minder bewährt hat. Man kann – ganz grob – einen eher *gefühlsbetonten (emotionalen)* Weg von einem eher *handlungsbetonten* Weg unterscheiden. Die meisten Bücher, die Sie über Trauer lesen können, betonen die emotionale Seite der Trauer. Hier soll es mehr darum gehen, was Trauernde alles *tun* können, um mit ihrem Verlust besser umgehen zu lernen. Eigene Trauererfahrung und jahrelange Arbeit mit Trauernden haben mich gelehrt, dass die Vielfalt der Verarbeitungsweisen viel größer ist, als man gemeinhin annimmt.

Im Teil A des Buches, vor allem im ersten Kapitel, geht es um eine allgemeine Orientierung. Trauer hat einen Verlauf über die Zeit; es gibt bestimmte Anpassungsleistungen, die nötig sind. Im zweiten Kapitel werden der gefühlsbetonte und der handlungsbetonte Weg noch weiter unterschieden und erklärt. Im dritten Kapitel geht es um die Schwierigkeiten, wenn sich innerhalb einer Familie die Wege stark unterscheiden. Dadurch soll das Verständnis der Trauernden untereinander für ihren je eigenen Umgang mit dem Verlust gestärkt werden.

Teil B ist der »Praxisteil«. Er beschreibt Handlungsweisen, die Trauernde ergriffen haben. Es sind alles Tatsachenberichte, überwiegend aus meiner eigenen Arbeit als Trauerbegleiterin. Sie können anhand der Überschriften auswählen, was Sie am meisten anspricht.

Im Teil C geht es um einen Ausblick. Der Verlust eines nahestehenden Menschen führt zu einer erheblichen Neuorientierung. Aber wir können darauf hoffen, dass uns diese gelingt und wir zu einem späteren Zeitpunkt wieder fest mit beiden Beinen im Leben stehen.

Am Beginn jeden Kapitels steht ein kurzer Überblick, der Ihnen die Entscheidung erleichtern soll, ob der Inhalt dieses Kapitels im Augenblick für Sie wichtig ist. Um die Lesbarkeit zu erhöhen, habe ich darauf verzichtet, in jedem Fall die männliche und weibliche Form eines Wortes zu erwähnen. Beide Geschlechter sind in gleicher Weise gemeint. Die Namen der meisten Personen in diesem Buch habe ich geändert; es sei denn, dass die Betreffenden ausdrücklich namentlich mit ihrem Anliegen identifiziert werden wollen.

Sylvia Börgens

14

Teil A.
Ich habe einen
Menschen verloren

Was ist passiert – wie geht es weiter?

Dieses Kapitel gibt einen Überblick über verschiedene Ansätze, sich dem Thema Trauer zu nähern. Der Trauerprozess wird von vielen Autoren in Phasen eingeteilt. Eine andere Sichtweise ist die des amerikanischen Psychotherapeuten James W. Worden, der vier »Traueraufgaben« beschreibt, die der Betroffene zu erledigen hat, um seine Trauer zu bewältigen. Die niederländische Pädagogin Ruthmarijke Smeding nennt vier verschiedene Reaktionsweisen, mit einem Verlust umzugehen. Von diesen sind am bedeutsamsten der gefühlsbetonte und der handlungsbetonte Umgang. Die amerikanischen Autoren Terry L. Martin und Kenneth J. Doka fassen dies in das Begriffspaar »intuitiv«, also emotional, und »instrumentell«, also handlungsorientiert. Diese Unterscheidung kann auch helfen, mehr Verständnis für die Menschen im persönlichen Umfeld zu entwickeln, die »ganz anders« trauern als man selbst.

Ein Mensch, der Ihnen viel bedeutet hat, ist gestorben. Ein Stück gemeinsamen Lebens ist unwiderruflich zu Ende gegangen. Wie bei jeder anderen einschneidenden Lebensveränderung sind Sie wahrscheinlich verwirrt, desorientiert, auf der Suche nach Bewältigungsmöglichkeiten. Vielleicht sind Sie noch wie betäubt. Das Geschehene kommt Ihnen so unwirklich vor, als säßen Sie im Kino und sähen einen Film, in dem Sie merkwürdigerweise vorkommen. Vielleicht sind Sie voller Gefühle der Trauer, deren Heftigkeit Sie überrascht. Vielleicht auch agieren Sie ganz vernünftig, tun, was getan werden muss, regeln Formalitäten … und sehen sich dabei zu, ganz verwundert, dass Sie so gut funktionieren.

Je stärker wir an einem Menschen gehangen haben, desto mehr leiden wir unter seinem Tod. Trauer ist die dunkle Rückseite der Liebe. Ja, manchmal wissen wir sogar erst angesichts des Verlustes diese Beziehung richtig zu schätzen. Bedauern über verpasste Gelegenheiten kommt auf, abgeschnittene Zukunftsperspektiven erfüllen uns mit Wehmut. Vor allem das Gefühl der Hilflosigkeit, des Ausgeliefertseins, kann uns regelrecht zornig machen.

Bei der Suche nach Möglichkeiten, Ihren Verlust zu bewältigen, möchte Ihnen dieses Buch helfen. Es bietet keine Ratschläge und keine Patentrezepte und behauptet nicht, Ihnen den »richtigen« Umgang mit Ihrer Trauer empfehlen zu können. Es will eher Ihren Blick weiten auf die Vielfalt der Möglichkeiten, Ihren Schmerz auszudrücken und auszuleben. Die Menschen in all ihrer Verschiedenheit schlagen auch ganz unterschiedliche Wege der Verarbeitung ein.

Trauer ist einerseits ein zutiefst individuelles Gefühl. Kein Mensch gleicht in seiner Reaktion auf einen Verlust ganz dem anderen. Auf der anderen Seite gibt es aber gesellschaftliche Konventionen, wie man sich angesichts eines Todesfalles angemessen zu verhalten hat. Die Beerdigung zum Beispiel ist eine der wenigen Gelegenheiten, bei denen es auch Männern zugestanden wird, in der Öffentlichkeit Tränen zu vergießen. Die Maßstäbe, wie man nach einem Verlust in der engeren Familie zu verhalten hat, sind sicherlich in den letzten Jahrzehnten lockerer geworden. Dass aber zum Beispiel eine Witwe wenige Tage nach dem Tod wieder helle, bunte Kleidung trägt, löst Befremden aus – zumindest im ländlichen Umfeld.

Genau dies tat aber Ulla B. und erklärte mir: »Mein Mann hat immer zu mir gesagt: ›Trag bloß nicht diese furchtbare Trauerkleidung, falls ich vor dir sterbe – wie eine Krähe! Ich möchte, dass du so bleibst, wie ich dich gern gesehen habe.‹«

Im Grunde drückte sie also ihre Verbundenheit mit ihrem Mann dadurch aus, dass sie seinen Wunsch befolgte – was ihr gar nicht leicht fiel. Wir sehen daran, in welch verschiedenen »Verkleidungen« die Trauer daherkommen kann.

Einige Jahrzehnte lang wurde die Beschäftigung mit den Themen »Sterben, Tod und Trauer« völlig vernachlässigt, ja, war geradezu tabu in einer Gesellschaft, die ihre Hoffnung auf den medizinischen Fortschritt und die permanente Lebensverlängerung setzte. Dies hat sich Gott sei Dank geändert; der Tod wird wieder mehr als ein notwendiger Teil des menschlichen Lebens anerkannt. Und auch den Trauernden wird mehr Verständnis und Achtung entgegengebracht. Sie müssen sich nicht einfach »zusammenreißen« und zur Tagesordnung übergehen.

Die alten Gebräuche im Umgang mit dem Tod hatten wir weitgehend hinter uns gelassen: die Aufbahrung im eigenen Hause, die Totenwache der Familie und der Nachbarschaft, die Gedenkrituale vor allem der katholischen Kirche wie das Sechswochenamt oder das Jahrgedächtnis, die Kleidungs- und Verhaltensvorschriften. Merkwürdig: An ihre Stelle sind oft andere Vorschriften getreten, wie wir uns in der Trauer richtig zu verhalten haben, um »Trauerarbeit zu leisten« und zu einem Abschluss der Beziehung zu dem Verstorbenen zu gelangen.

Auf einer Fortbildung traf ich Renate, eine gleichaltrige Kollegin. Wir waren uns sofort sympathisch, und beim abendlichen Rotwein erwähnte sie ihren vor fünf Jahren verstorbenen Mann. Ich fragte nach, hörte zu, sie redete sich richtig warm – und hatte irgendwann Tränen in den Augen, die sie sofort energisch wegwischte: »So was Blödes, jetzt habe ich schon so viel Trauerarbeit geleistet und muss trotzdem wieder weinen!«

Ich glaube hingegen mit meiner Lehrerin Ruthmarijke Smeding, dass die wichtigen Menschen in unserem Leben auch nach ihrem Tode ihre Bedeutung für uns behalten. Wir müssen uns damit abfinden, dass sie nicht mehr physisch bei uns sind. Aber ihre Spur in unserer Seele bleibt erhalten, und das fühlt sich richtig an. Wir würden gar nicht wollen, dass uns der Gedanke an sie »kalt lässt«! Deshalb sind solche gelegentlichen Tränen kein Rückfall in bereits abgeschlossene »Trauerphasen«, sondern ein zeitweises Wiederaufflackern des Schmerzes als Beweis dafür, dass unsere Liebe in gewandelter Form weiter besteht.

Die Phasen des Trauerprozesses: Darüber lesen Sie in allen Trauerratgebern. Die verschiedenen Theorien geben ihnen eigene Namen und beschreiben sie inhaltlich etwas unterschiedlich. Aber die Gemeinsamkeit ist, dass im Wesentlichen drei Verarbeitungsschritte angenommen werden, die wie Stufen aufeinanderfolgen:

- Eine Erstreaktion auf den Verlust, die einer Betäubung ähnelt, einem Schockzustand wie nach einem Unfall – es ist, als ob ein Schutzschalter im Gehirn umgelegt worden sei, durch den sich die Seele vor überstarken Gefühlen schützen will.
- Die intensive gefühlsmäßige Verarbeitung mit einer ganzen Palette von Traueremotionen wie Weinen, Einsamkeit, Verzweiflung, Selbstvorwürfen, Hilflosigkeit, Sehnsucht nach dem Verstorbenen, Wut, Anklagen gegen Gott, das Schicksal oder die Welt. Der Verlust steht auch im Mittelpunkt des Denkens, oft mit der Suche nach Ursachen oder Grübeleien über eigene oder fremde

Versäumnisse; auch treten starke körperliche Reaktionen, wie Unruhe, Schlaflosigkeit, Herz- oder Kreislaufbeschwerden, Verdauungsprobleme, Anfälligkeit gegen Infektionen auf.

- Eine Zeit der Anpassung an den Verlust; der Verstorbene steht nicht mehr so im Zentrum des Fühlens und Denkens; Zeiten der Lebensfreude oder sogar des Glücks sind wieder möglich.

Als allgemeine Orientierung über das, was in der Trauer geschieht, haben diese Modelle ihre Berechtigung. Falsch verstanden werden sie, wenn sie als Vorschriften für die richtigen Bewältigungsschritte angesehen werden. Bei einem schweren Verlust ist nichts »normal«, deshalb greifen auch irgendwelche Normen nicht mehr.

Wie oft fragen mich Ratsuchende zum Beispiel: »Trauere ich richtig? Weine ich auch genug?« oder »Gestern bekam ich einen Riesenschrecken, als ich über etwas gelacht habe. Ich habe ein richtig schlechtes Gewissen deswegen.« Ich kann sie nur immer wieder darin bestärken, sich ihrem eigenen Empfinden gemäß zu verhalten. Es gibt keine vorgeschriebene Menge an Tränen. Und sich zwischendurch an etwas zu freuen bedeutet auch nicht, dass man gefühllos über den Verlust hinweggeht.

Für meine Arbeit hat sich das Modell des amerikanischen Psychotherapeuten James William Worden als hilfreiche Grundlage erwiesen.[1] Es beschreibt vier »Traueraufgaben«, die zu bewältigen sind, wobei die individuellen Umstände entscheiden, was zu welchem Zeitpunkt an der Reihe ist:

1 Vgl. J.W. Worden: Grief Counseling and Grief Therapy. A Handbook for the Mental Health Professional. Springer, New York 2008.

- die Realität des Todes anerkennen
- den Trauerschmerz durchleben
- sich anpassen an ein Leben, in dem der Verstorbene fehlt
- dem Verstorbenen emotional einen neuen Platz zuweisen und das Leben fortsetzen

Das Gefühl des Betäubtseins, des Irrealen, das so viele Trauernde in der ersten Zeit nach dem Verlust erleben, kann fortbestehen, wenn die Tatsache, dass der geliebte Mensch unwiderruflich tot ist, nicht Eingang ins Bewusstsein findet. Deshalb ist es fast immer sinnvoll, den Verstorbenen noch einmal zu sehen und von ihm Abschied zu nehmen. Der gut gemeinte Spruch mancher Bestatter »Behalten Sie ihn so in Erinnerung, wie Sie ihn gekannt haben« führt in die Irre. Nur sehr selten, vielleicht bei Opfern schwerer Unfälle, sind die Verunstaltungen schlimmer als die alptraumhaften Fantasien, die man sonst hat. Umgekehrt erzählen viele Trauernde, dass sie den Anblick des Verstorbenen tröstlich fanden. Er lag da ganz friedlich, fernab von jedem irdischen Leid. Auch der Gedanke: »Das ist nur noch die leibliche Hülle; seine Seele, seine Individualität ist nicht mehr hier« kommt oft auf und lindert den Schmerz.

Wenn der Verstorbene nicht noch einmal angeschaut worden ist, können dauerhafte Zweifel keimen, ob er wirklich und wahrhaftig tot ist. So weigert sich die Seele, die Fakten hinzunehmen, die verstandesmäßig sehr wohl klar sind.

Sigrun, eine trauernde Mutter, hatte ihren Sohn nach seinem Verkehrsunfall nicht mehr gesehen und erzählte, dass sie noch Monate später an seinem Grab der Gedanke beschlich: »Und wenn es doch eine Verwechslung war ...?« Sie konnte schließlich durch ein Foto aus dem Unfallbericht für sich Gewissheit erlangen.

Alte Frauen, deren Männer im Zweiten Weltkrieg vermisst waren, haben mir erzählt, wie quälend die Jahre der Ungewissheit für sie waren, und dass die eigentliche Trauerzeit erst nach der definitiven Todesnachricht beginnen konnte. Von der Insel Ouessant vor der bretonischen Küste ist ein besonderes Ritual überliefert: War ein Fischer auf See vermisst, so wurde nach einigen Monaten statt seines Leichnams eine sogenannte Proella, eine kleine Wachspuppe oder auch ein wächsernes Kreuz, in der Kirche eingesegnet und auf dem Friedhof beigesetzt – eine sinnvolle Unterstützung für die Angehörigen bei der Bewältigung dieser Traueraufgabe »die Realität des Todes anerkennen«.

Den Trauerschmerz durchleben: So lapidar klingt das und ist doch das Schwerste. Dahinter steht die Auffassung, dass nur das wiederholte Durchleiden und Durchdenken des Verlustes eine allmähliche Anpassung möglich macht. Dass Wiederholung die Stärke eines Gefühls abschwächt, kennen Sie aus anderen Situationen: Ein Witz, den man zum zehnten Mal hört, löst nur noch ein müdes Lächeln aus; selbst ein heftiger Zorn verraucht nach und nach, wenn man den empörenden Anlass in Gedanken durchgeht; eine angsteinflößende Situation verliert allmählich ihren Schrecken, wenn man sich ihr erst einmal stellt. Also ist der einzige Weg *aus* der Trauer der Weg *durch* die Trauer. Manchmal halten wir aber die Konfrontation mit den schmerzlichen Gefühlen nicht mehr aus: Wir müssen uns ablenken, zum Beispiel durch Arbeit oder andere beanspruchende Aktivitäten. Es ist absolut legitim, eine solche Auszeit zu nehmen. Wir dürfen nur nicht erwarten, dass nach den Auszeiten die Trauer geringer ist. Die Zeit allein heilt die Wunden nicht.

Gut nachzuvollziehen ist auch, dass es äußere Zwänge geben kann, die den Zugang zu Gefühlen verhindern.

Claudia, deren Bruder sich das Leben genommen hatte, stand kurz vor dem ersten Staatsexamen in Medizin. Sie sagte: »Wenn ich den Schmerz richtig hochkommen lasse, kann ich das Examen knicken. Ich muss mich jetzt aufs Lernen konzentrieren, die Trauer kommt irgendwann später dran.« Als sie ein paar Jahre später schwanger wurde, war es soweit. Die Schwangerschaft ist ja eine Zeit großer emotionaler Empfänglichkeit. Sie betrauerte ihren Bruder intensiv, auch gemeinsam mit ihrer Mutter, und konnte danach mit umso größerer Freude ihr kleines Mädchen begrüßen.

»Sich anpassen an ein Leben, in dem der Verstorbene fehlt« kann nach dem Tode die absolut vordringliche Aufgabe sein. Denken wir etwa an den gar nicht so seltenen Fall, dass ein Selbstständiger »in den besten Jahren« plötzlich verstirbt. Seine Witwe und die anderen Angehörigen sind vollauf damit beschäftigt, erst einmal das Tagesgeschäft zu bewältigen. Für anderes bleibt überhaupt keine Energie übrig. In stark arbeitsteiligen Beziehungen, wo jeder Partner einen abgegrenzten Aufgabenbereich hatte, ist es ein hartes Stück Arbeit, sich die fehlenden Kenntnisse anzueignen oder geeignete Menschen zu finden, die diese Aufgaben übernehmen können. Wenn die Anpassung gelingt, ist das aber auch eine Quelle von Zufriedenheit und gestiegenem Selbstbewusstsein.

Es gibt auch das Umgekehrte: dass der Tod eines nahestehenden Menschen, den man intensiv betreuen musste (zum Beispiel der alte Vater oder die alte Mutter), die gewohnten täglichen Aufgaben wegnimmt. Das kann – oberflächlich betrachtet – eine Erleichterung sein, und Außenstehende sehen es oft so: »Sei froh, dass die Plackerei ein Ende hat und du wieder mehr Zeit für dich selbst hast!« Aber wenn die tägliche Routine plötzlich wegfällt, stellt sich oft eine Ratlosigkeit, eine innere Leere ein. Es müssen ja erst wieder andere sinnvolle Lebensaufgaben gefunden werden. Wenn man über lange Zeit übermäßig beansprucht war, ist man auch einfach erschöpft und ausgelaugt.

Viele Trauernde beschreiben, wie kraftlos sie sich fühlen. Die kleinste Anforderung wird zu einem Berg, den man kaum bewältigen kann. Wenn es Ihnen so geht, sollten Sie sich nicht scheuen, die Hilfe anzunehmen, die Ihnen von anderen angeboten wird. Sie könnten sie um ganz konkrete Dinge bitten, wie: den Rasen mähen, den Korb Wäsche wegbügeln, beim Besuch eine vorbereitete Mahlzeit mitbringen. Sie fühlen sich dadurch entlastet, dass Ihnen der Alltag erleichtert wird, und die anderen sind froh, auf eine Art, die für sie überschaubar ist, hilfreich sein zu können. Häufig hören Trauernde: »Ruf mich an, wenn du Unterstützung brauchst!« Aber selbst für einen Telefonanruf kann zu wenig Energie übrig sein. Deshalb ist es sinnvoll, die anderen zu bitten: »Wenn du länger nichts von mir hörst, melde du dich doch mal.«

Wordens vierte Traueraufgabe »Dem Verstorbenen emotional einen neuen Platz zuweisen und das Leben fortsetzen« ist weniger anschaulich als die anderen drei. Was ist damit gemeint? Am Anfang, wenn der Tod eingetreten ist, scheint die Zeit stillzustehen, und der so oft gesagte Satz »Das Leben geht weiter« kann in keiner Weise trösten. Es ist ja eine Binsenweisheit; aber die Trauernden wehren sich innerlich gegen die Zumutung, ohne den geliebten Verstorbenen weiterleben zu müssen. Wenn sie gelernt haben, diesen Tod zu akzeptieren oder doch zumindest hinzunehmen, können sie auch wieder in die Zukunft des Lebens blicken: etwas Neues anfangen, Pläne schmieden, sich auf etwas freuen. Mit dem Ausdruck »Dem Verstorbenen emotional einen neuen Platz zuweisen« ist Folgendes gemeint: Wir müssen zwar anerkennen, dass er aus unserem weiteren Leben verschwunden ist, dass wir nicht mehr mit ihm reden oder ihn in den Arm nehmen können. Aber die Liebe, die uns verbunden hat, die Wertschätzung, die wir für ihn empfunden haben, auch die Erfahrung glücklicher gemeinsamer Zeiten bleibt uns doch erhalten. Der Theologe Dietrich Bonhoeffer hat das so ausgedrückt: »Die Dankbarkeit verwandelt die Qual der Erinnerung in eine stille Freude. Man trägt das vergangene Schöne nicht wie einen Stachel, sondern wie ein kostbares Geschenk in sich.«[2]

Auch unmittelbar nach dem Tod können solche Gefühle auftreten: Dankbarkeit, Freude an dem gemeinsam Erlebten; nach einem langen Leidensweg auch Erleichterung. Sie sind Hoffnungszeichen für eine Zukunft, in der wir diesen schweren Umbruch in unserem Leben verkraftet haben werden.

Die Palette der Gefühlszustände in der Trauer ist also sehr vielfältig. Vielleicht haben Sie bis hierher gelesen und fühlen sich unbehaglich dabei. Das ist Ihnen alles zu emotional. Darauf können Sie sich nicht gut einlassen. Schlimm genug, dass Sie diesen Tod zu verkraften haben, aber Sie wollen nicht ganz den Boden unter den Füßen verlieren. Es muss ja irgendwie weitergehen, und nur »in der Trauer zu versinken«, wie es Heinz, ein trauernder Vater, ausdrückte, hilft Ihnen da nicht weiter.

Wir Trauerbegleiter neigen dazu, die Rolle der direkten gefühlsmäßigen Verarbeitung, des Sprechens über den Verlust zu betonen. Das ist unser Beruf; mit Menschen zu reden, haben wir gelernt. Und die berühmten Theoretiker der Psychotherapie haben immer wieder bekräftigt, dass

2 D. Bonhoeffer: Widerstand und Ergebung. Gütersloher Verlagshaus, Gütersloh, 1997

die Gefühle ins Licht des Bewusstseins gebracht werden müssen. *»Feeling is healing«* (Fühlen ist Heilen) ist so ein Satz. Sie wurden darin gewissermaßen von ihren Patienten bestärkt, denn zu ihnen kamen ja nur Personen, die willens und in der Lage waren, ihr inneres Leben in Worte zu fassen. Mittlerweile bin ich davon überzeugt, dass die Vielfalt der Verarbeitungsweisen viel größer ist.

Ruthmarijke Smeding beschreibt vier Reaktionsweisen, mit einem Verlust umzugehen:

- gefühlsmäßig: die traditionell am meisten beachtete Form
- kognitiv: Nachdenken über das, was geschehen ist, Informationen einholen, sich sachkundig machen
- handlungsorientiert: Aktionen aller Art, sowohl solche, die in einem inneren Zusammenhang mit dem Verlust stehen, als auch ablenkende Handlungen
- vermeidend: Man stellt sich dem Verlust nicht, erscheint unbeeindruckt und führt sein Leben fort[3]

Über den letzten Typ können wir naturgemäß fast gar nichts sagen. Er kommt nicht zu Trauerbegleitern, kauft keine Bücher über Trauer und lässt sich kaum von Forschern untersuchen. Psychiater finden unter ihren Patienten mit schweren seelischen Störungen zwar gehäuft Menschen mit unverarbeiteten gravierenden Verlusten, aber das ist kein Beweis dafür, dass das Vermeiden notwendigerweise krank machend ist. Der US-amerikanische Traumaforscher George A. Bonanno befragte Überlebende der Anschläge vom 11. September 2001 in New York und fand dabei er-

3 Vgl. R.E.W. Smeding & M. Heitkönig-Wilp (Hg.): Trauer erschließen. Eine Tafel der Gezeiten. Hospiz-Verlag Wuppertal 2005

staunlich viele Personen, die ein halbes Jahr nach den Ereignissen keine Belastungssymptome wie Unruhe, Ängste, Konzentrationsstörungen oder Albträume aufwiesen. Bei den Personen, die einen Angehörigen verloren hatten, war dies immerhin ein Drittel. Er folgerte daraus, »Resilienz«, die Eigenschaft, auch schwerwiegende Schicksalsschläge zu verkraften und das Leben fortzusetzen, müsse mehr beachtet und gewürdigt werden.[4]

Die anderen drei Reaktionsweisen treten nicht in Ausschließlichkeit auf. Auf jedem Weg der Trauer sind Gefühle beteiligt, wird nachgedacht und gehandelt. Aber Sie spüren vielleicht bei dieser Aufzählung schon, welches Ihre eigene bevorzugte Art zu reagieren ist. Und darum soll es in den folgenden Kapiteln gehen.

Die amerikanischen Autoren Terry L. Martin und Kenneth J. Doka unterscheiden zwei Verarbeitungsmuster, die sie als »intuitiv« und »instrumentell« bezeichnen.[5]

Intuitiv heißt es, wenn man sich intensiv mit allen Gefühlen auseinandersetzt, darüber das Gespräch mit anderen sucht und die schmerzlichen Emotionen offen nach außen trägt. *Instrumentell* heißt das Muster, wenn man zur Trauerbewältigung in die Aktion geht.

Das Nachdenken und Einholen von Informationen kann sowohl dem einen als auch dem anderen dienen. So kann ich etwa nach der Klärung der genauen Umstände des Todes noch intensivere Gefühle empfinden. Ich kann aber auch darüber nachdenken, wie ich etwa die Abschiedsfeier für den Verstorbenen in ganz besonderer Weise gestalten will.

---

4 Vgl. J. Arehart-Treichel: Are Post-9/11 Resilience Data Good or Troubling News? Psychiatry Online, http://pn.psychiatryonline.org/content/40/21/18.full
5 Vgl. T.L. Martin & K.J. Doka: Men Don't Cry … Women Do. Transcending Gender Stereotypes of Grief. Routledge, New York 2000

Vielleicht denken Sie an dieser Stelle: Intuitiv trauern wohl eher die Frauen, instrumentell eher die Männer. Auf den ersten Blick scheint es so. Solche stereotypen Ideen verstellen aber immer den Blick auf die individuelle Person. Ich habe trauernde Männer getroffen, die sehr intensiv ihre Gefühle ausgelebt haben, und trauernde Frauen, die über ihre Gefühle nicht sprechen wollten, aber ganz gezielte Vorstellungen entwickelten, was jetzt zu tun sei. Das Problem scheinen mir mehr die gesellschaftlichen Vorschriften zu sein: was einer Frau und was einem Mann an emotionalem Erleben und Ausdruck zugestanden wird.

Auch die Unterscheidung von intuitivem und instrumentellem Verarbeitungsstil ist wieder eine gedankliche Konstruktion, die uns helfen kann, besser zu verstehen, welche Reaktionsweisen in der Trauer möglich sind. Reale Menschen in ihrer realen Trauer gehen aber ungeheuer vielfältige Wege. Ich will Sie dazu ermutigen, den Ihnen gemäßen Weg selbst zu finden, und Ihr Verständnis wecken für Menschen in Ihrem persönlichen Umfeld, die »ganz anders« trauern als Sie. Letzteres ist eine Quelle von zusätzlichem Schmerz in vielen Familien. Gemeinsam einen Verlust zu bewältigen, ist ein schönes Ideal. Tatsächlich sieht es oft eher so aus, dass jeder auf seiner Insel sitzt. Wenn man es schafft, sich gegenseitig »Flaschenpost« zu schicken, wie es einem geht, wo man gerade steht, ist das schon viel.

Das Sprechen über den Verlust hilft mir nicht!

In diesem Kapitel geht es weiter um die Unterscheidung zwischen dem gefühlsbetonten und dem handlungsbetonten Umgang mit der Trauer. Auch bei harmloseren Alltagsproblemen gibt es schon diese Unterscheidung: einerseits das »Jammern« über ein Problem ohne Anspruch, daran etwas zu ändern; andererseits das zielorientierte Denken, das jedes Problem auf mögliche Lösungen hin abklopft. Die erste Strategie scheint eher von Frauen, die zweite von Männern eingeschlagen zu werden; jedoch sind die individuellen Unterschiede wichtiger als die Unterschiede zwischen den Geschlechtern. Viele Umstände erschweren speziell den Männern den gefühlsbetonten Trauerweg. Eine »Lösung« für das große zentrale Problem, den Tod des geliebten Menschen, gibt es aber in keinem Fall. Die Alternative, sich Ziele zu setzen, bei deren Verfolgung man in der Trauerverarbeitung voran kommt, ist das große Thema des Teils B. Zuvor sollen aber im dritten Kapitel die verschiedenen Trauerwege innerhalb einer Familie noch einmal näher betrachtet werden.

Seit vielen Jahren biete ich gemeinsam mit meinem Kollegen Joachim Michalik Gesprächskreise für trauernde Eltern an. Wir begleiten die Eltern für zehn bis zwölf Termine und überlassen ihnen dann selbst, ob und in welcher Form sie sich weiter treffen wollen. Tatsächlich gibt es immer weitere Kontakte, entweder in der Gruppe oder zumindest von einzelnen Personen untereinander. Das gemeinsame Schicksal erzeugt bei diesen Menschen, die so unterschiedlich sind, wie es Menschen nur sein können, eine große Solidarität. »Hier kann ich mich so geben, wie ich mich wirklich fühle, und jeder von den anderen versteht es« oder »Hier muss ich nicht so viel erklären, weil alle ja etwas Ähnliches erlebt haben«, aber auch »Ich habe gelernt, dass jeder seinen eigenen Weg finden muss, mit der Trauer zurecht zu kommen« sind typische Äußerungen.

Viele Trauernde haben Vorbehalte gegen solche Gesprächsangebote. »Vom Leid anderer zu erfahren, zieht mich noch mehr runter«, ist ein Gedanke, der oft geäußert wird. Das ist nicht von der Hand zu weisen. Erst im Laufe der Zeit überwiegt die Erleichterung durch den Austausch mit anderen das Schwere, Belastende. Ist aber diese Schwelle einmal überschritten, so kann im Gespräch *miteinander* die Trauer durchlebt werden. Die Bewältigung und die Gewöhnung an den Verlust kommen so voran.

Dann gibt es Trauernde, die sagen: »Darüber zu reden, hilft mir nicht. Es macht den Verlust nicht ungeschehen.« Der zweite Satz ist unbestreitbar wahr. Nichts auf der Welt macht den Verlust ungeschehen. Er ist ein unlösbares Problem.

Andere Probleme in unserem Leben sind beherrschbar. Wir peilen ein Ziel an und setzen uns mit Energie und guten Ideen dafür ein. »›Geht nicht‹ gibt's nicht« und »Unmögliches wird sofort erledigt, Wunder dauern etwas länger« sind solche, nur halb scherzhafte Lebensmaximen. Mit diesem zielorientierten Denken kommt man ja weit; im Berufsleben wird es hoch geschätzt, und auch sonst hat man sein Leben gut im Griff.

Auch bei harmloseren Situationen im Alltag gibt es schon diese unterschiedlichen Herangehensweisen: einerseits das Sich-Austauschen, ohne Absicht oder Hoffnung, an dem beklagten Sachverhalt etwas ändern zu können –

andererseits das zielstrebige Denken, das sofort jeden un-
befriedigenden Zustand abklopft, wie er vielleicht zu be-
heben sei.

Ein Beispiel: A erzählt B von einer Situation, in der er
sich von seinem Vorgesetzten ungerecht und schikanös
behandelt fühlte. Eigentlich will er nur seinen Ärger los-
werden, »Dampf ablassen«, vielleicht von B etwas Zuspruch erhalten. B hingegen fühlt sich gefordert, Lösungsvorschläge für diese Situation zu unterbreiten: »Sprich ihn
noch mal darauf an«, »Geh zu deinem Sachbearbeiter in
der Personalabteilung«, »Schalte doch den Betriebsrat
ein« oder ähnliches. Die unterschiedlichen Absichten in
diesem Gespräch sind ganz deutlich erkennbar. Sie können bei beiden zu einer Verstimmung führen: weil A sich
nicht richtig verstanden fühlt und B gekränkt ist, weil seine
gut gemeinten Lösungsvorschläge auf wenig Gegenliebe
stoßen.

Jeder und jede von uns kennt beide Positionen: Einerseits ist da der Wunsch, sich in einer belastenden Situation
aussprechen und dadurch erleichtern zu können. Es kann
einfach schon gut tun, sich einem teilnahmsvollen Menschen mitzuteilen, den Wirrwarr der Gefühle in Rede und
Gegenrede ein bisschen zu ordnen. Auf der anderen Seite
steht die Vorstellung, bei einem konkreten Problem, also
einer klar erkennbaren Zielvorgabe, einen guten Rat zur
Lösung zu erhalten.

Vielleicht haben Sie auch hier den Eindruck: Sich-Austauschen ist eher die weibliche, Lösungen suchen und aktiv
werden eher die männliche Reaktionsweise. Tatsächlich
kommen mehr Frauen als Männer zu Gesprächsgruppen
von Trauernden. Mein Eindruck ist auch, dass sie mehr
von den Gesprächen für sich persönlich mitnehmen. Aber
jede(r) Trauernde, gleich welchen Geschlechts, sollte ver-

suchen herauszufinden, welcher Weg in der Trauer ihm/ihr am gangbarsten erscheint.

Wenn ich trotzdem hier auf die Unterschiede zwischen den Geschlechtern eingehe, wie ich sie in meiner Arbeit erlebe, dient das vor allem dazu, Ihnen einiges zu verdeutlichen, das unbewusst mitschwingen kann.

Für Männer spielt das Motiv, sich in einer Rangreihe zu positionieren, eine größere Rolle als für Frauen. Bei vielen Konflikten am Arbeitsplatz, die vordergründig um sachliche Fragen geführt werden, geht es in Wahrheit darum, wer die Oberhand behält. Vom Leid betroffen zu sein, Hilfe zu benötigen, gar Mitleid zu erfahren, ist ein Statusverlust, verträgt sich schlecht mit dieser Wettbewerbsorientierung. Mir wurde das mit Erschrecken klar, als ein Mann mit wahrhaft tragischem Schicksal, der innerhalb eines Jahres Sohn und Ehefrau verloren hatte, zu mir sagte: »Mein ganzes Leben hatte ich gut im Griff. Plötzlich bin ich zum Verlierer geworden.« Ich blieb stumm – was hätte ich ihm Tröstliches sagen können?

Nicht dass Frauen der Wettbewerbsgedanke völlig fremd wäre – aber sie erleben Leiden als weniger demütigend, weil ihr Status nicht so von ihrer Leistung, ihrem Erfolg, sondern mehr von ihrer Beliebtheit abhängt. Zuspruch und Unterstützung von anderen zu erfahren, in einem sozialen Netzwerk aufgefangen zu werden, kann deshalb eine echte Hilfe sein. Darum zeigen viele psychologische und soziologische Untersuchungen auch, dass Frauen persönliche Verluste besser verkraften als Männer.

Hinzu kommt, dass die gesellschaftlichen Bedingungen für trauernde Männer oft unbarmherzig sind. Welchem trauernden Mann wird denn zugestanden, für längere Zeit der Arbeit fernzubleiben, ohne seinen Arbeitsplatz zu riskieren? Also heißt es oft »Augen zu und durch« mit allen nachteiligen Folgen für die seelische und körperliche Gesundheit. Dass die Berufstätigkeit auch eine Ablenkung vom Schmerz sein kann, erwähnte ich schon und werde es im Kapitel »Ich lenke mich durch Arbeit ab« noch weiter ausführen.

Die Beschränkungen gehen sogar noch weiter. Wie in vielen anderen Lebensbereichen wird Frauen auch in der Trauer eine größere Vielfalt von Reaktionsweisen zugestanden: Sie können die Trauer tragen »wie eine Frau«, aber auch »wie ein Mann« – viel weinen oder wenig, darüber sprechen oder darüber schweigen, bald an ihren Arbeitsplatz zurückkehren oder eine lange Pause einlegen. Wenn ein Mann noch nach Wochen oder Monaten eine stark gefühlsbetonte Reaktion auf den Verlust zeigt, löst das hingegen Befremden aus. Den Spruch »Ein Junge (Mann) weint nicht!« haben wir noch nicht überwunden. Also weint der Mann, wenn ihm danach ist, heimlich. Wenn er Glück hat, kennt er einige vertraute Personen, die er in seine Seele blicken lassen kann. Aber im engsten Familienkreis gemeinsam zu trauern, ist oft unmöglich, wie wir im nächsten Kapitel sehen werden.

Dass Männer weniger Gefühle haben als Frauen, wie oft behauptet wird, ist schlicht nicht wahr. Zwei Indizien: Psychosomatische Krankheiten, die durch Emotionen wie Angst, Hilflosigkeit oder Zorn mitverursacht werden, treten bei Männern häufiger auf. Und Männer begehen dreimal so oft Selbstmord wie Frauen. Frauen sind einfach geübter darin, ihre Gefühle wahrzunehmen und sprachlich auszudrücken, von Kindheit an. Und der Austausch mit anderen über die größeren und kleineren Missgeschicke in ihrem Leben ist ihnen vertraut.

Wenn nun trauernde Frauen und Männer zusammenkommen, vor allem bei den trauernden Eltern, lässt sich immer wieder dies beobachten: Die betroffene Mutter schildert sehr ausführlich und detailliert die schlimme Situation und ihre vielfältigen Empfindungen. Ihr Mann sitzt still und offenbar tief traurig dabei. Wenn ich ihn dann auch einmal um sein Wort bitte, hebt er hilflos die Schultern und murmelt: »Ja … – meine Frau hat eigentlich schon alles gesagt.«

Männer fühlen sich oft regelrecht überschwemmt von diesen Fluten an Worten und Tränen. Abgesehen davon, dass sie nicht so viel zu sagen wüssten, können sie nicht erkennen, was das bringen soll: sich so dem Schmerz zu überlassen. »Das zieht mich noch mehr runter, und es ändert doch nichts«, sagen sie dann. Wiederum: An den Tatsachen ist nichts zu ändern; doch kann das intensive Durchleben der Gefühle die Anpassung an den Verlust voranbringen.

Ich bin aber an dieser Stelle von Leitsätzen wie *»Feeling is healing«* auch etwas abgerückt und frage Klienten, ob sie den Eindruck haben, dass das intensive Fühlen, vor allem das Weinen, ihnen etwas bringt: ob es einen angestauten Druck löst und sie erleichtert oder ob es sie umgekehrt noch stärker belastet. (Will man aufhören zu weinen, helfen ein Taschentuch und ein Glas kaltes Wasser.) In diesem Punkt war mir auch eine Klientin Lehrmeisterin, die mich wegen zahlreicher Verluste in ihrem Leben aufsuchte und sagte: »Dass meine Kindheit besch… war, weiß ich genau. Aber mich immer wieder in diesem Schmerz zu suhlen, bringt mich nicht voran. Ich will herausfinden, wie es für mich sinnvoll weitergehen kann.«

Hier sind wir wieder bei der stärkeren Orientierung auf Ziele und Handlungen. Wer um einen geliebten Menschen trauert, der gestorben ist, kann das Ziel, das tief in seinem Inneren sein vordringlichstes wäre, nämlich das Rad der

Zeit zurückzudrehen, den Verlust ungeschehen zu machen, nicht erreichen. Demnach könnte er nur resignieren und verzweifeln.

Oder er setzt sich andere Ziele, die er in seinem Leben verwirklichen will. Gerade mit dem Tod eines nahestehenden Menschen, der uns die Endlichkeit auch unseres Lebens vor Augen führt, wächst oft eine größere Bewusstheit für das, was uns wirklich wichtig ist. Vielleicht empfinden wir unseren Beruf nur noch als ein »Strampeln im Laufrad« und beschließen, kürzer zu treten oder sogar einen ganz anderen Beruf zu ergreifen. Vielleicht hat auch der eine oder die andere einen großen Lebenstraum, den er bislang immer aufgeschoben hatte.

Herbert, ein trauernder Vater, bestieg anlässlich seines 50. Geburtstages den Kilimandscharo und sagte: »Ohne den Tod meiner Tochter hätte ich das nicht gemacht – jetzt nicht und vielleicht dann niemals.«

Im privaten Umfeld wird es höchstwahrscheinlich auch große Verwerfungen geben: Menschen, die nicht wissen, wie sie sich verhalten sollen, werden sich zurückziehen; andere werden sich gerade in der Stunde der Not als Freunde erweisen. Wie oft geben wir uns aus falscher Rücksichtnahme mit Personen ab, die uns eigentlich wenig bedeuten. Seien Sie spätestens ab jetzt anspruchsvoller und suchen Sie den Kontakt mit Leuten, die Ihnen gut tun.

Viele vordringliche Ziele für Trauernde hängen unmittelbar mit dem Verlust zusammen. Das Verfolgen dieser Ziele hilft dem Betroffenen, seine Trauer zu verarbeiten. So kann er sie in Handlungen umsetzen. Ein paar Beispiele:

- die Gestaltung des Abschiedszeremoniells und der Bestattung
- die Herausgabe eines Fotoalbums oder eines Gedenkbandes
- kreatives Gestalten mit Stein, Holz, Ton, Farbe, Textil …
- das Weiterverfolgen eines Anliegens, das dem Verstorbenen wichtig war
- der Einsatz für andere Betroffene, die Ähnliches erlebt haben

Im zweiten Teil dieses Buches werden solche Handlungen ausführlich dargestellt. Diese Beispiele sollen Sie anregen, darüber nachzudenken, wie Sie die ungeordneten chaotischen Emotionen in solch eine Form bringen können, dass Sie sich nicht so überwältigt und hilflos fühlen.

Vor Jahren bat mich ein Ehepaar, dessen Tochter an den Folgen von Magersucht verstorben war, um Rat. Ganz konkret: »Sagen Sie uns, was wir tun müssen, damit wir uns in spätestens einem halben Jahr wieder gut fühlen!« Ich musste passen. Ich hätte diesem trauernden Elternpaar nichts empfehlen können, das in so kurzer Zeit eine substanzielle Verbesserung ihres Zustandes gebracht hätte – nicht bei einem schwerwiegenden Verlust mit so traumatischen Begleitumständen. »Ich will diesen schrecklichen Zustand nicht!«, sagte eine andere Betroffene einmal wütend zu mir. Wir müssen viel Geduld haben; die Anpassung an die veränderten Lebensumstände ist mühsam und langwierig. Und es gibt keine Abkürzung, keinen Schleichweg.

Aber wir können nach Möglichkeiten suchen, wie wir uns den Weg etwas erträglicher machen können. Unsere Grundhaltung – ob wir den emotionsbetonten oder den handlungsorientierten Weg einschlagen oder ob wir »einmal so, einmal so« reagieren – liegt wahrscheinlich schon fest. Trotzdem können wir uns vom Beispiel anderer Trauernder anregen lassen und dabei erfahren, wie kreativ und vielfältig ihre Aktionen sind.

Gemeinsam trauern –
geht das überhaupt?

In diesem Kapitel geht es, anhand mehrerer Beispiele, darum, dass sich innerhalb einer Familie der Umgang mit der Trauer stark unterscheidet: dass sich die einen über den Verlust austauschen wollen und glauben, dass die Bewältigung gemeinsam besser gelingt; und dass den anderen gerade das nicht möglich ist oder zumindest keine Erleichterung bringt. Wesentlich ist hier, die Verschiedenheit in der Verarbeitung zu erkennen und zu respektieren. Aus einem verschlossenen Verhalten darf niemals gefolgert werden, dass der andere weniger leidet. Auch ist zu bedenken, dass es in jeder Familie mindestens eine Person geben muss, die die alltägliche Lebensbewältigung – zumindest notdürftig – aufrecht erhält.

In der Einsamkeit, dem Bewusstsein der Lücke, die der Tod einer geliebten Person für uns auftut, ist es der nächstliegende Impuls, sich mit den anderen Betroffenen zu verbünden, um den Schmerz gemeinsam besser ertragen zu können. »Geteiltes Leid ist halbes Leid«, sagt das Sprichwort zu Recht.

Ich erinnere mich noch gern an die Abende, die ich nach dem Tode unseres Vaters vor der Beerdigung mit meinen Geschwistern verbracht habe. Wir saßen beieinander, tauschten Erinnerungen aus, blätterten gemeinsam in Fotoalben, weinten zwischendurch mal wieder, lachten aber auch und fühlten uns durch das Beisammensein getröstet.

Abschiedsrituale haben in vielen Gesellschaften den Sinn, Gemeinschaft zu stiften und dadurch die Verlorenheit des einzelnen aufzufangen. Entweder können wir Rituale, die uns angeboten werden, mit Bewusstsein annehmen und mit Leben erfüllen. Oder wir können eigene, neue Rituale schaffen, die die Bedeutung der geliebten Person für uns und unseren Umgang mit diesem Tod dokumentieren. Das soll auch im nächsten Kapitel behandelt werden.

Trauerfeiern oder Beerdigungen, die ein gutes Gefühl hinterlassen, stiften immer Gemeinschaft: Menschen kommen zusammen, um sich an den Verstorbenen zu erinnern und ihn zu ehren. Familienangehörige, Freunde, Nachbarn, Arbeitskollegen, Vereinsmitglieder – alle stellen ihn noch einmal in den Mittelpunkt. Auch der »Beerdigungskaffee« kann so der Unterstützung dienen: Für die unmittelbar Betroffenen ist die Erzählung tröstlich, wie Menschen außerhalb des engsten Kreises diese Person erlebt haben, welche Wertschätzung sie ihr entgegenbrachten; vielleicht scheinen sogar Facetten von ihr auf, die vorher ganz unbekannt waren.

Doch nach dem öffentlichen Abschied gehen alle auseinander. Für die engen Angehörigen beginnt jetzt der schwierigere Teil des Anpassungsprozesses. Für diejenigen, die mit der verstorbenen Person den Alltag geteilt haben, ist die Umstellung am einschneidendsten. Tausend kleine Details erinnern jeden Tag an sie. Das Sichten, Sortieren und Wegräumen der Besitztümer ist eine Aufgabe, die viel Energie kostet und Behutsamkeit verlangt. Aus meiner Erfahrung warne ich Sie davor, in einem Gewaltakt alles zu entsorgen. Manche Trauernde tun dies im Glauben, dass ihnen das den Schmerz erleichtern würde. Aber die Bedeutung von Erinnerungsgegenständen kann sich im Lauf der Trauer immer wieder verändern. Mal können wir den Anblick bestimmter Dinge nicht ertragen, Monate später sind sie uns auf einmal wertvoll und wichtig. Also lieber alles in Kisten packen und zwischenlagern als sofort wegwerfen!

Je nachdem, wie sehr uns der Verlust erschüttert hat, kann ein »normales« Funktionieren über viele Monate unmöglich sein. Todesfälle von Kindern und jüngeren Erwachsenen sind meist schwerer zu ertragen als der Tod älterer Menschen, die eine gute Strecke der Lebensbahn schon zurückgelegt hatten. Natürlich können wir einen alten Menschen genau so schmerzlich vermissen, und Äußerungen von Außenstehenden wie »Na ja, das war doch ein schönes Alter« kränken uns. Der Unterschied besteht aber darin, dass wir den Tod junger Menschen als eine Störung der natürlichen Ordnung empfinden und uns dagegen innerlich auflehnen. Wir denken schon, dass wir einen Anspruch auf eine Lebensdauer von siebzig bis achtzig Jahren haben, wie es im Psalm 90 heißt. Früher hieß es: »Mitten im Leben sind wir vom Tod umfangen«; jederzeit konnten Menschen an einer Infektion, einem schweren Unfall, im Kindbett sterben. Der medizinische Fortschritt der letzten hundert Jahre hat uns hier anspruchsvoller werden lassen.

Vor allem diese »Tode zur Unzeit« führen oft zu großen Schwierigkeiten im Kreis der Hinterbliebenen. Bei ihnen werden die verschiedenen Reaktionsweisen, entweder intuitiv, gefühlsbetont oder instrumentell, handlungsorientiert, vielleicht auch völlig vermeidend, besonders deutlich.

Familie K. war unvollständig: Herr und Frau K. hatten sich scheiden lassen, als das jüngste der fünf Kinder, Kevin, drei Jahre alt war. Frau K. hatte unter schwierigen Bedingungen alle aufgezogen, dabei immer als Krankenschwester gearbeitet. Als sie begann, ein wenig aufzuatmen, weil alle fünf auf einem guten Weg waren, verunglückte André, der Zweitälteste, im Alter von 19

Jahren tödlich mit dem Auto auf dem Weg von der Arbeit. Nachdem die Betäubung der ersten Zeit abflaute, stellten sich die unterschiedlichen Wege sehr deutlich heraus: Die Mutter wollte über den Hergang des Unfalls, über alles, was damit zusammenhing, über ihre Erinnerungen an André mit ihren Kindern reden. Doch diese blockten das Gespräch weitgehend ab. Marco, der Älteste, verließ meistens sofort das Zimmer. Erst Monate später fand die Mutter heraus, dass er an jedem Abend auf dem Heimweg zum Grab seines Bruders fuhr und dort einige Minuten allein verweilte. Kam jemand anderes in seine Nähe, ging er sofort weg. Julia und Saskia, die beiden Töchter, umarmten ihre Mutter wohl und weinten mit ihr, entzogen sich aber auch dem Ansinnen, längere Gespräche über den Verlust zu führen. Auch hier erfuhr Frau K. erst viel später, dass sie mit ihren Freundinnen immer wieder darüber sprachen. Saskia schrieb auch Briefe an ihren Bruder, die sie in ihrem Tagebuch aufbewahrte. Der Jüngste, Kevin, zeigte gar keine offene Trauerreaktion. Aber seine schulischen Leistungen ließen stark nach; nach einem Vierteljahr bestellte seine Klassenlehrerin Frau K. ein und äußerte ihre Beunruhigung, nicht nur über die schlechten Leistungen, sondern auch über Kevins Aggressivität im Umgang mit seinen Schulkameraden.

Als Frau K. in der Gruppe trauernder Eltern die Einsamkeit beschrieb, die sie in ihrem Verlustschmerz empfand, konnten wir gemeinsam einige Gründe herausarbeiten, warum ihre Kinder ihre Art zu trauern nicht aushalten konnten. Sie war immer die Starke, Tüchtige gewesen, die unter schwierigen Bedingungen die Familie zusammengehalten hatte; sie funktionierte auch jetzt immer noch und hielt die Alltagsroutine aufrecht. Aber sie so hilflos und erschüttert in ihrer Trauer zu erleben, verunsicherte ihre Kinder zutiefst. Zudem waren sie alle in verschiedenen Phasen der Ablösung, wie sie in der Pubertät völlig normal sind. Der Tod des Bruders komplizierte diesen Ablösungsprozess. Die Mädchen trauerten wohl intuitiv, aber weniger mit ihrer Mutter zusammen als im Kreise der Gleichaltrigen. Marco konnte über seine Trauer nicht reden, suchte sich aber von den Kleidungsstücken seines Bruders mehrere Pullover und Shirts aus, die er dann mit Vorliebe trug. Nach einigen Monaten nahm er sich zusammen mit seiner Freundin eine eigene Wohnung, was der Mutter zwar wehtat, was sie aber verstehen und akzep-

tieren konnte. Kevin hatte einige Sitzungen mit einem Kinder-
und Jugendpsychotherapeuten und begann auf dessen Empfehlung, im Verein Fußball zu spielen, wie es auch André getan
hatte. Durch die sportliche Aktivität konnte er seinen großen
Zorn über diesen Verlust etwas abreagieren und gleichzeitig etwas tun, was ihn mit seinem älteren Bruder verband.

Frau K. erkannte nach und nach, dass ihre Kinder anders
trauerten als sie selbst und dass sie ihren Wunsch nach Gesprächen im Kreise gleichgesinnter Eltern stillen musste. Richtig klar
wurde ihr, dass die jungen Leute – ihre Kinder und Andrés
Freunde – auf ihre Art genauso trauerten, als Andrés Grab an
seinem nächsten Geburtstag mit einer Vielzahl von Grabbeigaben geschmückt wurde: Grablichtern, Herzen, einer Eintritts-
karte eines Konzerts seiner Lieblingsband, Blumen, u. a. einem
Kaffeebecher von McDonald's mit selbst gepflückten Wiesenblu-
men.

Ich habe oft aus Gesprächen mit trauernden Geschwistern,
Jugendlichen und jungen Erwachsenen den Eindruck gewonnen, dass sie sich dem Ausleben der Gefühle nicht so
überlassen konnten, weil das in Widerspruch zu ihren eigenen Zukunftsperspektiven geriet, den Zielen, die sie gerade anstrebten – wie bei Claudia und ihrem Staatsexamen,
die ich schon erwähnte. Sie waren oft hilflos und reagierten dann auch abweisend oder zornig angesichts der Wucht
der Gefühle, die vor allem von ihren Müttern auf sie ein-
stürmten. Ihr Bedürfnis nach Unabhängigkeit und Abnabe-
lung geriet außerdem in Konflikt mit den Kontrollbedürf-
nissen, die die Eltern vor allem nach tödlichen Unfällen
haben. In mancher Familie wird dann an jedem Wochenende gefeilscht, wann das Kind, das zu Feiern unterwegs
ist, sich melden muss oder zu Hause zu sein hat.

Gerade jüngere Kinder fühlen sich durch die Erschütterung ihrer Eltern stark verunsichert; die Personen, die für
sie bislang Sicherheit und Geborgenheit darstellten, bieten
ihnen nun keinen Halt mehr. Daraus kann man aber nicht

folgern, dass die Eltern ihre Trauer verbergen und eine heitere Maske aufsetzen sollten. Erst einmal dürfte das oft gar nicht gelingen; und Kinder sind auch sehr feinfühlig für falsche Töne und Täuschung. Gut wäre es, wenn es außerhalb des engsten Familienkreises zuverlässige Personen gäbe, die ihnen die dringend nötige Unterstützung geben können. Dies zeigt die Geschichte von Anja:

Anja war fünf Jahre alt, als ihre siebenjährige Schwester Christina starb. Von einem Augenblick auf den anderen war für sie nichts mehr wie vorher. Ihre Eltern, ruhige und fürsorgliche Menschen, waren nur mit ihrer Trauer beschäftigt, es gab kein normales Leben und kein Lachen mehr im Hause. Eine Zeitlang versuchte Anja, durch Faxen und Scherze das Lachen wieder zurückzuholen. Als ihr das nicht gelang, wurde sie ziemlich störrisch und entzog sich ihren Eltern. Diese versuchten mit ihr über Christinas Tod zu sprechen, weil sie es für notwendig hielten und es ihr eigener Wunsch war, sich mitzuteilen. Anja blockte dies immer ab, weigerte sich auch, mit zum Grab zu gehen. Im Kreis der Familie ihrer Patentante war es anders. Die Patin hatte zu beiden kleinen Mädchen ein sehr gutes Verhältnis und sprach über Christinas Tod und ihre Traurigkeit darüber. Aber hier konnte Anja das ertragen, weil die Tante zwar sehr traurig, aber dennoch gefestigt erschien. So war diese Patenfamilie vor allem in den schwierigen ersten beiden Jahren ihre Anlaufstelle und ihr Halt.

Ein ähnliches Muster wie in Anjas Familie kann man auch oft in Familien erleben, in denen ein Elternteil gestorben ist. Die Witwe oder der Witwer ist zunächst vordringlich damit beschäftigt, das Leben praktisch in den Griff zu bekommen. Ist diese erste Anpassungsleistung halbwegs bewältigt, gewinnt die gefühlsmäßige Reaktion mehr Raum. Aber die Kinder lassen sich auf das Gespräch über den verstorbenen Vater, die verstorbene Mutter kaum ein. Zu tief ist ihre Verunsicherung, die Erschütterung ihres Grundvertrauens in die Welt. Hinzu kommt die Angst, auch das andere Elternteil könnte ihnen abhanden kommen. Dann höre ich von den besorgten Ratsuchenden: »Aber die Kinder müssen doch darüber reden, sonst fressen sie die Trauer in sich rein!« Nein, sie müssen nicht darüber reden, jedenfalls nicht mit ihnen. Hinzu kommt, dass für Kinder unter zehn Jahren die sprachliche Verständigung ohnehin zurücktritt gegenüber dem Ausagieren, zum Beispiel beim Spielen, Malen oder Basteln. Hier kann die Unterstützung durch einfühlsame Verwandte oder Therapeuten segensreich sein. Hilfreich ist auch eine »Ersatzmutter« bzw. ein »Ersatzvater«, nicht als wirklicher Ersatz, aber doch als eine Identifikationsperson.

Dass Kinder sich weigern, über die verstorbene Person zu reden, sollte die Erwachsenen keineswegs davon abhalten, sie ganz selbstverständlich zu erwähnen, wenn sich das aus dem Zusammenhang ergibt. So erkennen sie, dass der Verstorbene nicht totgeschwiegen wird und zur Familiengeschichte dazugehört. Der amerikanische Psychotherapeut Paul Kirk sprach in diesem Zusammenhang von einem »Schwarzen Loch«, wenn der Tod eines Familienmitgliedes ein dunkles Geheimnis wird, das ganz viel Energie absorbiert. Später, mit gewachsenem Verständnis und gefestigterem Selbstbild, holen Kinder das Gespräch oft nach. So war es übrigens auch bei der eben erwähnten Anja, die mit 22 Jahren zu einer Reihe von Terminen zu mir kam.

Die stärkste Schieflage, wenn es um die Trauerverarbeitung geht, scheint oft bei trauernden Eltern aufzutreten. Wenn ein Elternteil sich ganz dem Schmerz überlässt, ist es aber die schiere Notwendigkeit, dass sein Partner ein Mindestmaß an Kontrolle über den Alltag aufrecht erhält. Der folgende Bericht soll das verdeutlichen.

Gunnar und Elisabeth waren zufrieden, die Erziehung ihrer Kinder zu einem guten Abschluss gebracht zu haben. Beide, Tochter und Sohn, Anfang zwanzig, lebten nicht mehr zu Hause, waren berufstätig und standen mit beiden Beinen im Leben. Die Nachricht von Rainers Unfalltod traf alle wie der Blitz aus heiterem Himmel. Bei der Beerdigung war der Friedhof schwarz von Menschen, und die allgemeine Erschütterung war groß. In den folgenden Wochen und Monaten konnte Gunnar sich kaum fassen. Immer wieder musste er heftig weinen. Er besuchte mehrfach den Unfallort und sprach ausführlich mit Kameraden seines Sohnes. Er versuchte so viel wie möglich über die letzten Stunden in Rainers Leben in Erfahrung zu bringen. Jede Einzelheit war bedeutsam. Er hörte Rainers Lieblingsmusik. Er kaufte sich ein Motorrad wie sein Sohn; auf den Touren fühlte er sich ihm stärker verbunden. Er grübelte über die Fehler, die er in der Erziehung gemacht hatte. Einmal sagte er zu mir: »Ich mache mir solche Vorwürfe, dass ich ihm nie gesagt habe, dass ich ihn lieb habe.« Ich entgegnete: »Das muss ein Vater seinem Kind nicht sagen, das merkt das Kind doch durch das Handeln, die Fürsorge, das Interesse, wie es ihm geht, die tausend liebevollen Einzelheiten des gemeinsamen Lebens. Mein Vater hat mir das auch nie gesagt.«

Nach einer langen Wanderung im tiefen Tal ging es dann aufwärts. Gunnar konnte seinem Beruf als Pfarrer wieder voll nachgehen; ja, er fühlte sich den Trauernden, die er zu begleiten hatte, auf eine viel intensivere Weise verbunden als zuvor, und diese fühlten sich auch ganz besonders gut verstanden und getröstet. Jetzt, nach fünfzehn Jahren, würde sich Gunnar immer noch als trauernden Vater beschreiben, aber er fühlt sich gefestigt und blickt mit Zuversicht auf sein weiteres Leben. Seine größte Freude ist sein Enkelsohn, der Bub seiner Tochter.

Bei meinen Besuchen bei Gunnar und seiner Frau hatte ich ab und zu auch Gelegenheit gehabt, mit Elisabeth allein zu sprechen. Sie erschien immer gefasst und ruhig und tat, was getan werden musste. Ich fragte sie, wie es ihr denn gehe und wie sie mit ihrer Trauer leben könne. Es brach förmlich aus ihr heraus: »Ich kann das dumme Gerede nicht mehr hören: Oh, was bist du so stark, wie gut kommst du mit der Situation zurecht. Was bleibt mir denn anderes übrig als zu funktionieren; einer muss doch den Kopf über Wasser behalten.«

Mit diesen Worten hat Elisabeth beschrieben, wie es einem Menschen geht, der seine eigenen Gefühle wegschließen *muss*, allein wegen der Erhaltung des Alltagsbetriebes, in welch eingeschränkter Form auch immer. Dies ist bei trauernden Paaren weit verbreitet und wird auch mit dem Bild der Wippe, des Spielgerätes vom Kinderspielplatz, beschrieben: »Bist du unten, muss ich oben sein – geht es dir besser, kann ich mir auch einmal ein Tief erlauben.« Nur läuft es meistens nicht so bewusst und wird auch vielen Paaren vom Ablauf her nicht so klar. Sie beklagen nur, dass sie sich in der Trauer so fremd werden, dass sie einander in der wahrscheinlich größten Krise ihres Zusammenlebens nicht mehr verstehen. Dazu noch ein Beispiel, einmal aus der Sicht von Margit, dann aus der von Benno:

»Neben dem großen Schmerz um den Tod unserer Tochter kränkt mich am meisten, dass Benno so darüber hinweggeht. Manchmal glaube ich, er hat gar kein Herz oder hat unser Kind doch nicht so geliebt, wie ich dachte. Wenn ich Jennifers Tod anspreche, sagt er meistens sofort: ›Ach, lass mal lieber, du regst dich nur wieder so auf.‹ Aber ich muss darüber reden, ich ersticke sonst. Ich habe so eine Beklemmung hinter dem Brustbein, als würde mir ein Alb auf der Brust sitzen. Wenn ich weinen kann, wird es etwas besser. Und dann kommt er von der Arbeit nach Hause und erzählt mir irgendwelche Schoten aus der Firma und lacht sogar noch darüber! Ich kann das überhaupt nicht verstehen.«

»Ich leide genauso unter dem Tod unserer Tochter wie meine Frau. Nur kann ich das nicht so nach außen tragen wie sie. Ich finde auch, sie übertreibt es, es wird doch nicht besser dadurch, dass sie sich den ganzen Tag und die halbe Nacht damit quält. Ein normales Familienleben findet überhaupt nicht mehr statt. Ich bin tatsächlich froh, dass ich durch die Arbeit abgelenkt werde. Dann treten die Gedanken an Jennifer auch mal in den Hintergrund. Außerdem kann ich nicht ständig erwarten, dass in der Firma auf mich Rücksicht genommen wird. Auf dem Heimweg überfällt es mich aber oft, und ich muss auch weinen.

Wenn ich dann aber in unsere Einfahrt einbiege, wische ich mir die Tränen ab. Ich schließe die Haustür auf und gucke meine Frau an. Meistens sieht sie verheult aus. Dann versuche ich sie ein bisschen abzulenken und aufzuheitern.«

Vor allem Margit war erschüttert, als sie von mir erfuhr, wie schlecht es Benno in Wirklichkeit ging. Die beiden mussten lernen, dass jeder auf seinem Trauerweg seine individuelle Art und sein individuelles Tempo hat, mit dem Verlust umzugehen. Das meinte ich damit, als ich vorher schrieb, dass man auf seiner Insel sitzt und es schon eine große Leistung darstellt, sich gegenseitig Flaschenpost zu schicken.

Die Handlungen, die aus der Trauer entstehen, bieten in vielen Fällen auch eine Brücke zwischen jemandem, der eher intuitiv, also gefühlsbetont trauert, und seinem handlungsorientierten Nächsten. Selten treten diese Reaktionsweisen in absoluter Ausschließlichkeit auf; Fühlen, Denken und Handeln wechseln sich ab. Und in die Aktion zu gehen, bedeutet ja nicht, dabei keinen Schmerz zu empfinden. Aber er erscheint in einer gebändigten, besser beherrschbaren Gestalt.

Die im Teil B dieses Buches beschriebenen Handlungen sind als eine Darstellung und Aufzählung zu verstehen, welche Lösungen Trauernde gefunden haben, um in ihrem Schmerz aktiv zu werden. Alle haben damit dokumentiert, dass der Tod ihres geliebten Menschen für sie ein bedeutsames Ereignis war, dass der Verstorbene ihnen so wichtig war, dass sie ihm auf äußerst vielfältige und kreative Weise die Ehre erweisen wollten. Selbst im Falle der Strategien, die als Ablenkung erscheinen – das Wort »Verdrängung« vermeide ich, weil es eine Wertung enthält –, wird doch die große Energie offenkundig, die ein Spiegelbild der Liebe zum Verstorbenen ist.

Teil B:
Wie kann ich mit meiner Trauer aktiv umgehen?

Ich gestalte den Abschied bewusst

Dieses Kapitel richtet sich nicht nur an die Trauernden selbst, sondern mehr als die anderen auch an die Begleiter in der Zeit zwischen dem Eintritt des Todes und der Verabschiedung der sterblichen Überreste. »Schleusenzeit«® nennt Ruthmarijke Smeding diese Periode. Und die »Schleusenwärter«, medizinisches und pflegendes Personal, Bestatter und Seelsorger, sind gefordert, den Trauernden die ersten Schritte in den neuen Lebensabschnitt zu erleichtern. In diesem Kapitel werden alle Handlungen, die den Abschied von der leiblichen Hülle des Toten betreffen, zusammengestellt. Jahrhunderte alte Rituale können das sein, aber auch ganz neue Ideen, wie zum Beispiel das eigenhändige Schreinern oder Bemalen des Sarges. Vielleicht – wahrscheinlich – lesen Sie als Trauernder dieses Buch erst, wenn die Beerdigung bereits stattgefunden hat. Möglicherweise bedauern Sie wie manche Betroffene im Nachhinein, dass Sie selbst nicht mehr getan haben. Daran zeigt sich unsere heutige Unvertrautheit mit dem Tod; Sie haben zum Zeitpunkt des Todes nicht alles im Blick gehabt, was möglich gewesen wäre, waren vielleicht auch zu schockiert oder erschöpft. Hoffentlich finden Sie in den folgenden Kapiteln Anregungen, die Sie auch jetzt noch umsetzen können und wollen.

Der Tod kann überraschend eintreten oder als Endpunkt eines langen Prozesses. Wie dieser Prozess ablief, ob es ein Kampf, ein Sich-Wehren des Sterbenden war oder aber ein schrittweises, friedliches Ablösen vom Leben – das ist individuell sehr unterschiedlich. »Die Realität des Todes anerkennen«, diese erste, wichtige Traueraufgabe wird sehr erleichtert, wenn wir beim Sterben anwesend sind. Viele Trauernde erzählen, dass diese letzten Tage und Stunden zwar äußerst schmerzhaft, aber auch sehr wichtig für sie waren. Die Gelegenheit, etwas Hilfreiches für den Sterbenden zu tun oder ihm noch etwas mitzuteilen, in Worten, vielleicht auch nur in Berührungen und Gesten, entfaltet im Nachhinein eine tröstliche Kraft. Vielleicht haben sie mit ihm oder für ihn Gebete und Psalmen gesprochen oder Lieder gesungen, die ihm vertraut waren und Geborgenheit vermitteln konnten. Tröstend für alle kann zum Beispiel der Psalm 23 sein (»Der Herr ist mein Hirte«). Aus vielen Berichten wissen wir, dass auch anscheinend Bewusstlose, die mit geschlossenen Augen reglos dalagen, noch auf Gehörtes reagierten; so beschleunigte sich ihr Herzschlag, oder die Augäpfel wanderten unter den Lidern hin und her. Es ist also nie zu spät, mit dem Sterbenden Kontakt aufzunehmen. Vielleicht war auch dies alles den Anwesenden nicht möglich, und sie konnten nur dasitzen und dem Geschehen hilflos zusehen.

Immer wieder wird berichtet, dass der Tod gerade dann eintrat, als die Angehörigen für eine kurze Erholungspause den Raum verlassen hatten. Das führt oft zu Grübeleien und Selbstbeschuldigungen. Könnte es nicht eher so sein, dass der Sterbende erst in dem Moment das Leben loslassen konnte, als seine liebsten Menschen nicht mehr bei ihm waren?

Die Vorbereitung auf das Ende ist bei den plötzlichen und unerwarteten Todesfällen unmöglich; um so größer sind der Schock und die Bestürzung. Die Trauer wird kompliziert, wenn Wichtiges ungesagt und ungeregelt bleiben musste; noch schlimmer, wenn vor dem Tode Auseinandersetzungen oder Missstimmungen geherrscht haben. Es ist schon eine gute Regel, nicht im Streit auseinanderzugehen.

Aber quälen Sie sich nicht zu sehr, wenn es keinen harmonischen Abschied gab. Im Tode sind die kleinlichen Alltagsstreitereien völlig belanglos, wenn die Beziehung sonst in Ordnung war.

Margret, eine alleinerziehende Mutter von vier Kindern, erzählt vom Tod ihrer Mutter, die mit im Hause wohnte:»Ich habe eigentlich nur für meine Kinder und meine Arbeit gelebt; für einen neuen Partner oder Vergnügungen war kein Platz. Nur einmal im Monat bin ich mit dem Kegelverein ausgegangen. Und jedesmal hat meine Mutter daran herumgemäkelt. Da hatte ich schon einen Zorn. Und immer, wenn ich dann nachts heimkam, stand sie oben am Treppenabsatz und sagte anklagend: ›Ich habe vor Sorge gar nicht gut geschlafen, und jetzt habe ich Kopfweh!‹ Ich habe mich schwarz geärgert darüber, und da ist auch schon mal ein böses Wort gefallen. In der Nacht, als sie starb, war es auch so. Ich kam heim, lustig und ein bisschen beschwipst; sie stand da wie ein vorwurfsvolles Gespenst, und ich warf ihr an den Kopf: ›Du bist ein neidisches, böses altes Weib, das mir das bisschen Spaß nicht gönnt!‹ Plötzlich griff sie sich an die Brust und sackte zusammen. Erst habe ich gedacht, jetzt übertreibt sie das Theater aber wirklich; als sie aber ächzend auf dem Boden lag, bekam ich Angst und habe den Notarzt verständigt. Der Rettungswagen kam gleichzeitig mit der Ärztin, die meine Mutter untersuchte und sagte: ›Verdacht auf Herzinfarkt, sie muss sofort ins Krankenhaus!‹ Natürlich wollte ich mitfahren, aber es war ein schreckliches Glatteis in der Nacht, und die Ärztin hat mir abgeraten. Ich solle lieber bei meinen Kindern bleiben, ich könne jetzt doch nichts tun. Als meine Mutter auf die Tragbahre gelegt worden war, kniete ich mich neben sie und nahm ihre Hand. Sprechen konnte sie nicht mehr, aber sie erwiderte meinen Händedruck. Dann waren sie weg. Morgens um fünf rief das Krankenhaus an: schwerer Hinterwandinfarkt; sie konnten nichts mehr für sie tun. Da stand ich mit meinem schlechten Gewissen, dass wir so auseinandergegangen waren. Das einzige, was mich ein bisschen getröstet hat, war ihr letzter wortloser Händedruck. Wir haben uns doch lieb gehabt, auch wenn wir uns gegenseitig öfters auf die Nerven gegangen sind.«

Margrets Mutter ist im Krankenhaus gestorben, wie die meisten Menschen heutzutage. Wir haben nicht nur die Behandlung von Krankheiten, sondern auch das Sterben und den Tod in die Hände von Experten abgegeben: Pflegepersonal, Ärzte, Mitarbeiter von Bestattungsunternehmen oder Friedhöfen. So kommt es, dass ganz viele Menschen, auch mittleren Alters, noch nie einen Toten gesehen haben und eine große Scheu davor haben. Aber aktiv zu be-»greifen«, was geschehen ist, kann uns in unserem Trauerprozess helfen.

Bei einem länger dauernden Sterbeprozess kann der Todkranke nach Hause geholt werden und in seiner vertrauten Umgebung von seinen nächsten Angehörigen gepflegt und begleitet werden. Selbstverständlich muss diese Aufgabe nicht ohne Unterstützung von außen geleistet werden. Vielerorts gibt es schon Palliativpflegedienste (von lateinisch *»pallium«* = der schützende Mantel), also solche, die sich auf die Versorgung von Sterbenden spezialisiert haben. Oder es gibt ehrenamtliche Mitarbeiter eines Hospizvereins, die Besuche abstatten und in vielfältiger Weise unterstützen können.

Eine andere Möglichkeit ist die Aufnahme in ein stationäres Hospiz oder eine Palliativstation im Krankenhaus. Auch hier haben die Angehörigen die Möglichkeit, rund um die Uhr bei ihrem geliebten Menschen zu sein und noch intensive letzte Lebenszeit mit ihm zu verbringen. Die pflegerischen Aufgaben, die Schmerzbekämpfung und die Versorgung werden hier von den Mitarbeitern übernommen.

Im Rückblick auf die Sterbesituation und den Tod sagen viele Trauernde: »Ich bedaure jetzt sehr, dass ich nicht mehr für meinen Toten getan habe. Ich war so gelähmt und überfordert, ich habe mich wegschicken lassen und alles den Fachleuten überlassen. Ich hätte ihn doch noch nach Hause holen können, ihn selbst für das Begräbnis waschen und ankleiden, ich hätte so viele Dinge noch machen können.« Hier zeigt sich oft die Unvertrautheit mit dem Tod. Erst wenn man einmal damit konfrontiert worden ist, weiß man, was man beim nächsten Mal anders machen will. Oder es findet sich jemand, der behutsam die Anregung gibt, die Situation bewusst zu erleben und auszuhalten.

Mein Kollege Joachim Michalik, der auch als Notfallseelsorger arbeitet, wurde nachts zu einer Familie gerufen, deren Vater verstorben war, ein Mann von fünfundsiebzig, der friedlich eingeschlafen war. Aufgescheucht und verstört eilten die erwachsenen Kinder durchs Haus: »Wir müssen schnell einen Bestatter benachrichtigen, damit er den Vater abholen kann!« Mein Kollege entgegnete: »Wollen Sie den wirklich um drei Uhr nachts rausklingeln? So sehr eilt es doch gar nicht.« Er ging zu dem alten Mann, der wie schlafend in seinem Bett lag. Er faltete seine Hände und schob ihm ein zusammengerolltes Tuch unters Kinn, bevor die Leichenstarre eintrat. Er bat die Tochter um eine brennende Kerze, stellte sie auf das Nachtschränkchen und setzte sich still daneben. Ermutigt durch das Beispiel, kamen erst die Frauen, dann die Männer dazu; schließlich wurden auch die Kinder geweckt, um ihren Großvater noch einmal in seiner vertrauten Umgebung zu sehen. Mein Kollege erkundigte sich nach den Lebensumständen des Verstorbenen; erst zögernd, dann immer lebhafter erzählten die Verwandten von ihm. Es flossen Tränen, aber bei manchen Geschichten wurde auch gelacht. Gegen sechs Uhr sprach Joachim ein Gebet für den alten Herrn, danach beteten alle gemeinsam das Vaterunser. Für die Verständigung des Hausarztes, der den Totenschein auszustellen hatte, und des Bestatters war am Morgen noch genügend Zeit.

Diese Geschichte zeigt, dass wir uns weder von anderen noch von der eigenen Unsicherheit und Angst in hektische Betriebsamkeit drängen lassen sollten. Die Zeit, die wir jetzt mit dem Toten verbringen, ist die letzte Lebensspanne, in der das möglich ist. Und von wenigen Ausnahmen abgesehen, sehen Verstorbene auch nicht erschreckend oder entstellt aus. Oft entspannen sich im Tode ihre Gesichtszüge, sie sehen sehr friedlich, ja entrückt aus. Manchmal hat man den Eindruck, sie lächelten. Auch die Befürchtung, sie strömten »Leichengift« aus oder man könne sich an ihnen anstecken, trifft nicht zu. Dies wäre lediglich bei seltenen, gefährlichen Infektionen der Fall, die bei uns kaum vorkommen. Dass diese Ängste gegenstandslos sind, kann man auch daraus ersehen, dass im hygienebewussten Deutschland die Verstorbenen bis zu 36 Stunden in ihren eigenen vier Wänden bleiben dürfen. Nicht nur das, sie dürfen, selbst wenn sie im Krankenhaus gestorben sind, auch noch durch einen Bestatter nach Hause gebracht und dort aufgebahrt werden. Vielleicht mögen Sie diese Option wahrnehmen, um auch Verwandten und Freunden, die von weiter her anreisen, einen Abschied in vertrauter Umgebung zu ermöglichen. Vielleicht überlassen Sie es aber auch dem Bestatter, den Verstorbenen in einem Abschiedsraum aufzubahren.

Wenn der Verstorbene erst einmal daheim bleibt, könnten Sie ihn selbst waschen und für die Beerdigung oder Einäscherung ankleiden. In Absprache mit dem Bestatter oder auch dem Krankenhaus, Hospiz oder Pflegeheim kann das auch an fremdem Ort geschehen. Wenn Sie diesen Wunsch verspüren, seien Sie hartnäckig und lassen Sie sich nicht mit irgendwelchen Argumenten abspeisen. Für die Profis ist es ein Todesfall unter anderen, für Sie ist er dagegen bedeutsam, und alles, was Sie jetzt tun können, kann Ihnen den Trauerprozess etwas erleichtern.

Wenn Sie eine Scheu empfinden, eine solche Waschung und Ankleidung allein vorzunehmen, bitten Sie vielleicht eine nahestehende Person um Unterstützung. Falls jemand anderes diese Aufgabe übernimmt, zum Beispiel eine Pflegerin im Altenheim oder ein Angestellter eines Bestattungsunternehmens, können Sie auch dabei sein, assistieren oder zumindest die Kleidung aussuchen. Es ist doch viel persönlicher, wenn die verstorbene Person etwas trägt, das sie selbst gern gehabt hat. Außerdem sind die Leichenhemden, die Bestatter Ihnen verkaufen, oft unverhältnismäßig teuer, wie manche anderen Utensilien für den Sarg. Im Falle, dass der Verstorbene eingeäschert werden soll, können Sie leider keine persönliche Kleidung wählen; wegen der Abgase bei der Verbrennung muss ein Leichenhemd aus Naturfasern mit Umweltzertifikat verwendet werden.

Waschen, Ankleiden, liebevolle Versorgung – dies alles bezeugt, dass wir den Verstorbenen ehren und achten, dass wir ihn nicht gedankenlos und möglichst schnell entsorgen wollen. Besonders wichtig wird dieser Gedanke, wenn es sich um einen sehr kleinen Menschen handelt, um ein Kind, das bereits im Mutterleib oder um den Zeitpunkt der Geburt verstorben ist. Für die Mutter und den Vater ist es bereits ein geliebtes und willkommen geheißenes Wesen. Für die Außenstehenden ist das oft gar nicht nachzuvollziehen, da sie noch keine Gelegenheit hatten, eine Beziehung zu ihm aufzubauen. Um so wesentlicher wird, dass dieses Kind durch achtungsvolle Behandlung in seinem Menschsein anerkannt wird. In meiner Zeit an der Universitäts-Frauenklinik Gießen konnte ich, dank der Einsicht und Unterstützung der maßgeblichen Personen, ein Grabfeld für sehr kleine, noch nicht bestattungspflichtige Menschen initiieren. Auch die Hebammen des Kreißsaales nahmen diese Gedanken aufgeschlossen auf. So wurde ein hölzernes Wiegenbettchen angeschafft, in dem die verstorbenen Kinder den Eltern in ansprechender Weise gezeigt werden konnten. Die Würdigung dieser Kinder setzt ihrerseits Ideen frei, die bei der Trauerverarbeitung helfen können; dazu noch ein Bericht aus meiner Arbeit:

Die Hebammen des Kreißsaales teilten mir bei meinem allwöchentlichen Nachfragen mit, dass am Vortag eine Frau Zwillingsmädchen geboren hatte, von denen eines bereits vor vielen Wochen im Mutterleib verstorben war. Der kleine Körper lagerte, wie er geboren worden war, verpackt im Kühlschrank, und die Frage war offen, ob die Mutter ihr Kind noch einmal anschauen wollte – ein Vater war nicht in Erscheinung getreten.

Beate S. lag in einem Einzelzimmer auf der Wöchnerinnenstation. Ich begrüßte sie, gratulierte ihr zu ihrem kleinen Mädchen, um sofort hinzuzufügen: »Das ist jetzt bestimmt ein ganz schwieriger Spagat für Sie, einerseits die Freude an Ihrem lebenden Kind, andererseits die Trauer um das gestorbene.« Sofort brach sie in Tränen aus: »Sie sind ja die erste, die das anspricht. Alle anderen hier tun einfach so, als hätte ich nur ein Kind geboren. Das ist total schlimm für mich. Ich möchte das Baby auch gern noch einmal ansehen, aber habe schreckliche Angst vor dem Anblick, weil es schon so lange tot in meinem Körper war.« Ich bot ihr an, das Kind erst einmal anzuschauen und herzurichten und ihr dann zu beschreiben, wie es aussah.

In einem nüchternen, gekachelten Arbeitsraum des Kreißsaaltraktes packte ich den kleinen Körper aus seiner Umhüllung: ein vollkommen gestalteter winziger Mensch, aber eingeschrumpelt wie eine Mumie. In den Katakomben von Palermo hatte ich etwas Vergleichbares schon einmal gesehen. Ich wusch das Mädchen und schlug es wie in ein Steckkissen in ein frisches, reinweißes kleines Laken ein. Dann ging ich zu Beate und beschrieb ihr, was sie sehen würde. Sie rang eine Weile sichtbar mit sich. Schließlich stand sie auf und sagte: »Ich habe zwar immer noch Angst davor, aber ich habe das Kind 37 Wochen in mir getragen – ich muss es sehen.« In einem ruhigen Nebenraum legte ich es ihr in den Arm. Mit großer Zärtlichkeit und unter Tränen sagte sie: »Mein armes Hutzelputzel, warum konntest du nicht bei uns bleiben?« Nach einer Weile wagte sie auch, es zu berühren, das Gesicht, die vollkommen geformten Ohren, die winzigen Hände mit ziemlich langen Fingernägeln daran, die vergleichsweise großen Füße. Mit einem Lachen bemerkte sie: »Sie kommt auf mich, ich habe Schuhgröße 43!« Nach einer halben Stunde war so etwas wie ein Wetterumschwung in ihrer Stimmung zu bemerken. »Es ist jetzt gut, ich muss mich um meine andere Kleine kümmern.« Zurück in ihrem Zimmer, in dem ihr lebendes Baby noch friedlich schlief, fragte ich sie, ob sie das tote Kind bestatten wolle (es lag unter der Gewichtsgrenze der Bestattungspflicht, 500 Gramm). Dies war für sie vollkommen klar, sie wollte es ihrer kürzlich verstorbenen Großmutter ins Grab beilegen: »Die Oma kümmert sich hoffentlich auch oben weiter um sie!« Weiter fragte ich sie, ob sie vielleicht dem Kind etwas in den Sarg mitgeben wolle. Nach einigem Nachsinnen sagte sie: »Ich mache gern Seidenmalerei. Vielleicht male ich zwei gleiche Tücher. In das eine kann mein Hutzelputzel im Sarg eingewickelt werden, das andere bewahre ich für meine Kathrin auf, damit ich ihr später besser erklären kann, dass sie eigentlich noch eine Schwester hat.«

Nach einigen Wochen schrieb sie mir, bedankte sich für die Betreuung und berichtete, dass alles wie besprochen stattgefunden habe. Es seien viele Tränen auf die beiden Tücher gefallen und hätten ihre Spuren, wie Regentropfen, auf der Seidenfarbe hinterlassen. Aber durch das Tuch, das ihr und Kathrin verblieben sei, sei die Verbindung zwischen den beiden Kindern dargestellt. Sie fühle sich meistens ziemlich stark, und dem Baby gehe es gut.

Ein nächster Schritt, den wir im Abschiednehmen gehen können, ist die Aufbahrung des Verstorbenen im eigenen Hause. Alte Menschen haben mir berichtet, dass das vor fünfzig Jahren im ländlichen Raum noch gang und gäbe war. Der Leichnam wurde schön hergerichtet und in der Mitte eines Raumes in ein Bett oder auf ein Lager gelegt, so dass die Menschen von allen Seiten herantreten konnten. Kerzen brannten, ein Kreuz wurde aufgestellt, Blumen wurden ausgestreut, in katholischen Gegenden wurden auch Weihrauch oder Myrrhe verbrannt. Alle Verwandten, Freunde und Nachbarn hatten Zeit und Gelegenheit, bis zur Bestattung vom Verstorbenen Abschied zu nehmen. Nachts wurde reihum die Totenwache gehalten. Gebete wurden gesprochen – bei Katholiken vor allem der Rosenkranz, also eine rituelle Abfolge von Gebeten wie Vaterunser, Glaubensbekenntnis und Ave Maria. Daneben blieb natürlich auch Zeit, über den Toten zu sprechen. Lustige und traurige Ereignisse aus seinem Leben wurden weitergegeben. Die Einbindung in eine Gemeinschaft ist ja für die am meisten betroffenen nächsten Verwandten eine wichtige Hilfe in ihrer Trauer.

Dieses traditionelle Szenario gibt es wohl so kaum noch. Aber es spricht nichts dagegen, dass Sie es für sich wiederbeleben. Auch bei einer Aufbahrung des Verstorbenen außerhalb des Hauses kann in einer Form Abschied genommen werden, die nicht nur den üblichen Gepflogenheiten entspricht. Dies zeigt der Bericht von Heidrun, die ihren 78-jährigen Vater betrauerte:

»Leider konnte ich meinem Vater nicht mehr zu Lebzeiten und in seiner vertrauten Umgebung Ade sagen. Erst 24 Stunden nach seinem Tod traf ich in meinem Elternhaus ein. Da war er schon in die Trauerhalle überführt worden. Aber meine Mutter sagte mir, der Bestatter sei jederzeit bereit, mir den Aufbahrungsraum aufzuschließen. Es war schon halb neun abends, aber als ich den Bestatter anrief, war er innerhalb weniger Minuten vor Ort und sperrte mir auf. Das fand ich schon wohltuend. Zögernd und mit Herzklopfen betrat ich den kühlen, nur von indirekter Beleuchtung und einer großen Kerze erhellten Raum. Da lag leblos der Mann, der immer nur gut zu mir gewesen war. Er trug ein besticktes Leichenhemd; in seine gefalteten Hände hatte jemand einen Veilchenstrauß gelegt. Seltsam, wie fremd er aussah. Mein allererstes und starkes Empfinden war, dass er das nicht mehr war, dass nur noch seine leibliche Hülle zurückgeblieben war. Aber als ich ihn länger betrachtete, sah ich doch Vertrautes: die kräftige Nase, die buschigen Brauen und vor allem die Haare. Er war bis zuletzt stolz auf seinen reichen, silberweißen Schopf gewesen. Das war die einzige kleine Eitelkeit, die er hatte. Behutsam strich ich ihm die Haare aus der Stirn. Sie waren für mich sozusagen das Verbindungsglied zwischen meinem Erinnerungsbild an ihn und dem steifen, kalten Körper, wie er da lag im offenen Sarg. Plötzlich kam mir der Impuls, ihm eine Haarsträhne abzuschneiden. Ich ging vor die Tür und bat den jungen Bestatter, der ohne Anzeichen der Ungeduld draußen wartete, mir eine Schere zu besorgen. Er verzog über mein Ansinnen, das mir selbst ungewöhnlich vorkam, keine Miene, verschwand und war nach wenigen Minuten mit einer kleinen Schere zurück. Ich schnitt eine Strähne ab und packte sie sorgfältig in ein Papiertaschentuch ein. Dann wünschte ich still meinem Vater einen guten Weg, wohin genau der auch führte, und war selbst bereit zu gehen. Der Bestatter bot mir an, dass ich oder andere Familienmitglieder jederzeit vor der Bestattung den Vater noch einmal sehen könnten. Aber für mich war es gut so.

Später band ich ein weißes Seidenband um die Haarsträhne und legte sie in einem Briefumschlag in das Album mit den letzten Fotos, die unseren Vater im Kreis seiner Kinder und Enkel zeigten. Da war er noch sehr vergnügt gewesen, obwohl er wohl wusste, dass er nicht mehr lange zu leben hatte.«

Sie erkennen, dass Zeit und Ruhe, Innehalten und Sich-Besinnen dazu führen, dass aus den Tiefen unserer Empfindung fast »wie von selbst« Impulse aufsteigen, was wir tun wollen. Damit sollen keine neuen »Normen« der Trauerverarbeitung aufgestellt werden. Es ist legitim, alle Handlungen einem seriösen Bestatter zu überlassen. Aber lassen Sie sich bei keiner Entscheidung unter Zeitdruck setzen! Spüren Sie nach, ob sich eine vorgeschlagene Maßnahme für Sie richtig anfühlt, lassen Sie sich auch mal eine Nacht Bedenkzeit. An dieser Stelle möchte ich auch dagegen sprechen, den letzten Willen eines Verstorbenen unter allen Umständen buchstabengetreu zu erfüllen. Ich kenne mehrere Familien, die über den vom Verstorbenen gewünschten und dann so vollzogenen Bestattungsmodus, zum Beispiel eine Seebestattung, sehr unglücklich sind.

Letztendlich sind Sie es, die mit dieser Entscheidung weiter leben müssen.

Eine andere Form des Abschiednehmens ist schon sehr alt, war fast in Vergessenheit geraten und erlebt in letzter Zeit eine gewisse Renaissance: das Abnehmen einer Totenmaske. Schon die Babylonier und Ägypter pflegten diesen Brauch; im 19. Jahrhundert war er am weitesten verbreitet. Das Gesicht als Spiegel der Persönlichkeit bleibt so in einem Abbild erhalten, wenn die leibliche Hülle längst vergangen ist. Manche Bestatter bieten an, den Kontakt zu Künstlern zu knüpfen, die Totenmasken (in Gips oder Bronze) herstellen, oder sie haben sich selbst in dieser Technik weitergebildet. Aber auch ein Laie kann eine einfache Gipsmaske abformen. Das Vorgehen ist im Buch »Wenn ein Mensch gestorben ist« von Daniela Tausch-Flammer und Lis Bickel ausführlich beschrieben.[6] Wenn Sie den Gesichtsausdruck Ihres Verstorbenen als friedvoll und tröstlich erleben, kann es vielleicht Ihr Weg sein, dieses dreidimensionale Abbild zu schaffen, das viel greifbarer ist als eine Fotografie.

Ihren Verstorbenen zu fotografieren, löst möglicherweise ein ungutes Gefühl in Ihnen aus. Es erscheint Ihnen makaber oder pietätlos. Auch dies zeigt unsere heutige Unvertrautheit mit dem Tod; früher war das Fotografieren auf dem Sterbebett sehr verbreitet. Im Buch »Noch mal leben vor dem Tod« haben der Fotograf Walter Schels und die Journalistin Beate Lakotta tief berührende Portraits in Wort und Bild von 24 Menschen gemacht[7], Bewohnern eines Hospizes, einmal zu Lebzeiten, einmal nach ihrem Tode.

6 Vgl. D. Tausch-Flammer & L. Bickel: Wenn ein Mensch gestorben ist – Wie gehen wir mit den Toten um? Herder, Freiburg 1995
7 B. Lakotta & W. Schels: Noch mal leben vor dem Tod. DVA, München 2004

Man kann, wenn der Leichnam in ansprechender Weise dargestellt ist, durch das Fotografieren auch Erinnerungsstücke schaffen, die später helfen, die Aufgabe »Die Realität des Todes anerkennen« immer wieder neu zu begreifen. Gerade bei Kindern, die zu Beginn ihres Lebens gestorben sind, sind diese Fotos enorm wichtig. Von ihnen gibt es ja keinen dokumentierten Lebensweg. Oft habe ich Frauen unterstützt, die ihr Kind zum Zeitpunkt der Geburt nicht ansehen konnten oder wollten und die Monate später auf die Suche nach Bildern gingen, die in der Klinik gemacht worden waren.

Eine weitere Station auf dem Weg des bewussten Abschieds kann die Auswahl und Gestaltung des Sarges sein. Fortschrittliche Bestatter bieten hier mittlerweile eine Vielfalt von Modellen an, die der Persönlichkeit des Verstorbenen gerechter werden als der Standard-Eichenholzsarg in »altdeutscher« Machart. In anderen Kulturen, zum Beispiel in Lateinamerika, gibt es farbenfroh bemalte Särge; und wäre es nicht passender, einen Menschen mit positiver Grundhaltung im Leben auch in einem »fröhlichen« Sarg zu bestatten? Vor allem – aber nicht nur – wenn Kinder unter den Trauernden sind, ist es also eine Überlegung wert, einen ganz schlichten Sarg selbst zu bemalen oder auch anders zu schmücken.

Schließlich ist es auch möglich, den Sarg selbst zu schreinern. Eltern kleiner Kinder tun dies zunehmend. Und auch hier können die Geschwisterkinder helfen und vielleicht auf diese Art eine verstörende Situation besser bewältigen.

Grabbeigaben: Auch das ist ein uralter Brauch. Unsere Vorfahren fassten dies in einem sehr konkreten Sinn auf; es gab Nahrungs- und Getränkevorräte fürs Jenseits und Waffen oder Schmuck, die gleichzeitig den Status des Verstorbenen anzeigten. Wir alle werfen Blumen auf die Särge unserer Toten. Aber es gibt viel mehr Möglichkeiten: Sie können Ihrem Verstorbenen etwas Schriftliches in den Sarg mitgeben, einen letzten Gruß, vielleicht eine Bitte um Vergebung, wo Sie ihm etwas schuldig geblieben sind, oder auch Gegenstände, die für Sie beide eine besondere Bedeutung hatten. Fragt man kleine Kinder, was sie mit ins Grab geben wollen, kommen sie, ähnlich wie unsere Altvorderen, auf konkrete Dinge: ein Spielzeugauto, ein Kuscheltier. Ältere Kinder malen oft gern Bilder.

Auch bei der Gestaltung der Trauerfeier gibt es jetzt mehr Freiheitsgrade als früher. Sie werden wahrscheinlich einen Pfarrer oder einen weltlichen Trauerredner bitten, die Traueransprache zu halten, in der er an den Verstorbenen erinnert, sein Leben noch einmal Revue passieren lässt und seine Hoffnung auf ein Aufgehen dieses Lebens in einer höheren Daseinsform ausdrückt. Vielleicht sprechen auch andere Weggefährten – Freunde, Kollegen, Vereinskameraden – Worte der Erinnerung. Vielleicht möchten Sie auch selbst sprechen; bedenken Sie aber, dass Ihnen das wahrscheinlich sehr schwer fallen wird. Einen Text zu verlesen, der für den geliebten Toten eine besondere Bedeutung hatte, ist möglicherweise noch besser zu bewältigen als eine Rede.

Musik zu spielen, die der Verstorbene geliebt hat, ist auch emotional sehr schwierig. Musik als Kunstform hat den kürzesten Weg zu unseren Gefühlen. So werden wahrscheinlich gerade dabei Tränen fließen. Auf der anderen Seite drücken bevorzugte Musikstücke ganz viel von der Persönlichkeit eines Menschen aus; und diese noch einmal zu ehren und zu würdigen, ist ja ein Sinn dieses Abschiednehmens.

Bei der Trauerfeier meines Freundes Michael wurde eines seiner Lieblingsstücke, »Bourrée« von Jethro Tull, gespielt. Sein Schwager, selbst ein begabter Musiker, spielte dann die Originalversion von Johann Sebastian Bach und improvisierte darüber. Ich bin sicher, dass das ganz in Michaels Sinn war.

Eine Sitte, die sich vor allem bei der Bestattung von Kindern verbreitet, ist das Fliegenlassen von Luftballons. Es drückt so vieles aus: die Hoffnung, dass die Seele dieses Kindes sich in höhere Welten aufmacht, die Bereitschaft der Eltern, ihr Kind dabei nicht aufzuhalten, im Grunde also die Anerkennung der Realität. Die fröhlich bunten Luftballons versinnbildlichen die Lebensfreude, die gerade von Kindern ausgeht. Ein trauerndes Elternpaar, das ich betreut habe, ist noch einen Schritt weitergegangen und hat auf dem Grabstein der Tochter bunte Ballons darstellen lassen.

Häufig wird bei Trauerfeiern ein Kondolenzbuch ausgelegt. Dies hat zunächst nur den Sinn, dass die Angehörigen die Beileidsbekundungen nicht persönlich entgegennehmen müssen, weil es für sie zu belastend ist. Man kann statt eines relativ formellen Kondolenzbuches auch ein echtes Erinnerungsalbum gestalten, indem man die Eintragenden bereits im Vorfeld bittet, eine besondere Begebenheit aus dem Leben mit dem Verstorbenen zu erzählen, vielleicht ein Gedicht für ihn auszusuchen, ein Foto einzukleben, bei Kindern auch ein selbst gemaltes Bild. So kann das Gestalten des Albums für viele eine Chance bieten, ihre Zuneigung zum Verstorbenen in kreativer Form auszudrücken. Und für die im engsten Kreis, die nach der Trauerfeier allein bleiben, ist es eine Quelle des Trostes.

Viele Betroffene erzählen, dass die Trauerfeier mehr oder weniger an ihnen vorbei gerauscht ist, dass sie sich an kaum etwas erinnern können, was da gesagt und veranstal-

tet wurde. Auch deshalb erhält ein solches Erinnerungsalbum vieles über den Moment hinaus.

Manche Trauernde gehen auch den umgekehrten Weg:
Sie gestalten ein Buch über ihren Toten, das sie vervielfäl-
tigen und den Gästen der Trauerfeier mitgeben.

Ein ehemaliger Kollege, Klaus W., der seine Frau zu Grabe tragen musste, ergänzte dieses Büchlein, ursprünglich vor allem
ein Fotoalbum, durch die Texte der Ansprachen, die bei der Feier
gehalten worden waren, und schuf so einen bleibenden Eindruck von diesem geliebten Menschen – auch für mich, die ich
sie persönlich gar nicht gekannt hatte.

In der Trauer Gemeinsamkeit herstellen, den Schmerz miteinander teilen, das ist immer ein Sinn von Ritualen. Besonders wichtig ist das auch für eine Gemeinschaft, die
von einem Verlust betroffen ist.

Am Nachmittag des 27. Mai 2008 verunglückte ein Kleinwagen,
besetzt mit dem Fahrer und fünf Mädchen, Schülerinnen der
neunten Klasse eines Internats. Der Fahrer und drei der Insas-
sinnen waren sofort tot, zwei weitere überlebten schwer verletzt. Die Schulgemeinde stand unter Schock; alle hatten die
Mädchen gut gekannt. An einem Internat ist die Verbundenheit
untereinander oft viel größer als an einer normalen Schule. Die
Nacht verbrachten alle Internatsbewohner zusammen und versuchten, aneinander Halt und Trost zu finden. In der kleinen
Hauskapelle wurden Kerzen entzündet und Briefe an die Verstorbenen geschrieben. Auch wurde für die Überlebenden gebe-
tet. Am folgenden Tag fand ein Gedenkgottesdienst statt. Der
evangelische Pfarrer des Ortes ermutigte in seiner Ansprache
alle, nicht im Entsetzen stecken zu bleiben, sondern auch der
Hoffnung Raum zu geben, dass die drei jungen Frauen und der
junge Mann in einer höheren Welt aufgehoben und geborgen
sind. Dazu passend wurde das Lied *»Somewhere over the rain-
bow«* gespielt.

Seither ist das Gedenken an die drei Mitschülerinnen ein
selbstverständlicher Teil des Schulalltags geworden. Einmal wö-

chentlich findet in der Hauskapelle eine Andacht statt. Blumen, Fotos der drei, Kerzen, Briefe und Plakate schmücken nach wie vor die Kapelle. Zum Jahrestag fand wiederum ein Gedenkgottesdienst statt. In diesem Rahmen wurde ein Kunstwerk im Schulgarten aufgestellt und öffentlich eingeweiht: drei hölzerne Stelen, die sich an der Spitze berühren und an deren Gestaltung viele Schüler mitgearbeitet hatten. Am Jahrestag fanden auch noch andere Aktionen statt: Es wurden Bäume gepflanzt, und es gab einen Sponsorenlauf, dessen Erlös für Unfallopfer gespendet wurde.

Durch das Unglück ist die Schulgemeinschaft enger zusammengerückt. »Die gemeinsame Erinnerung ist bei einem solchen Grauen der einzige Trost«, sagte die Schulleiterin. Auch das gemeinsame Handeln kann einen Trost darstellen, könnte man ergänzen.

Die Gedenkrituale der katholischen Kirche, das Bestellen einer Messe sechs Wochen nach dem Tod (»Sechswochenamt«), nach einem Jahr oder auch zu einem beliebigen anderen Zeitpunkt zum Andenken an einen Verstorbenen, haben für viele nicht mehr die Selbstverständlichkeit wie in früheren Zeiten. Wir müssen wohl weiter darüber nachdenken, wie wir tröstliche und Kraft spendende Rituale finden können.

Aber gehen wir noch einmal einen Schritt zurück in unseren Überlegungen, zur eigentlichen Bestattung. Immer mehr Menschen verfügen, nach ihrem Tode eingeäschert zu werden. Während diese Form des Begräbnisses auf dem Lande und speziell bei Katholiken immer noch weniger üblich ist, liegt der Anteil der Feuerbestattungen zum Beispiel in Berlin bei 80 Prozent. Jeder von uns sollte sich über die Art seines eigenen Begräbnisses Gedanken machen. Bei der Erdbestattung geht der Körper langsam in Zersetzung und Verwesung über, unterstützt von zahlreichen Mikroorganismen – »Erde zu Erde, Staub zu Staub«. Es ist die sanftere Art der Auflösung; vielleicht berührt uns aber der Gedanke des Zerfalls, der sprichwörtlichen »Würmer«, die den Leichnam zerfressen, unangenehm.

Bei der Verbrennung wird die Auflösung durch große Hitze (900° C) in Stundenfrist vollzogen. Übrig bleibt ein Häuflein weißlich-grauer Asche, nur fünf Prozent des ursprünglichen Körpergewichts. Dieses wird in einer Aschekapsel gesammelt und kann auf verschiedene Weisen bestattet werden: in einer Urne im Erdboden oder in einer Urnenwand (Columbarium). In Deutschland besteht nach wie vor Friedhofszwang, im Gegensatz zu vielen anderen Ländern, wo die Asche einfach verstreut werden darf. Die Ausnahmen sind hierzulande streng geregelt: zum Beispiel die Seebestattung oder die Beisetzung im Wurzelbereich eines Waldbaumes (FriedWald®, RuheForst®).

Die Vorbehalte gegen die Feuerbestattung stammen aus verschiedenen Quellen. Zum einen gibt es religiöse Bedenken: Im Judentum und im Islam ist die Verbrennung strikt verboten; auch im Christentum war, entsprechend jüdischer Tradition, die Verbrennung bis ins 19. Jahrhundert hinein verpönt. Die leibliche Auferstehung der Toten beim Jüngsten Gericht, sehr wortwörtlich verstanden, sollte nicht unmöglich gemacht werden. Die katholische Kirche hat das Verbot erst 1964 aufgehoben. Im Gegensatz dazu ist in den östlichen Weltreligionen Hinduismus und Buddhismus die Verbrennung der übliche Bestattungsweg. Hier ist die Vorstellung, dass die Seele, von der Last des irdischen Leibes befreit, in eine neue Existenzform übergehen kann.

Auch persönliche Bedenken haben ein großes Gewicht. Wer jemals die Gewalt eines großen Feuers selbst erlebt hat, empfindet die Verbrennung vielleicht als brutal. Eine Mutter, die ich betreute, hatte ihre Tochter durch einen Wohnungsbrand verloren. Für sie war die Feuerbestattung völlig ausgeschlossen. Allein die Idee, dass der Körper so plötzlich sich auflöst und verschwindet, kann belastend sein. Umgekehrt erscheint es vielleicht als der »sauberere« Weg.

Meine Erfahrung mit Trauernden spricht dafür, dass man nicht den letzten Willen des Verstorbenen zur alleinigen Richtschnur des Handelns machen sollte. Die Hinterbliebenen müssen mit der Situation zurecht kommen, wo und in welcher Form der geliebte Tote seine letzte Ruhe gefunden hat.

Ein altes Ehepaar aus meinem Wohnort hatte verfügt, eingeäschert und anonym auf dem Friedhof bestattet zu werden. Mittlerweile ist die Frau verstorben, und ich weiß aus Gesprächen mit ihrer Tochter, dass diese viel lieber eine bezeichnete Stelle hätte, zu der sie gehen könnte, die sie pflegen und schmücken dürfte. Sie sagte: »Meine Mutter war immer so fürsorglich. Meine Eltern haben gemeint, sie wollten uns die Grabpflege ersparen, und billiger sei es obendrein auf diese Art. Aber ich würde meiner Mutter gern noch ein bisschen zurückgeben, indem ich mich um ihr Grab kümmere. Ich weiß zwar die Stelle, wo die Urne in die Rasenfläche gebracht worden ist. Aber ich darf noch nicht einmal ein Blümchen dahin stellen, das wird von den Friedhofsmitarbeitern sofort weggeräumt.«

Eine Stelle zu haben, einen Ort der Trauer, ist für viele ein wesentliches Element ihres Trauerprozesses. Im Kapitel »Ich halte das Andenken an meinen Verstorbenen wach« wird es noch einmal darum gehen.

Es kann Ihrem Gefühl entsprechen, den Sarg selbst an die Grabstelle zu tragen. Dafür braucht man aber mindestens sechs kräftige Personen. Im Islam übrigens gehört es zum Ritual, dass Verwandte den in ein Tuch gehüllten Leichnam zum Grab tragen, wobei teilnehmende Fremde ein Stück des Weges – mehr symbolisch – mitgehen und mittragen. Auch durch diesen Brauch wird Gemeinschaft hergestellt. Eine Urne kann von einer Person allein getragen werden.

Bei Michael, meinem Freund, hat dies seine Schwester gemacht. Wie sie sagte, war es sehr schwer, aber ihr inneres Bedürfnis, den letzten Weg ihres Bruders nicht von einem Fremden, einem Friedhofsmitarbeiter, vollziehen zu lassen.

Der Moment der Übergabe des Sarges oder der Urne an die Erde ist einer der einschneidendsten Augenblicke. Er ist für viele der Zeitpunkt, wo die Unumstößlichkeit des Abschieds voll bewusst wird.

Bei der Bestattung meines Vaters blieb der Sarg bis zum Ende der Feier auf einem Gerüst über dem Grab stehen. Dies fühlte sich für mich »verkehrt« an. Ich hatte erwartet, wie ich es kannte, das Herunterlassen des Sarges in die Grube zu verfolgen und danach selbst einige Schaufeln Erde auf den Sarg zu werfen. Warum dies die örtliche Friedhofsverwaltung anders handhabe, weiß ich nicht.

Die Handlungen, die wir als Trauernde selbst am Grab durchführen, können wichtige Schritte der ersten Traueraufgabe »Die Realität des Todes anerkennen« sein. Auch hier ist mehr möglich, als im Regelfalle von der Friedhofsverwaltung vorgesehen ist. So haben mir einige Trauernde berichtet, dass sie das Grab selbst zugeschaufelt haben. Ich glaube, dass diese körperlich anstrengende Arbeit auch eine Möglichkeit ist, innere Anspannung abzureagieren. Im Islam ist es üblich, dass die Trauernden das Grab mit den Händen mit Erde füllen.

Kürzlich starb eine liebe Tante von mir in Kanada. Sie wurde eingeäschert, und ihr Mann und zwei ihrer Kinder brachten die Urne an einen kleinen Fluss, in dessen Nachbarschaft sie lange gelebt hatte. In der Dämmerung eines Maimorgens streuten sie die Asche reihum in die Fluten, die durch Schmelzwasser ange-schwollen waren und rasch dahinflossen. Dabei riefen sie: »Du bist frei! Du hast den Krebs endlich überwunden!« Am Ende la-sen sie das folgende Gedicht von Mary Elizabeth Frye (deutsch im Anhang, S. 178):

»Do not stand at my grave and weep;
I am not there. I do not sleep.
I am a thousand winds that blow.
I am the diamond glints on snow.
I am the sun on ripened grain.
I am the gentle autumn rain.
When you wake up in morning's hush
I am the swift uplifting rush
Of quiet birds in circled flight.
I am the stars that shine at night.
Do not stand at my grave and cry;
I am not there. I did not die.«

Ich erwerbe neue Kompetenzen

Dieses Kapitel behandelt die Tatsache, dass wir auch auf einer praktischen Ebene lernen müssen, ohne den Verstorbenen weiterzuleben. Neues zu lernen, das zuvor in seinen Kompetenzbereich fiel, kann aber auch motivieren und zufrieden machen. Dies gestehen sich viele Trauernde nicht zu: dass der Tod auch positive Gefühle auslösen kann. Den Toten übermäßig zu idealisieren, ihn gewissermaßen auf ein Podest zu stellen, verhindert aber eine fruchtbare seelische Auseinandersetzung und kränkt die überlebenden Familienmitglieder. Der Verlust kann einem Leben auch eine völlige Wendung geben.

Bei einem langen Zusammenleben kommt es zwangsläufig zu einem gegenseitigen Anpassungsprozess. Ohne Kompromisse kann dieser nicht funktionieren. Selbst bei großer Harmonie gibt es Punkte, die hinter unseren Erwartungen, unseren Träumen zurückbleiben. Denn der andere ist ja nie die Verkörperung aller unserer Wünsche, sondern ein eigenständiger Mensch mit seinen Vorlieben und Schwächen. Deshalb kann der Tod des geliebten Menschen auch Impulse für eine Veränderung des Lebens freisetzen.

Hinzu kommt: Wenn dem Tod eine längere Krankheit vorausging, haben sich aus der Rücksichtnahme und der Versorgung Einschränkungen ergeben. Diese fallen jetzt plötzlich weg, und das kann auch ein Gefühl der Befreiung auslösen. Hat man dem Leiden lange und hilflos zusehen müssen, wirkt der Tod möglicherweise wie eine Erlösung für den Kranken: »Die Qual hat ein Ende«, »sie hat jetzt ihren Frieden und ist frei«, wie eben beschrieben.

Dass der betrauerte Tod auch positive Gefühle auslösen kann, das gestehen sich viele nicht zu. Oder sie glauben zumindest, dass »man« so etwas nicht sagt. In meinen Gesprächen mit Trauernden, vor allem Witwen, kommt das gelegentlich zur Sprache, immer mit einem Zusatz wie »Ich sag das jetzt mal, obwohl es sich nicht gehört!« Ich ermutige die Ratsuchenden, alle ihre Empfindungen zuzulassen. Auch die Last, die von einem abgefallen ist, kann benannt werden.

Trauernde reagieren aber sehr empfindlich auf falschen Trost, der zu eilig bestrebt ist, in dem Tod auch etwas Gutes zu entdecken. Es steht niemandem außer ihnen selbst zu, solche positiven Gefühle zu benennen. Vor einundzwanzig Jahren starb unser neugeborener Sohn an den schweren Hirnschäden, die er durch Sauerstoffmangel unter der Geburt erlitten hatte. Ich konnte den Ausspruch »Es ist doch besser so« nicht mehr hören! Gewiss war ihm und uns durch den Tod ein Leidensweg erspart geblieben, aber Augenblicke vor dem Unglück war er ja noch ein rundum gesundes Kind gewesen. Die Mitmenschen, die – wahrscheinlich in guter Absicht – versuchen, Ihnen solchen Trost zuzusprechen, sind selbst hilflos und können das Schlimme nicht einfach kommentarlos stehen lassen. Wie viel wertvoller sind ein stummer Händedruck, eine Umarmung, auch das Eingeständnis der eigenen Sprachlosigkeit!

Anerkennen, dass die Beziehung zum Verstorbenen nicht das ungetrübte Glück darstellte – damit wird die Liebe nicht geschmälert. Im Gegenteil: Unechtes Verhalten, Heuchelei, übermäßige Idealisierung, auch so ein Satz wie »Nur Gutes über die Toten!« (*de mortuis nil nisi bene*) verhindern eine fruchtbare Anpassung an den Verlust. »*Nil nisi bene*« heißt übrigens nicht »nur Gutes«, sondern »nur in einer guten Art und Weise«, was ja durchaus so verstanden werden kann, dass man den Verstorbenen fair, gerecht, mit seinen Licht- und Schattenseiten würdigen soll.

Gerade beim Tod von Kindern besteht sonst die Gefahr, dass sich die überlebenden Geschwister völlig zurückgesetzt fühlen. »Das beste wäre, ich wäre auch tot, dann hättet ihr mich genauso lieb wie die Elisa«, ist eine erschreckende Äußerung, die darauf schließen lässt.

Auguste L., siebzig Jahre alt, erzählte mir sechzig Jahre nach dem Tod ihrer Schwester mit allen Anzeichen der Verbitterung davon, wie ihre Mutter »die Dora auf einen Sockel gesetzt« habe, immer habe nach Art eines Hausaltares eine Kerze vor Doras Foto gebrannt, und als sie selbst einmal wagte, mit deren Porzellanpuppe zu spielen, habe sie dafür Schläge bekommen.

»Sich anpassen an ein Leben, in dem der Verstorbene fehlt« heißt lernen, Wege ohne ihn zu gehen. Gerade beim Tod des Ehepartners oder anderer langjähriger Hausgenossen ist das Ende der eingespielten häuslichen Routine immer wieder an tausend Kleinigkeiten zu erleben. So wird von Johann Sebastian Bach folgende Anekdote erzählt:

Bachs erste Frau Maria Barbara war während seiner Abwesenheit auf einer Konzertreise plötzlich gestorben und schon beerdigt worden. Als der Bestatter nach einigen Wochen Bachs Arbeitszimmer betrat und höflich die Begleichung seiner Rechnung erbat, antwortete dieser, in seine Notenblätter vertieft: »Sagt's meiner Frau!«

Witwen und Witwer haben mir mit Stolz erzählt, wie sie sich in Aufgaben eingearbeitet haben, die zuvor der Partner erledigt hatte.

Frau K. machte zum ersten Mal in ihrem Leben die Steuererklärung. »Das stand so wie ein Berg vor mir«, erzählte sie. »Aber mein Mann hatte ja eine gute Ordnung in den Unterlagen, und ich habe mir die Erklärung vom letzten Jahr herausgesucht und mich daran orientiert. Zwischendrin hing ich mal fest, weil ich die Bedeutung eines Vordrucks vom Finanzamt nicht verstanden hatte. Da habe ich meinen Mut zusammengenommen und den Sachbearbeiter angerufen. Der war auch hilfsbereit und hat es mir erklärt. Manchmal hatte ich bei der Arbeit fast das Gefühl, mein Mann guckt mir über die Schulter und brummt anerkennend – wie es so seine Art war. Als alles fertig war und ich den Umschlag beim Finanzamt in den Kasten geworfen habe, war ich schon sehr zufrieden mit mir. Und ich denke, mein Mann wäre es auch gewesen.«

Durch den Tod eines Elternteils muss der Überlebende plötzlich nicht nur in lebenspraktischen Fragen, sondern auch emotional die Rolle des Partners mit übernehmen. Oft stellt es eine große zusätzliche Belastung dar, aber es kann auch bereichernd sein:

Nick K.s Frau war mit 34 Jahren plötzlich gestorben und hatte ihn mit zwei Mädchen im Alter von vier und sechs Jahren allein gelassen. Die ersten Monate waren unendlich schwer; und doch erzählte er auch, wie seine Beziehung zu seinen Töchtern viel intensiver wurde: »Fürs Trösten bei den kleinen Kümmernissen war bei uns meine Frau zuständig, wie üblich. Am Abend der Beerdigung, als alle weg waren, und ich wie betäubt und völlig fertig nur noch ins Bett wollte, standen meine Kinder auf einmal mit Kopfkissen und Kuscheltieren im Schlafzimmer und wollten bei mir im Ehebett schlafen. Seitdem schlafen wir zu dritt und helfen uns gegenseitig damit, glaube ich. Es ist für mich zwar ziemlich unruhig, wenn Lea mir zum Beispiel im Schlaf ihren Hasen auf die Nase donnert, aber ich genieße auch ihre Anwesenheit und ihr Vertrauen. Die ersten Male, wenn es irgendetwas zu bejammern gab, habe ich deutlich gemerkt, wie sehr sie gerade dann ihre Mama vermissten, aber mittlerweile kommen sie auch ganz selbstverständlich zu mir und lassen sich von mir trösten. Das ist dann so ein ganz warmes Gefühl in mir drin.«

In vielen Familien, in denen ein Elternteil gestorben ist, geht auch ein Teil der Aufgaben auf ein älteres Kind über. In früheren Generationen kam das noch häufiger vor. Wir neigen heute dazu, das als eine Überforderung der Kinder oder Jugendlichen anzusehen. Aber die Zeiten waren härter; es war die reine Notwendigkeit.

Hilde, die ihre Mutter mit sechzehn Jahren verlor, erzählte: »Ich konnte noch froh sein, dass ich meine Lehre als Einzelhandelskauffrau fertig machen durfte. Während der Zeit hat auch meine Oma ausgeholfen und mittags für meinen jüngeren Bruder gekocht. Aber klar war schon, dass ich jetzt die Hausfrau war. Waschen, Bügeln, Putzen, das musste ich nach Feierabend und am Wochenende erledigen. Aber ich war auch stolz, dass ich alles geschafft habe und trotzdem die Lehre gut abgeschlossen habe. Ich glaube, dass es mir nicht geschadet hat, dadurch ziemlich selbstständig zu werden. Traurig bin ich natürlich trotzdem, so früh die Mutter verloren zu haben. Ich habe als junge Ehefrau und Mutter mit Anfang zwanzig oft ihren Rat und ihre Unterstützung vermisst.«

Wie wir sehen, werden uns viele dieser zusätzlichen Aufgaben ungefragt aufgeladen. Wir mögen stolz darauf sein, sie zu bewältigen; sie mögen uns lästig sein; sicher gibt es auch Situationen, in denen jemand von außerhalb einspringen muss. Wir können auch noch einen Schritt weitergehen: Manche der Einschränkungen, die uns das Zusammenleben mit unserem geliebten Verstorbenen auferlegt hat, fallen weg. Neue Möglichkeiten tun sich auf. Der Tod kann einem Leben auch eine völlige Wendung geben.

Auf Vancouver Island, im Westen Kanadas, kam ich mit der Vermieterin unserer Ferienwohnanlage ins Gespräch. Es stellte sich heraus, dass sie eine Deutsche war, die mit 40 Jahren als Mutter von vier Kindern Witwe geworden war. Der Bruder ihres Mannes war, nachdem sie nicht seine Werbung, sondern die seines Bruders angenommen hatte, nach Kanada ausgewandert. Nun wurde er doch noch erhört. Nach einem Jahr heiratete sie ihn und folgte ihm mit den Kindern nach Vancouver Island. Dort bauten sie gemeinsam die Wohnanlage. Sie sagte: »Es fühlt sich wirklich an wie zwei Leben: mein Leben als Hausfrau und Mutter bei Hamburg – und jetzt dieses hier.«

Der Handlungsimpuls, der von einer extremen Lebenssituation ausgeht, kann sehr stark sein.

Die Hebamme und Filmautorin Katja Baumgarten hat einen Dokumentarfilm über ihre Schwangerschaft mit einem schwerkranken Kind, Martin Tim, gemacht, »Mein kleines Kind«: über ihre Ängste, ihre Verzweiflung nach Bekanntgabe der Diagnose, ihre Entscheidung, diesem Kind das Leben nicht zu nehmen, sondern es auszutragen und zur Welt zu bringen, die Geburt im Kreise der Familie, Martins kurzes Leben von dreieinhalb Stunden, seinen friedlichen Tod.

Ein zutiefst berührendes Dokument. Im Gespräch miteinander stellten wir übereinstimmend fest, dass unsere toten Kinder unser Leben noch mehr verändert haben als die lebenden.

Ich eigne mir Wissen an

Dieses Kapitel behandelt eine grundlegende Strategie, die uns hilft, mit Lebensbelastungen aller Art umzugehen: sich informieren. Bei schwerer Krankheit ist dies ein Grundbedürfnis für den Kranken selbst und seine Angehörigen. Informiert sein erlaubt zumindest in einem Punkt, sich nicht so ausgeliefert und hilflos zu fühlen. Auch wenn die Krankheit zum Tode geführt hat, ist ausreichendes Wissen um die Ursachen und Umstände für die Hinterbliebenen meist von großer Wichtigkeit. Beim plötzlichen Tod durch einen Unglücksfall kann die Suche nach Informationen und Erklärungen sogar noch drängender sein. Die Entlastung durch das genaue Wissen ist aber oft nicht so groß, wie man vielleicht erhofft hat; auch beendet es nicht die Grübeleien. Manche Trauernden geben ihr Wissen an andere Leidensgenossen weiter und verleihen ihm damit einen neuen Sinn.

Aus der Stressforschung ist bekannt, dass wir versuchen, mit belastenden Situationen besser umzugehen, indem wir Wissen über sie erwerben. Information zu erhalten, zu erkennen, »was« geschehen ist oder geschieht und »warum« oder »wozu«, ist ein grundlegendes Bedürfnis, ist die Voraussetzung für jede weitergehende Form von Kontrolle über eine bestimmte Situation. Wenn Sie wegen irgendwelcher Beschwerden Ihren Arzt aufsuchen und er Ihnen eine lateinisch abgefasste Diagnose mitteilt, ist Ihre nächste Frage: »Was hat das zu bedeuten?« Wenn es ein guter Arzt ist, wird er es Ihnen erklären. Ansonsten versuchen Sie wahrscheinlich selbst herauszufinden, worum es sich handelt.

Bei meiner Arbeit in einer großen Uni-Klinik ist mir immer wieder bewusst geworden, wie hilflos sich Patienten und ihre Angehörigen oft fühlen, wenn sie eine schwierige, lebensbedrohende Diagnose erhalten. Nicht nur ums Verstehen geht es, auch um die Aussichten, die Prognose. Und da muss selbst der gutwilligste, um verständliche Mitteilungen bemühte Arzt meist passen. Wenn er von »x-prozentiger Aussicht auf Heilung« spricht, ist das eine statistische Aussage, die im Einzelfall auch nicht wirklich weiterhilft. Bei einer langen Krankheit kann es ein Auf und Ab von Hoffnung und neuerlicher Enttäuschung geben, eine Zerreißprobe für den Kranken und seine Angehörigen.

Diesen Prozess ausführlich darzustellen, würde den Rahmen dieses Buches sprengen. Hier nur so viel: Trauernde berichten mir zum Teil von einer guten ärztlichen und auch pflegerischen Begleitung, die offen und ehrlich den Wissensstand oder auch das Nichtwissen benannte, die niemals im Brustton der Überzeugung Prognosen stellte und auch keine trügerischen Hoffnungen machte, aber auch nie den letzten Hoffnungsschimmer zerstörte, den es immer gibt, so lange ein Mensch lebt und um sein Leben kämpft. Es gibt auch die Negativbeispiele: schnoddrige, herzlose Information »zwischen Tür und Angel«, keine Möglichkeit für ein längeres und aufrichtiges Gespräch. Wenn Ärzte und Pflegepersonal ihre innere Einstellung zu Sterben und Tod nicht bearbeitet und geklärt haben, treten solche Lieblosigkeiten auf.

Viele Kranke oder ihre Angehörigen entwickeln sich zu wahren Experten für ihr Leiden. Sie holen alle verfügbaren Erkenntnisse ein, kaufen sich Patientenratgeber und Lehrbücher. Auch das Internet ist eine wesentliche Informationsquelle geworden. Leider ist aber der Wissensstand nicht immer so eindeutig, und medizinische Laien können sich auch im Wust der Informationen verheddern. Ich konnte auch beobachten, dass sie in ihrem Bestreben, möglichst viele brauchbare Anhaltspunkte für ihre Situation zu erhalten, jeden verfügbaren Menschen, der einen weißen Kittel trug, mit Fragen überfielen. Sinnvoller ist es, einen oder wenige Ansprechpartner zu haben, die einem vertrauenswürdig erscheinen und über den Fall wirklich im Bilde sind.

Wenn dann der Kampf verloren und der Tod eingetreten ist, zeigt sich der Wert einer angemessenen Aufklärung für die Trauernden erst vollständig. Ihr Schmerz wird nicht zusätzlich durch Zweifel und offene Fragen kompliziert. Ein guter Arzt wird Ihnen trotzdem immer noch Gespräche zur weiteren Klärung anbieten. Wenn Sie sich mit Fragen herumschlagen, sollten Sie nicht zögern, dieses Angebot anzunehmen. Das kann auch noch nach Wochen oder gar Monaten geschehen, wenn Sie dann das Bedürfnis dazu verspüren. Nur muss Ihnen dann klar sein, dass der Arzt wahrscheinlich nur noch durch das Hinzuziehen der Patientenakte sprechen kann – außer in Fällen, die auch für ihn außergewöhnlich waren. Wenn Sie das Gefühl hatten, im Krankenhaus nicht die rechten Ansprechpartner gefunden zu haben, ist es für Sie wahrscheinlich hilfreicher, den Arztbrief an den Hausarzt abzuwarten und mit ihm zu besprechen, was Ihnen am Herzen liegt.

Viele chronisch Kranke organisieren sich in Selbsthilfegruppen. Dies ist sehr sinnvoll und dient der gegenseitigen Unterstützung und Information. Auch der Verlust der Gesundheit, die Einschränkung ihrer Möglichkeiten und ihrer Lebensperspektive, muss regelrecht betrauert und so ein Stück weit verarbeitet werden. Ich habe Leiterinnen von Selbsthilfegruppen kennengelernt, die sich über die Jahre so viel Wissen und Erfahrung angeeignet hatten, dass sie auf ihrem Spezialgebiet sogar zu Ärztekongressen eingeladen wurden.

Bei chronisch kranken Kindern sind es dann die Eltern, die sich organisieren. Krebs, Herzfehler, Asthma und andere schwere Allergien sowie Frühgeburt sind einige der Problemfelder, bei denen Eltern Erfahrungen austauschen, fachliche Informationen einholen und, wie bei jeder Selbsthilfegruppe, Entlastung dadurch erleben, dass sie Leidensgenossen finden. Für diejenigen, die eine solche Selbsthilfegruppe gründen, erweitert sich ihr Handlungsraum. Ursprünglich waren sie selbst Betroffene, genauso verwirrt und auf der Suche nach Orientierung. Nun möchten sie ihre Erfahrungen an andere weitergeben. Wenn ihr Kind gestorben ist, kann dies den Impuls, andere zu unterstützen, sogar noch verstärken.

Ingrid M. war 33 Jahre alt und mit ihrem ersten Kind schwanger. Die Schwangerschaft verlief ziemlich unkompliziert, bis sie zu Beginn des siebten Monats eine Gestose bekam, eine Stoffwechselstörung, die auch für das Kind sehr gefährlich werden kann, weil es im Mutterleib nicht mehr gut versorgt wird. So rieten ihr die Ärzte dringend, ihr Kind mit einem Kaiserschnitt zur Welt zu bringen, und sie willigte schweren Herzens ein. Der kleine Junge wurde geboren, wog 900 Gramm, schien aber kräftig zu sein, atmete und schrie selbstständig. Dann begann die Zeit auf der Kinder-Intensivstation, die alle Eltern, die das erleben, erst einmal schockiert: Ingrids winziger Sohn in einem Brutkasten, verkabelt und verklebt, angeschlossen an piepende und blinkende Monitore, für sie nur durch zwei Löcher in der Wand des Brutkastens zu erreichen, so dass sie ihn nur vorsichtig ein bisschen berühren und streicheln konnte. Die Auskünfte, die sie und ihr Mann von Kinderkrankenschwestern und Ärzten bekamen, waren ihr immer zu spärlich und zu vage.

So begann sie, sich selbst zu informieren. Eine Selbsthilfeorganisation, den Bundesverband »Das frühgeborene Kind« mit Sitz in Heidelberg, gab es schon. Dieser schickte ihr Broschüren und die Anregung, einen örtlichen Gesprächskreis ähnlich betroffener Eltern einzurichten. Sie traf bei ihren Besuchen auf der Station selbstverständlich auch andere Eltern; ein Gespräch miteinander kam also ganz spontan in Gang. Eine andere Mutter und sie entschlossen sich, die Anregung in die Tat umzusetzen. Einen Raum stellte ihnen die Station zur Verfügung, so dass sie sich freitagnachmittags regelmäßig treffen und mit allen Interessierten ihre Erfahrungen, ihre Ängste und Nöte und auch ihre hoffnungsvollen Gedanken austauschen konnten. Dieser Gesprächskreis hatte guten Zulauf; das Bedürfnis, in diesem undurchschaubaren Umfeld mit der Ungewissheit über das weitere Schicksal der Kinder nähere Informationen zu erhalten, war offenbar sehr groß. Ein engagierter Oberarzt kam regelmäßig zu den Treffen, um offene, allgemein interessierende Fragen zu beantworten.

Mit Ingrids eigenem Sohn gab es ein aufreibendes Auf und Ab. Zeitweilig entwickelte er sich sehr gut, nahm zu, und die Apparate konnten heruntergefahren werden. Aber immer wieder gab es Rückschläge und Komplikationen. Nach acht Wochen starb er an einer Darmentzündung, die weder durch Antibiotika noch durch eine Notoperation in den Griff zu bekommen war. Nachdem der erste Schock abgeklungen war, sagte sich Ingrid, dass sie jetzt erst recht mit ihrer ehrenamtlichen Arbeit weitermachen wollte. Sie hatte in ihrer Mitstreiterin eine gute Freundin gewonnen, und all das, was sie in diesen acht Wochen an Wissen erworben hatte, wollte sie gern an andere weitergeben. Sie sagte auch: »Dann hat doch dieser Tod wenigstens einen Sinn, wenn ich anderen mit meinen Erfahrungen weiterhelfen kann.«

Ingrids Motiv taucht in den Berichten von Trauernden immer wieder auf. Ein Ereignis, das für sich allein betrachtet nur schlimm und sinnlos ist, kann eine Bedeutung erhalten, wenn die eigenen Erlebnisse der Ausgangspunkt für eine weiterführende Arbeit sind. Der Psychotherapeut Viktor E. Frankl (1905–1997), der selbst in seinem Leben unendlich viel persönliches Unglück erfahren hatte und daran nicht zerbrochen war, sagte, dass der Mensch ein Grundbedürfnis hat, ein sinnvolles Leben zu führen.

Ingrid macht diese ehrenamtliche Arbeit mittlerweile seit fünfzehn Jahren. Aus dem ersten Gesprächskreis ist ein eingetragener Verein geworden, der Informationsbroschüren herausgibt, Fortbildungsveranstaltungen für das Personal der Kinderklinik veranstaltet und nach wie vor unmittelbar Betroffene vor Ort betreut. Einmal im Jahr gibt es ein großes Sommerfest, zu dem viele kommen, die über die Jahre Freundschaften in diesem Verein geknüpft haben und deren Kinder schon herangewachsen sind. Nicht allen Kindern geht es gut, bei manchen, die überlebt haben, sind bleibende Einschränkungen zurückgeblieben. Aber diese Treffen bestätigen Ingrid und ihren Vorstandskollegen, wie wichtig und wertvoll ihre Arbeit ist.

Das Bedürfnis, Information zu erhalten, zu verstehen, wie es zu einem Unglück gekommen ist, tritt bei plötzlichen Todesfällen mit noch größerer Dringlichkeit auf. Gerade nach Verkehrsunfällen habe ich immer wieder miterlebt, wie die Angehörigen sich darüber den Kopf zerbrachen, wie es dazu kam, dass zwei Fahrzeuge kollidierten, dass ein Fahrer offenbar unaufmerksam war oder sein Fahrzeug nicht mehr im Griff hatte. Man meint als trauernder Angehöriger wohl, dass man das Geschehene besser verkraften kann, wenn man eine hieb- und stichfeste Erklärung gefunden hat.

Ich erinnere mich an das schwere Zugunglück in Eschede am 3. Juni 1998 mit 101 Toten und 88 Schwerverletzten. Die Frage »Wie konnte es dazu kommen?« beherrschte die öffentliche Diskussion der nächsten Tage. Natürlich haben wir das Recht, danach zu fragen, um allein schon Vorsorge treffen zu können, dass sich ein derartiges Unglück nicht wiederholt. Aber ich erinnere mich auch an die Dringlichkeit, mit der diese Frage gestellt wurde, als ob das Finden einer Ursache die Erschütterung etwas relativieren könnte. Die technisch begründbare Ursache, ein gebrochener Radreifen, wurde zweifelsfrei gefunden. Für die

Leidtragenden, die Hinterbliebenen und die Schwerverletzten änderte die Erklärung nichts an der Tatsache des Verlusts und an ihrem Schmerz.

Einerseits ist jeder selbstverständlich berechtigt, den Ursachen genau auf den Grund zu gehen, und niemand soll ihn mit fadenscheinigen Erklärungen abspeisen. Auch der Hinweis, dass das Wissen um das Wie und Warum nichts an den Fakten ändert, stimmt zwar; aber der Wunsch, zumindest durch die Klärung der genauen Umstände des Todes ein kleines Stück Situationskontrolle zurückzuerlangen, ist legitim. Solange man noch im Dunkeln tappt, überschätzt man aber die Entlastung, die aus dem Wissen entstehen kann. Viele Trauernde müssen feststellen, dass die verstandesmäßige Erfassung des Geschehens kaum zu einer gefühlsmäßigen Erleichterung führt. Genau zu wissen, was passiert ist, kann sogar den Schmerz vergrößern. Und es beantwortet oft nicht die Frage, warum das passiert ist. Gerade auch beim Suizid, der oft ohne wirkliche Vorwarnung, wie ein Blitz aus heiterem Himmel, begangen wird, ist die Frage, wie es dazu kommen konnte, nicht zu beantworten. Man mag Erklärungen geben wie »schwere Depression«, »Lebensangst«, »Kurzschlussreaktion«, »Liebeskummer«, aber diese greifen nicht wirklich für einen Trauernden, der sich eine solch zerstörerische Handlung bei seinem geliebten Menschen nie hat vorstellen können.

Das Wissen bereitet auch oft den Boden für quälende Grübeleien: »Ich hätte doch erkennen müssen, dass das keine normale Grippe war!« – »Warum habe ich nicht darauf bestanden, dass sie an dem Abend noch zum Arzt ging!« – »Ich hätte als Ehefrau doch merken müssen, wie schlecht es ihm ging!« Folgender Fall soll verdeutlichen, wie extrem dieses Grübeln ausfallen kann:

Frau S. war einkaufen gefahren. In der Zwischenzeit kam ihr erwachsener Sohn unangemeldet zum Elternhaus. Als er seine Mutter nicht antraf, fuhr er wieder weg und verunglückte auf der Fahrt tödlich. Und sie marterte sich mit Selbstbeschuldigungen: »Wäre ich doch bloß nicht einkaufen gefahren, dann wäre es nicht passiert!«

Ich versuche, den Trauernden mit folgendem Vergleich zu helfen: In der Rückschau erst erkennen sie die Weiche, an der das Leben die falsche Wendung nahm und das Unglück geschah. Für sie selbst an diesem Punkt in ihrem Leben war die Weichenstellung nicht ersichtlich; sie verhielten sich nach bestem Wissen und Gewissen. Das Grübeln ist gewissermaßen der untaugliche Versuch, im Nachhinein das Drehbuch des Lebens umzuschreiben, die Weiche umzulegen. Auch bei anderen Entscheidungen in unserem Leben, die wir ständig zu treffen haben, sind wir uns ja erst hinterher im Klaren, ob wir uns richtig entschieden haben.

Vielleicht sind diese Grübeleien für viele dennoch unausweichlich und müssen wiederholt durchlebt werden, um allmählich abzuflauen; vielleicht wächst erst mit den Monaten und Jahren der Trauer die Bereitschaft, das, was geschehen ist, einfach hinzunehmen.

Ich setze mich in Bewegung

Bewegung und Sport helfen vielen Trauernden in ihrem Schmerz. Da Trauer auf der leiblich-seelischen Ebene eine Stressreaktion auslöst, ist es sinnvoll, die Anspannung durch körperliche Betätigung abzureagieren.

Wolfgang B. hatte seine Frau Doris, die an Amyotroper Lateralsklerose (ALS) erkrankt war, lange aufopferungsvoll gepflegt. Dies ist eine tückische Krankheit des Nervensystems, die meist innerhalb weniger Jahre zum Tode führt. Mit Unterstützung eines ambulanten Pflegedienstes hatte er es geschafft, ihr den Wunsch zu erfüllen, bis zuletzt in ihrer vertrauten Umgebung zu bleiben. Sie hatte Verfügungen für ihre Bestattung getroffen, die er alle genau befolgte. Danach empfand er eine große Ratlosigkeit und Leere. Er war als Postbeamter vorzeitig in Pension gegangen, aber er war erst 59 Jahre alt, zu jung für ein »Rentnerdasein im Lehnstuhl«. In allen häuslichen Arbeiten war er perfekt, aber das konnte ihn nicht ausfüllen. Er ging auf Anraten seines Pfarrers zu einem Gesprächskreis von Verwitweten, doch er fühlte sich dort, als einziger Mann in einer Gruppe von Frauen, fehl am Platze. Auch hatte er das Empfinden, dass er in seiner Trauer an einem anderen Punkt stand als die anderen, die plötzliche Todesfälle durch Unfall oder Herzinfarkt zu verkraften hatten. Für ihn hatte das Abschiednehmen im Grunde bei der Diagnose »ALS« schon angefangen. In der Nachbarschaft war er mit einem gleichaltrigen Ehepaar befreundet, die Doris und ihn sehr unterstützt hatten. Lothar, der Ehemann, lud ihn ein, mit ihm Mountainbike-Touren in den Taunus zu unternehmen. Diese sportliche Aktivität, die Anstrengung, gerade auch bei Wind und Wetter, machte ihn ausgeglichener und zufriedener. Er war ja zuletzt sehr an das Haus gefesselt und so war das Rad fahren wie eine Befreiung für ihn. »Doris wird es auch recht sein, dass es mir besser geht«, meinte er zu seinen Freunden.

Bewegung und Sport scheinen für viele Trauernde geradezu ein Rettungsanker in ihrem Schmerz zu sein.

Von einer meiner Fitness-Trainerinnen, Tatjana, erfuhr ich, dass ihr Bruder bei einem Arbeitsunfall lebensbedrohlich verletzt worden war. Die ersten Auskünfte waren aber zuversichtlich stimmend, er habe eine sehr gute Allgemeinverfassung und werde es wohl schaffen. Nach drei Wochen traf ich sie wieder und fragte sie nach dem Zustand ihres Bruders. »Er ist in der letzten Woche gestorben, an einer generalisierten Sepsis, gegen die kein Antibiotikum mehr geholfen hat.« Betroffen bot ich ihr meine Hilfe an und gab ihr meine Telefonnummer. Immer wieder treffe ich Menschen, die mir sagen: »Ich weiß, wer Sie sind, und habe Ihre Nummer neben meinem Telefon liegen. Dann weiß ich, wenn es mal gar nicht mehr allein geht, an wen ich mich wenden kann.« Dies sagte ich auch Tatjana, und sie bedankte sich dafür. Vor ein paar Wochen erzählte sie mir, sie komme im Augenblick ganz gut zurecht. Sie habe begonnen, für den 10-Kilometer-Lauf zu trainieren. Dabei könne sie richtig abschalten. Sie beschrieb es so: »Die Trauer füllt meinen ganzen Körper aus, besonders den Brustraum. Es fühlt sich schwer an, oder es brennt hinter dem Brustbein. Manchmal ist es auch ein stechender Schmerz in der Magengegend. Wenn ich laufe, ist mein Körper auf diese Anstrengung gepolt. Dann füllt die Anstrengung den Körper ganz aus. Hinterher bin ich auf eine wohlige Art müde, aber ich fühle mich leichter.«

Diese Beschreibung weist uns darauf hin, wie körperlich spürbar unsere Trauer sein kann. Tatsächlich sind viele unserer Beschwerden – Herzklopfen und hoher Blutdruck, Schlaflosigkeit, Appetitlosigkeit oder Verdauungsprobleme – Teil eines alten Anpassungsmusters »Flüchten oder Kämpfen«, das uns auf eine Bedrohung einstimmen sollte, also eine Stressreaktion. Nur reagieren wir in der Trauer zunächst ja nicht mit körperlicher Aktivität, sondern reduzieren oft sogar unseren Bewegungsradius. Dass Bewegung hingegen die Stimmung aufhellen kann, belegen zahlreiche wissenschaftliche Studien an Depressiven.

Deshalb ist mäßige körperliche Betätigung eine bewährte Notfallmaßnahme, wenn es Ihnen ganz schlecht geht: Egal welches Wetter herrscht, hinaus ins Freie! Mindestens eine Stunde zügig gehen! Danach, so sagen alle Trauernden, fühlen sie sich ein bisschen besser. Das könnte auch ein Dienst sein, den Ihnen eine Freundin oder ein Freund erweist: Sie abholen, wenn Sie sich selbst gar nicht aufraffen können. Viele Trauernde erzählen auch, dass ihnen die Spaziergänge mit ihrem Hund gut tun; eine Pflicht, der man sich nicht entziehen kann. Manche haben sich sogar deshalb einen Hund angeschafft. Wenn Sie Haustiere mögen, kann so ein liebesfähiges Lebewesen auch sonst Balsam für Ihre Seele sein.

Wenn Sie mehr tun wollen als Spazierengehen, stehen Ihnen alle Möglichkeiten offen. Bedenken Sie aber bitte, was immer gilt, wenn man nach längerer Unterbrechung wieder beginnt, Sport zu treiben: Allzuviel auf einmal ist schädlich. Lassen Sie sich vorher ärztlich untersuchen, ob Herz und Kreislauf gesund sind, und steigern Sie langsam die Anforderungen.

Manche schwingen sich zu sportlichen Höchstleistungen auf, die sie sich nie zugetraut hätten.

Leonies Sohn Jan hatte Selbstmord begangen. Er war Marathonläufer gewesen. Drei Jahre nach seinem Tod meldete sie sich beim »Ironman Frankfurt« an: 3,8 Kilometer Schwimmen, 180 Kilometer Radfahren, 42,2 Kilometer Laufen, die Marathondistanz. Sie war nie besonders sportlich gewesen, hatte anderthalb Jahre lang auf dieses Ereignis hin trainiert. Sie schaffte die Strecke und kam sogar in die Wertung! Sie sagte: »Es war, als ob er die ganze Zeit neben mir hergelaufen wäre und mich angefeuert hätte.«

Wir sehen, wie die starke emotionale, eigentlich leiblich-seelische Energie ihren körperlichen Ausdruck findet. Es gibt auch andere, weniger anstrengende Bewegungsformen, die heilsam sein können. Dazu gehört das Tanzen.

Tänze als Trauerrituale gibt es in vielen Gesellschaften. In Europa sind es vor allem die Griechen, die die Wendepunkte des Lebens – Geburt, Hochzeit, Tod – mit Tanzen begehen. Es sind gemeinschaftliche Reihentänze, die vielfältige Gefühle und die Verbundenheit mit den anderen ausdrücken. Die Schrittfolgen müssen nicht kompliziert sein; wesentlich ist das Aufgehen in der Bewegung und in der Musik, »der Kopf muss abgeschaltet werden«, sagt Kyriakos Chamalidis, einer der prominentesten griechischen Tanzlehrer in Deutschland.

Auch unabhängig von der griechischen Tradition finden viele zu einer größeren inneren Gelassenheit durch Meditative Tänze. Diese werden mittlerweile in zahlreichen Institutionen der Erwachsenenbildung angeboten. Ich habe bei vielen Gelegenheiten, in meiner Weiterbildung, in der Arbeit mit Trauernden in solchen Reihen oder Runden mitgetanzt. Immer war es eine besondere Erfahrung von Aufgehobensein, gemeinsamem Zur-Ruhe-Kommen, Trauern oder auch Lachen. In den biblischen Psalmen wird es so ausgedrückt: »Du hast mir meine Klage in Tanzen verwandelt« (Ps. 30,12).

Ich lenke mich durch Arbeit ab

Ablenkung durch Arbeit kann eine zeitweise lebensnotwendige Strategie sein. Dem intuitiv trauernden Menschen erlaubt sie, das Ausleben der Gefühle auf »passendere« Zeiten zu verschieben. Den instrumentell Trauernden lässt sie seine Ohnmacht ausblenden, indem er sich mit Aufgaben oder Problemen beschäftigt, die er lösen kann. Jedoch führt Ablenkung nicht dazu, dass die Trauer einfach verschwindet. Ablenkung durch Alkohol oder Drogen ist ein völlig untaugliches Mittel.

Dass sich ein Trauernder nicht den Gefühlen überlässt, sondern mit seiner täglichen Routine fortfährt oder sich sogar zusätzliche Aufgaben auflädt, kann verschiedene Gründe haben:

Der erste ist die schlichte Notwendigkeit, nach kurzer Zeit wieder arbeiten zu gehen, einen Betrieb weiterzuführen, die Kinder oder andere hilfsbedürftige Angehörige weiter zu versorgen. So haben wir auch gesehen, dass in Partnerschaften oft der eine »weitermacht«, wenn der andere sich dazu nicht in der Lage sieht. Er würde sich vielleicht auch eine Auszeit wünschen, um der emotionalen Trauerreaktion Raum geben zu können, aber überlässt dem anderen den Vortritt. Die »Wippe«: Geht es dir besser, kann ich mir ein Tief erlauben.

Viele Trauernde, auch und gerade die vom eher intuitiven Typ, betreiben regelrechtes Gefühls-Management, das dann etwa so aussieht: Jetzt will ich nicht an den Verlust denken, weil ich Aufgaben zu erledigen habe – jetzt blocke ich die traurigen Gedanken ab, weil ich den anderen nicht den Spaß verderben will – was sollen die anderen von mir halten, wenn ich anfange zu weinen – jetzt habe ich die Zeit und Gelegenheit, die Gefühle zuzulassen und auszuleben.

Für intuitiv trauernde Menschen gilt offenbar: Die Gefühle müssen durch das Erleben, das Ausdrücken, das Gespräch mit anderen bewältigt werden. Aber der Zeitrahmen ist nicht vorgeschrieben; man kann gewissermaßen »portionsweise« trauern oder erst dann, wenn die Umstände günstig dafür sind. Das kann auch noch nach Jahren sein, wie ich bei einigen Ratsuchenden erfahren und miterlebt habe.

Instrumentell Trauernde erleben keine oder nur wenig Erleichterung durch das Ausdrücken und Mitteilen ihrer Gefühle. Da sie lösungsorientiert denken und in einem, *dem* zentralen, Feld keine Problemlösung möglich ist, konzentrieren sie sich eher auf Arbeitsfelder, in denen sie noch etwas leisten können. Deshalb kann die Berufstätigkeit eine willkommene Abwechslung sein, oder auch zusätzliche Aufgaben, in denen sie sich als kompetent erleben.

Oft wird angenommen, dass die Gefühlsintensität bei instrumentell trauernden Menschen geringer sei. Ich bezweifle das stark. Vom Gefühlsausdruck direkt auf das Erleben zu schließen, ist zu voreilig.

Tim, ein trauernder Vater, der sehr still und introvertiert bei den Gruppentreffen saß, erzählte mir, als ich ihn einmal allein traf, von einem Arbeitskollegen: »Der hat vor einem Jahr seine Frau verloren. Er hat mir die Hand geschüttelt und gesagt: ›Es ist zwar nicht ganz dasselbe, aber ich kann mir vorstellen, wie es dir geht.‹ Mehr musste er gar nicht sagen. Ich bin sehr gern mit ihm zusammen. Es tut mir irgendwie gut.«

Soweit der recht wortkarge Einblick in die Seele von zwei Menschen, die ihre Trauer nicht durch den offenen Austausch bewältigen und die doch offenbar solidarisch sind.

Im Zusammensein mit intuitiv und offen trauernden Familienmitgliedern können diese stillen Menschen aufgrund ihrer Art, mit dem Verlust umzugehen, regelrecht untergehen. In dieser Situation stellt die Ablenkung durch Arbeit und andere Aktivitäten für den instrumentell Trauernden auch eine Flucht vor einer häuslichen Situation dar, die ihn überfordert. Im zweiten und dritten Kapitel ging es schon um die Toleranz, die beide Seiten aufbringen müssen, damit das Familiengefüge nicht an dieser schweren Belastung zerbricht.

Manche Trauernden übergehen auch ihre Gefühle, weil sie glauben, kein Recht auf eine so starke Reaktion zu haben. Aber selbstverständlich kann man auch den Tod zum Beispiel eines Haustieres betrauern. Trauer ist die dunkle Rückseite der Liebe, wie wir am Anfang festgestellt haben.

Terry L. Martin und Kenneth J. Doka beschreiben den Fall eines Mannes, den der Tod seines Hundes bitter schmerzte, der aber glaubte, dass seine Mitmenschen das albern finden würden. Er ging wie gewohnt, sogar mit vermehrtem Einsatz, seinem Beruf nach. Abends versuchte er sich zunehmend mit Alkohol zu betäuben, bis seine Frau ihn energisch zum Besuch einer Suchtberatungsstelle aufforderte. Dort fand der Berater glücklicherweise den Grund für den vermehrten Alkoholkonsum heraus.

Auch beim Tod eines sehr kleinen Kindes glauben die Väter manchmal, dass sie den Verlustschmerz nicht ausleben dürfen. Stirbt ein Kind im Mutterleib oder um die Zeit der Geburt, so ist die stärkere Betroffenheit der Mutter ganz offenkundig. Sie allein hat ja das werdende Leben tagtäglich in sich gespürt und sich mit allen Fasern ihres Wesens damit beschäftigt. Aber auch der Vater ist enttäuscht, erlebt einen Verlust von Hoffnung und Lebensperspektive. Dieses wird ihm von seinen Mitmenschen oft kaum zugestanden. Da fällt der Satz: »Wie geht es deiner Frau?« und nach seinem Befinden wird nicht gefragt. Zudem fühlen sich viele Väter gerade in einer solchen Situation in der Pflicht, stark zu sein, das Leben fortzusetzen, ihre Frau zu unterstützen.

Wie betäubt nahm Carsten P. seine winzige Tochter in den Arm, die wenige Minuten nach der Geburt gestorben war. Sie war wohl in der ganzen Schwangerschaft nicht ausreichend versorgt worden, da ihre Mutter an einer seltenen Stoffwechselstörung litt. Deshalb war sie zu klein und schwach. Carstens Frau ging es auch körperlich zunächst sehr schlecht; er musste sich um alle Formalitäten und um die Bestattung kümmern. Danach schob er jeden Gedanken an die kleine Tochter beiseite. Er sagte sich, dass er ja sehr froh sein müsse, dass seine Frau überlebt hatte, dass er sich auch der größeren Tochter widmen müsse. Außerdem war er sehr gläubig und dachte, es sei nicht richtig, mit Gott zu hadern. »Der Herr hat's gegeben, der Herr hat's genommen, der Name des Herrn sei gelobt!« Dieser Ausspruch Hiobs, der ja viel härter getroffen worden war, der alles verloren hatte, war ihm ein Ansporn, sein Schicksal stoisch zu ertragen.

Aber seiner Enttäuschung ließ sich nicht mit Argumenten beikommen. Er hatte sich eine große Familie gewünscht; nun würde es wohl bei dem einen Kind bleiben, denn eine weitere Schwangerschaft war zu gefährlich für seine Frau. Er nahm seine gewohnte Arbeit rasch wieder auf und bemühte sich, seine Familie zu stärken und besonders alles für die Erholung seiner Frau zu tun. Dann wurde ihm von seinem Arbeitgeber eine Fortbildung angeboten, was auch eine Anerkennung für seine guten Leistungen war. Natürlich freute er sich darüber und nahm das Angebot gern an. Es bedeutete zusätzliche Arbeit, auch an den Feierabenden, aber das war ihm recht. Irritierend für ihn war nur, dass er immer häufiger mit Kreislaufproblemen zu kämpfen hatte: Schweißausbrüche, Herzrhythmusstörungen, drohende Ohnmachten. Am schlimmsten war es bei der Beerdigung eines Arbeitskollegen; da wäre er beinahe zusammengebrochen und musste sich wegführen lassen.

Wegen seiner Beschwerden suchte er einen Internisten auf. Schließlich wurde eine Schilddrüsenüberfunktion festgestellt, die dann erfolgreich mit Tabletten behandelt wurde. Allmählich ging es ihm besser. Die Trauer und die Enttäuschung wurden nicht mehr zum bewussten Thema.

Wir können zwar vermuten, dass diese organische Fehlfunktion letztlich auch leiblich-seelisch bedingt war. Aber auch das müssen wir feststellen und respektieren: Nicht jeder kann seine Trauer genau anschauen und verarbeiten, wie auch immer. Denken wir an die unzähligen Trauernden, die die beiden Weltkriege hinterlassen haben. Manche alten Frauen, Kriegerwitwen, haben mir davon erzählt, wie der Überlebenskampf der Nachkriegsjahre, die Sorge um ihre Kinder, um etwas zu essen und ein Dach über dem Kopf jedes Ausleben der Gefühle unmöglich machten. Einige von ihnen sagten: »Der Schmerz ist immer noch da; ich habe nur gelernt, damit zu leben.« Die Dichterin Ricarda Huch hat dazu das Gedicht »Nicht alle Schmerzen sind heilbar« geschrieben, dessen letzter Vers lautet:

Der Frühling kommt wieder
Mit Wärme und Helle,
Die Welt wird ein Blütenmeer.
Aber in meinem Herzen ist eine Stelle,
Da blüht nichts mehr.

Eine Form der Ablenkung, die überhaupt nicht hilft, ist die Betäubung mit Alkohol oder anderen Drogen. Natürlich dämpfen sie alle Emotionen, aber nach dem Abklingen der pharmakologischen Wirkung ist alles genauso wie vorher. Die Suchtgefahr ist nach Verlusten sehr groß.

Christa, eine trauernde Mutter, erzählte: »Als ich feststellte, dass nach zwei Abenden die Portweinflasche schon leer war, habe ich die Notbremse gezogen.«

Die Behandlung mit Antidepressiva, von der viele Trauernde berichten, kann dann sinnvoll sein, wenn sie es überhaupt ermöglicht, den Alltag zu bewältigen. Antidepressiva, die ja den Hirnstoffwechsel bei psychisch Erkrankten normalisieren sollen, können aber nicht die Trauer aus der Welt schaffen, die eine angemessene Reaktion auf einen schweren persönlichen Verlust ist. Achten Sie vor allem darauf, ob Sie sich »wie in Watte gepackt« fühlen, und bitten Sie Ihren Arzt gegebenenfalls um ein weniger dämpfendes Medikament. Schlafmittel (vor allem Tranquilizer) sollten Sie wegen der Suchtgefahr nicht regelmäßig nehmen. Wenn Sie aber starke Schlafstörungen haben, ist eine intervallartige Einnahme angezeigt. Denn die Schlaflosigkeit verstärkt in einem Teufelskreis das seelische Leiden.

Lassen Sie sich noch einmal ermutigen, die Trauer in Ihrem eigenen Tempo, Ihrem eigenen Maß und Ihren eigenen Bewältigungsweisen zuzulassen. Sätze, die mit »Du musst ...« anfangen (über deinen Verlust sprechen, dich endlich der Trauer stellen, ...), sind eine Anmaßung. Es sollte Ihnen nur klar sein, dass die Trauer nicht einfach verschwindet, wenn Sie sich mit Arbeit ablenken.

Ich halte das Andenken an meinen Verstorbenen wach

In diesem Kapitel geht es um die verschiedenen Wege, die Erinnerung an einen geliebten Verstorbenen wach zu halten oder sogar zu stärken. Unsere Kultur des Gedenkens hat traditionelle Formen, wie das Grabmal oder die Herausgabe von Lebenserinnerungen, aber auch ganz Neues, wie die Gestaltung einer Website im Internet. Hier sind die Aktivitäten von Trauernden besonders vielfältig und kreativ. Auch an den besonderen Tagen im Jahr (Weihnachten, Familienfeiern) kann das Andenken an die Verstorbenen mit Gedenkritualen gepflegt werden.

»Wer im Gedächtnis seiner Lieben lebt, der ist nicht tot, er ist nur fern. Tot ist nur, wer vergessen wird.« Diesen Ausspruch prägte der Philosoph Immanuel Kant. Ganz gleich, wie konkret oder vage, zuversichtlich oder skeptisch unsere Vorstellungen von einem Leben nach dem Tode sind, diesem Satz können wir für unser Leben im Diesseits sicher zustimmen.

Vor ein paar Jahren fanden meine Geschwister und ich beim Aufräumen auf dem Speicher des Elternhauses 50 Briefe, die unsere früh verstorbene Großmutter in den Jahren 1922 bis 1934, also bis zur Zeit ihres Todes, an ihre Eltern geschrieben hatte. Ich übernahm es, die Briefe aus der altertümlichen Sütterlinschrift abzutippen, damit sie eines Tages auch unsere Kinder noch lesen können. Dabei passierte etwas Eigenartiges: Für mich war diese Frau ja nur ein schemenhaftes Bild, ein vergilbtes Porträtfoto und ich kannte nur sehr wenige Tatsachen aus ihrem Leben. Durch die lebhaften Schilderungen ihres Lebens als junge Lehrerin, später dann als Ehefrau und Mutter, ihrer Freuden und Sorgen wurde sie mir zu einem Wesen aus Fleisch und Blut. Ich erkannte ihr scharfsinniges Urteil, ihren trockenen Humor und war zum ersten Mal in meinem Leben traurig, dass ich sie nie persönlich kennenlernen durfte. Sie war gewissermaßen für mich wieder ein Stück weit lebendig geworden und ich erkannte, wie recht Kant mit seinem Satz hatte.

Auf unzählig viele verschiedene Weisen halten wir das Andenken an unsere geliebten Toten aufrecht. Es beginnt mit der Todesanzeige. Meist berät uns der Bestatter, wie der Text zu formulieren sei. Er gibt uns möglicherweise Anregungen, einen Spruch, eine Gedichtzeile hinzuzusetzen. Außer den weit verbreiteten Sprüchen, die oft ein bisschen klischeehaft sind wie »Müh und Arbeit war dein Leben, treu und fleißig deine Hand; Ruhe hat dir Gott gegeben, denn du hast sie nie gekannt«, haben wir auch die Möglichkeit, etwas Persönlicheres auszuwählen, einen Vers aus der Bibel oder ein Zitat, das dem Verstorbenen wichtig war.

Immer häufiger finden wir auch Anzeigen »*in memoriam*«; das heißt, dass zum Jahrestag des Todes eine Gedenkanzeige in der Zeitung veröffentlicht wird. In diesen Anzeigen erscheint oft das Wort »unvergessen«. Trauernde teilen auf diese Weise ihren Mitmenschen mit, dass das Leben nicht einfach weitergegangen ist, sondern dass der Verstorbene nach wie vor einen festen Platz in ihrer Erinnerung hat.

Wir schreiben den Namen auf das Grabkreuz und später auf den Stein. Er ist ein ganz wesentliches Merkmal einer Person. Bei den Eltern sehr kleiner verstorbener Kinder ist mir dies oft aufgefallen: wie wichtig und auch tröstlich es für sie ist, diesem Menschen einen Namen zu geben, und zu erleben, dass er von anderen gebraucht wird. »Ich habe dich bei deinem Namen gerufen, du bist mein«, heißt es in der Bibel bei Jesaja 43, Vers 1; deshalb ist ein Ritual wie die christliche Taufe auch für Eltern heilsam, die vielleicht gar nicht religiös sind: Ihr Kind wird durch die Namensgebung in die menschliche Gemeinschaft aufgenommen.

An unseren Wegen und Straßen stehen Kreuze, die auf Menschen verweisen, die an dieser Stelle ihr Leben verloren haben. Diese Sitte ist uralt; sie stammt aus dem Mittelalter, als man den Wegkreuzen, die als Flurmarkierung, Wegweiser oder Stätte der Andacht dienten, auch noch die Bedeutung gab, an einen Verstorbenen zu erinnern. In manchen Gegenden, zum Beispiel im Bayrischen Wald, gibt es auch noch Totenbretter. Das waren ursprünglich die Bretter, auf denen der Leichnam aufgebahrt und zum Grab gebracht wurde. Später wurden sie zunehmend kunstvoll geschmückt und mit dem Namen des Toten an markanten Orten aufgestellt. Sie dienten wie die Kreuze der Erinnerung, meist verbunden mit der Bitte, für den Verstorbenen ein Gebet zu sprechen.

Einen konkreten Ort zu haben, zu dem man in seinem Schmerz gehen kann, ist für viele ein Bestandteil ihres Trauerprozesses. Die erste, nächstliegende Anlaufstelle ist sicher das Grab. Wenn es aber kein Grab gibt, wie bei Seebestattungen, oder wenn das Grab sehr weit vom Wohnort entfernt ist, oder Sie aus anderen Gründen den Wunsch nach einem weiteren Ort der Trauer verspüren, versuchen Sie einen zu finden oder zu kreieren. Das kann ein Baum, ein Stein, ein Denkmal sein, die Sie ansprechen. Oder Sie setzen selbst einen Gedenkstein, pflanzen einen Baum, einen Rosenstock – was auch immer Ihnen in den Sinn kommt.

Wichtig ist nicht nur der Gedanke, einen Ort der Erinnerung zu haben, sondern oft wollen Trauernde auch durch ihr Handeln für alle Welt sichtbar dokumentieren, dass ihnen der Verstorbene nach wie vor wichtig ist, dass sie ihn nicht vergessen haben. Dies wird an vielen aufwendig und liebevoll geschmückten und bepflanzten Gräbern deutlich.

Noch einmal zum Grabdenkmal, das meist ein Stein sein wird: Überstürzen Sie die Auswahl nicht. Lassen Sie sich Zeit, schauen Sie sich andere Gestaltungen an. Es gibt wunderbare und sehr kreative Ideen. Und das Denkmal, das dann für viele Jahre das Erinnerungszeichen für Ihren geliebten Toten sein wird, sollte ihm und Ihnen gefühls-mäßig gerecht werden. Leider sind die Friedhofsverwal-tungen oft sehr engstirnig in ihren Gestaltungsvorschrif-ten. Meiner Erfahrung nach lässt sich aber vieles mit Hartnäckigkeit und vielleicht Einschaltung der nächsthö-heren Instanz durchsetzen.

Im häuslichen Bereich können Gegenstände des Ver-storbenen eine besondere gefühlsmäßige Bedeutung erhal-ten. Das müssen gar nicht die wertvollen Erbstücke sein, wie Schmuck, Hausrat oder alte Möbel. Vielleicht sind es auch unscheinbare Erinnerungsobjekte: ein schöner Stein, den man auf einem Spaziergang gemeinsam gefunden hat, eine Seemuschel, eine schillernde Vogelfeder. Indem wir diese Dinge wertschätzen, halten wir auch das Andenken an den geliebten Toten wach.

Fotos spielen für die meisten Hinterbliebenen eine wichtige Rolle – in der einen wie in der anderen Richtung. Manche können den Anblick gar nicht ertragen und schlie-ßen alle Fotos weg. Andere müssen die Fotos ihres Verstor-benen ständig im Blickfeld haben, stellen vielleicht vor ein großes Bild noch eine Kerze. Wichtig ist, dass es auch hier keine Vorschriften gibt, wie »man es richtig macht«. Sie sollten nur keine Erinnerungsobjekte wegwerfen, denn Ihre Einstellung zu diesen Dingen kann sich in den kom-menden Monaten und Jahren auch wieder ändern.

Das Internet hat für die Trauerkultur eine große Bedeutung erlangt. Die Möglichkeiten sind vielfältig: Sie können auf einem der zahlreichen virtuellen Friedhöfe einen Eintrag für Ihren Verstorbenen machen. Sie können selbst eine Website gestalten – vielleicht mit der Unterstützung von Fachleuten –, auf der Sie Ihren geliebten Toten darstellen, mit Fotos, Berichten, einem Gästebuch, was immer Sie mitteilen wollen. Viele derartige Websites enthalten auch Anregungen für andere Leidensgenossen – hilfreiche Bücher, gute Gedichte oder Gebete. Sie können bewegte Bilder auf YouTube einstellen. Sie können sich auf den Seiten vieler Selbsthilfegruppen an Foren beteiligen und somit auch den Namen und die Persönlichkeit Ihres Verstorbenen immer wieder dokumentieren.

Wie war diese Person? Manche Hinterbliebenen verfassen auch schriftliche Erinnerungen, Broschüren oder Bücher, in denen sie ihr Leben mit dem geliebten Toten beschreiben. Oder sie machen es sich zur Aufgabe, seine Lebenserinnerungen herauszugeben.

Mein Vater hatte in seinen letzten Lebensjahren begonnen, sein Leben niederzuschreiben. Als Angehöriger des Jahrgangs 1923 hatte er schwierige und auch interessante Zeiten erlebt, er war Marinesoldat gewesen und hatte als junger Ingenieur einige Jahre in Südostasien verbracht. Als er dann relativ kurzfristig schwer krank wurde und starb, waren seine Aufzeichnungen unvollständig. Teilweise hatte er sie schon in den PC eingegeben, teilweise waren es handschriftliche Notizen, für das Ende des beschriebenen Zeitraums nur noch eine Stichwortsammlung. Ich trug alles zusammen, was ich finden konnte, und erstellte daraus eine Broschüre, die ich dann für alle Verwandten vervielfältigte. Durch dieses Tun gewann das Wort »Trauerarbeit« eine neue, erweiterte Bedeutung für mich.

Manche Trauernden können noch einen Schritt weitergehen und das Andenken an ihren Verstorbenen mit einer
größeren Öffentlichkeit teilen. Im Falle von Paul Spiegel
entsteht dann sogar ein humorvolles Buch, in dem seine
Töchter eines seiner Vermächtnisse bewahren:

Paul Spiegel, der Präsident des Zentralrats der Juden in
Deutschland, war unter anderem ein begeisterter Witzeerzähler
gewesen. Für die Zeit seines Ruhestandes hatte er schon ge-
plant, seine besten Witze als Buch herauszugeben. Dann starb
er aber 2006 mit 68 Jahren. Seine beiden Töchter, Dina und
Leonie, fanden nicht lange nach seinem Tod ein schwarzes
Notizbuch, in dem er viele Witze notiert hatte. »Beim Entziffern
seiner Hieroglyphen haben wir viel gelacht. Sein Humor ist bei
seiner Familie und seinen Freunden noch gegenwärtig. Wir hatten oft Bauchschmerzen vor Lachen.« Im Februar 2009 erschien
das Buch[8]. »Da unser Vater immer den Wunsch geäußert hatte,
seine Witze herauszugeben, wollten wir diesem Wunsch gern
nachkommen. Beim Zusammenstellen hatten wir seine Stimme
im Ohr. Die Pointen hat er oft auf Jiddisch erzählt.«

Eine weitere Möglichkeit, an eine geschätzte und geliebte
Person zu erinnern, besteht darin, dass ein Ereignis, eine
Veranstaltung, ein öffentlicher Ort ihren Namen trägt. Im
Falle von Paul Spiegel hat die Stadt Düsseldorf den Platz
vor der Synagoge nach ihm benannt. Aber nicht nur von of-
fizieller Seite, sondern von jedem Menschen und jeder
Gruppe kann so etwas initiiert werden.

Die »Kaltenkirchener Turnerschaft« hat zum Beispiel ihren alljährlichen Herbstmarathon in »Helmut-Jung-Gedächtnismarathon«
umbenannt. Helmut Jung und seine Frau wurden 2007 durch einen Angriff eines offenbar psychisch kranken Familienmitgliedes
getötet. Dieses Ereignis erschütterte alle, die sie kannten. Jung

8 D. & L. Spiegel: »Jetzt mal Tacheles! Die jüdischen Lieblingswitze
von Paul Spiegel«. Artemis & Winkler, Düsseldorf 2009

war Vereinsmitglied und ein Vorbild als Sportler und Mensch, wie der Verein auf der Website schreibt. Seine Kinder Britta und Carsten äußern sich auf der Website so: »Wir möchten uns ganz herzlich bedanken, dass ihr so etwas Schönes zum Gedenken an unseren lieben Vater ins Leben gerufen habt. Dieser Lauf wird dazu beitragen, dass dieser besondere Mensch auch Personen, die ihn nicht so gut kannten, noch lange in Erinnerung bleibt!«

Eine solche Gedenkveranstaltung ist tröstlich, weil sie den Kreis der unmittelbar betroffenen Familienmitglieder erweitert, weil sie wiederum Gemeinschaft herstellt. Auch die ferner Stehenden möchten gern etwas tun, um ihre Erschütterung und Hilflosigkeit auszudrücken und umzusetzen.

Wie gehen wir mit dem Andenken an unsere Verstorbenen an den wichtigen Tagen um: am Geburts- und Todesdatum, an Weihnachten, wenn sich die Familie versammelt, an Familienfesten? Viele Trauernde sehen den Gedenktagen mit starken Befürchtungen entgegen: dass es ihnen sehr schlecht gehen wird, dass sie keine Möglichkeit finden, den Tag angemessen zu überstehen. Ich habe es immer als hilfreich erlebt, etwas Besonderes für diese Tage zu planen. Fragen Sie sich vielleicht auch, welche Art der Gestaltung denn Ihr geliebter Toter gut finden würde. Der Besuch auf dem Friedhof, Blumen oder spezielle Gaben fürs Grab gehören für die meisten selbstverständlich dazu. Ein Besuch in einer Kirche oder an einem anderen Ort, an dem Sie sich geborgen und wohl fühlen, kann Sie ein Stück weiter tragen.

Eine Hochzeitsfeier, ein eigentlich freudiger Anlass, kann für Trauernde eine große Hürde werden. Den Verlust einfach zu ignorieren, erscheint ihnen falsch. Aber wie integriert man die Trauer in einer Form, die die Feier nicht beeinträchtigt? Dazu ein Beispiel:

Als Martin seine Freundin Julia heiratete, hatte seine Mutter große Angst vor der Trauung. Sie befürchtete, mit ihren traurigen Erinnerungen an Martins verstorbenen Bruder Stefan dem jungen Paar den Tag zu verderben. Ich ermutigte sie, dies bei den Vorbereitungen offen anzusprechen, und regte einen Weg an: In der ersten Reihe, neben den Eltern, blieb ein Platz frei. Auf diesen legten sie eine weiße Rose. Bei den Fürbitten erinnerte das Hochzeitspaar an den Verstorbenen und äußerte seinen Schmerz, dass er an diesen schönen Tag nicht dabei sein durfte. Hinterher erzählte die Mutter: »Ich habe zwar etwas weinen müssen, aber es hat mich nicht so umgehauen. Es hatte so seinen Platz und seine Form; damit konnte ich umgehen.«

Ein spezielles Gedenkritual kann auch für den Weihnachtsabend geschaffen werden. Aus der Familie Bonhoeffer berichtete Sabine, die Schwester des Theologen Dietrich Bonhoeffer[9]:

»Weihnachten 1918 ist alles sehr schwer. Unser Bruder Walter fehlt. Er, der zweitälteste Sohn meiner Eltern, ist am 28. April 1918 als achtzehnjähriger Fahnenjunker im Westen gefallen. Eine schreckliche Lücke ist nun da, und sie bleibt offen. An diesem Weihnachtstag sagt unsere Mutter: ›Wir wollen nachher hinübergehen.‹ Das Hinübergehen heißt, wir gehen alle auf den Friedhof. Mama und Papa sind vorher noch einmal ins Wohnzimmer gegangen und haben einen Tannenzweig vom Baum geschnitten mit einem Licht und Lametta und nehmen diesen Weihnachtszweig für das Grab von Walter mit. Auch in den folgenden Jahren ist es zu Weihnachten bei diesem Friedhofsgang geblieben.«

Dieses Ritual wird von vielen Trauernden als passend und stimmig empfunden. Die Lücke, die dieser Schnitt im Baum hinterlässt, dokumentiert die Lücke in der Familie. Und der Verstorbene wird andererseits in den Weihnachtsbrauch mit hineingenommen, behält seinen Platz bei den anderen Familienmitgliedern.

9 Sabine Leibholz-Bonhoeffer, Weihnachten im Hause Bonhoeffer, Gütersloh 2005

Ich mache mir Vorlieben und Ziele des Verstorbenen zu eigen

Dieses Kapitel zeigt, wie stark der Einfluss der geliebten Verstorbenen auf uns über ihren Tod hinaus sein kann. Sie verkörpern für uns Ziele und Ideale, die wir weiterhin in unserem Leben verwirklichen wollen. Zahlreiche Beispiele belegen das im Kleinen und im Großen. Indem wir uns in ihrem Sinne verhalten, bleiben sie in unserem Leben als seelische Figur präsent.

Der amerikanische Trauerforscher Dennis Klass und seine Kollegen widmen sich in ihrem Sammelband »Continuing Bonds« (Fortbestehende Bindungen) einem »neuen Verständnis von Trauer«, wie der Untertitel lautet. Klass und sein Kollege Samuel J. Marwit führten eine Studie an Studenten der Universität St. Louis durch.[10] Sie befragten 71 junge Menschen, die in ihrem Leben schon einen gravierenden persönlichen Verlust erlitten hatten. Unter anderem baten sie sie zu erläutern, welche Rolle der geliebte Verstorbene zum jetzigen Zeitpunkt in ihrem Leben spielte. Eine inhaltliche Analyse der Antworten enthüllte vier Kategorien, in denen die Verstorbenen für die Lebenden weiter wichtig waren:

- als Vorbild; zum Beispiel ein »fürsorglicher und umsichtiger Vater«, dem der Befragte nacheifern wolle, wenn er selbst einmal Kinder haben werde

---

10 Vgl. S.J. Marwit & D. Klass: Grief and the Role of the Inner Representation of the Deceased. In: D. Klass, P.R. Silverman & S.L. Nickman (Eds.): Continuing Bonds. New Unterstandings of Grief. Taylor & Francis, New York 1996

- Ansporn und Ermutigung in schwierigen Lebenssituationen; zum Beispiel berichtete eine Studentin, dass gerade jetzt, in ihrer Examensphase, ihr das Bild ihrer Großmutter vor Augen sei, die sie in der ersten Zeit auf dem College immer unterstützt habe mit den Worten: »Du hast deine Chancen, nutze sie! Ich weiß, dass du das schaffen kannst!«
- Klärung von Werten im Leben; zum Beispiel erzählte ein Student, dass ihn sein geistig behinderter Bruder habe erkennen lassen, dass nur die Liebe, die wir anderen geben und von ihnen empfangen, wirklich wichtig sei
- allgemeine positive Erinnerungen; zum Beispiel berichtete eine Studentin, dass die Erinnerung an ihre Großtante, eine sehr humorvolle Frau, immer ein Lächeln auf ihr Gesicht zaubern könne

Keiner der 71 Befragten, Männer wie Frauen, hatte Schwierigkeiten, die Fragestellung zu akzeptieren, welche Rolle die verstorbene Person jetzt für sie spielte. Manche schrieben mehrere Seiten darüber!

Wir sehen, dass die Beziehung zu einem Menschen, der uns zu Lebzeiten wertvoll und wichtig war, nicht abgeschlossen wird, sondern dass seine positiven Impulse weiter in unserem Leben wirken. Vielleicht wird uns sogar durch seinen Tod und die psychische Arbeit, die wir dann leisten müssen, noch klarer, wo sein Platz in unserer Seele ist, als Repräsentant erfreulicher Erinnerungen, als Vorbild, als Ansporn für unser eigenes Leben.

Wir sollten andererseits den Verstorbenen nicht idealisieren. Es ist heilsam, auch seine Schattenseiten zu erkennen und daran zu arbeiten. Nicht alles, was er uns auf den Weg mitgegeben hat, bringt uns innerlich voran. Wir können die Ernte dieses Lebens sichten und uns von dem distanzieren, was wir für uns nicht als Maßstab gelten lassen wollen.

Aber das andere, was bleibt, »... ist ein ungeheurer geistiger Schatz, den mir niemand nehmen kann«, wie es eine

Trauernde ausdrückte. Und aus diesem Schatz können wir Anregungen, Ideen, Ziele schöpfen, die uns wiederum helfen, in unserem Leben die nächsten Schritte zu gehen – kleinere und größere Schritte. Dazu noch ein paar Beispiele:

Ines K. war mit 52 Jahren Witwe geworden. Ihr Mann war ein ausgesprochener Filmliebhaber und -kenner gewesen. Er hatte es fertiggebracht, nach Paris zu fahren und dort im Wesentlichen nur ins Kino zu gehen. An einem Tag hatte er fünf Filme gesehen! Sie selbst hatte sich für sein Hobby nur in einem »normalen« Maß interessiert. In ihrer Heimatstadt gab es ein kleines Programmkino, das immer in finanziellen Schwierigkeiten war. Als sich ein Jahr nach seinem Tode ein Förderverein für dieses Kino bildete, wurde sie sofort Mitglied. Sie sagte: »Wenn er noch am Leben wäre, wäre er in diesem Verein in vorderster Front dabei. Er würde erwarten, dass ich da mitmache!«

Wencke L., die mit 23 Jahren mit dem Auto verunglückte, war sehr aktiv in der Naturschutzjugend gewesen. Ihr Vater konnte, wie so viele Väter, den Verlust nicht offen betrauern. Er war immer ein begeisterter Bastler und Heimwerker gewesen und verbrachte jetzt noch mehr Zeit in seinem Hobbykeller. Im nächsten Jahr überraschte er seine Familie mit der Idee, er wolle einen Gartenteich anlegen. Mit der Konzeption, Anlage und Pflege dieses Teiches verbrachte er viele Tage. So ein Teich macht ja viel Arbeit, wenn er nicht nur gut aussehen, sondern auch in einem ökologischen Gleichgewicht sein soll. Seine Frau erzählte: »So richtig zufrieden und bei sich selbst ist er, wenn er an dem Teich herumwerkelt. Da werden neue Fische eingesetzt, die Filteranlage gewartet, die Böschung neu gestaltet und so weiter. Selbst wenn er wenig darüber sagt, für mich ist klar, dass das seine Art ist, sich mit Wencke zu beschäftigen. Weil sie die Natur so geliebt hat, fände sie das auch sicher sehr gut.« Bei dieser Familie kam noch erschwerend hinzu, dass sie kein Grab haben, da Wencke eine Seebestattung gewünscht hatte. Wahrscheinlich ist dieser Gartenteich nun der Ort, an dem die liebevolle Erinnerung sichtbare Gestalt annehmen kann.

Brigitte N.s Mutter war mit 71 Jahren plötzlich an einem Herzinfarkt gestorben. Viele Jahre hatte sie in einem Altenheim an ihrem Wohnort Besuche gemacht. Es hatte damit angefangen, dass sie ihre eigene, hochbetagte Mutter dort besucht hatte. Nach deren Tod hatte sie die Besuche beibehalten, da sie auch einige andere Bewohner kennengelernt und liebgewonnen hatte. Sie war über die Jahre eine beliebte ehrenamtliche Mitarbeiterin geworden, die auch bei den Feiern im Jahreskreis immer dabei war. Bei ihrer Beerdigung war die Heimleitung mit mehreren Personen anwesend. Die Heimleiterin lud Brigitte N. ein, gern noch einmal zu ihr zu kommen, um über ihre Mutter zu sprechen. Nach ein paar Wochen kam es zu dem Treffen.

Brigitte N. erzählte: »Es hat mir sehr gutgetan zu erfahren, wie sehr meine Mutter dort geschätzt wurde. Die Heimleiterin ging mit mir in einen Gemeinschaftsraum, in dem an dem Nachmittag auch etliche alte Leute saßen, die sie gut kannten. Alle drückten ihr starkes Bedauern darüber aus, dass sie leider so früh sterben musste. Während ich mich mit ihnen unterhielt, sagte eine so leichthin: ›Naja, vielleicht kommen Sie ja jetzt zu uns!‹ Und ich dachte, warum eigentlich nicht? Ich hatte mir sowieso schon Gedanken gemacht, noch etwas Sinnvolles anzufangen, jetzt, wo die Kinder alle aus dem Hause sind. So ist das gekommen. Manche, die schon ein bisschen verwirrt sind, verwechseln mich auch mit ihr, aber was soll's. Wir hatten in unserer Familie einen guten Zusammenhalt, und meine Mutter hat immer die Alten bedauert, die niemanden haben, der sie besucht. Das ist ja auch schrecklich, so ein einsames, ödes Leben. Also, ich glaube, meiner Mama wäre es sehr recht, wie es jetzt ist.«

Charles W. Eliot, der Präsident der Harvard-Universität, saß an einem Winterabend des Jahres 1901 in seinem Bostoner Arbeitszimmer und sichtete Unterlagen seines Sohnes Charles jr., eines erfolgreichen Landschaftsarchitekten, der vier Jahre vorher mit 37 Jahren an Hirnhautentzündung gestorben war. Dabei fiel ihm ein Artikel in die Hände, den der Jüngere in der Zeitschrift »Garden & Forest« veröffentlicht hatte, ein enthusiastischer Appell, die wunderschöne Küste in Maine, dem nördlichsten der Neuenglandstaaten, unter Naturschutz zu stellen. Diese Küste, urwüchsig und zerklüftet, mit unzähligen Halbinseln und Inseln, mit Nadelwald bestanden und wenig besiedelt, drohte unter dem Zugriff der immer gefräßigeren Holzindustrie ihre Ursprünglichkeit zu verlieren. Wie viele andere wohlhabende Familien aus den Neuenglandstaaten besaßen die Eliots auf Mount Desert Island ein Sommerhaus. Die Insel, fast wie eine Hand geformt, bietet auf relativ engem Raum alle Schönheiten des Landstrichs: einen Fjord, Granitberge, eine vielfältige Küstenlinie mit herrlichen Stränden, Mischwald, Wiesen, Sümpfe und stille, eiszeitlich geformte Seen und Teiche. Der junge Charles hatte sie in alle Richtungen durchwandert.

An diesem Abend reifte wohl in dem Vater der Entschluss, sich für die Idee seines Sohnes einzusetzen. Im Sommer rief er zusammen mit anderen Bewohnern von Mount Desert Island ein Komitee ins Leben, das anstrebte, durch Käufe und Schenkungen auf der Insel ein Naturschutzgebiet zu errichten. Die Idee gewann in den folgenden Jahren immer mehr Zulauf, die Schenkungen nahmen zu. 1919 wurde dem Volk der USA der »Lafayette (heute: Acadia) National Park« geschenkt, der die Hälfte der Inselfläche plus einige Flächen auf dem angrenzenden Festland umfasste. Bei allen offiziellen Anlässen wies Charles W. Eliot darauf hin, dass nicht ihm, sondern seinem Sohn der Dank gebühre, dass er nur sein Vermächtnis ausgeführt habe. Heute ist Acadia der meist besuchte Nationalpark der USA.

Nicht immer wird so deutlich ausgesprochen, dass der Verstorbene uns einen Auftrag, ein Vermächtnis hinterlassen hat; aber in vielen Lebensgeschichten ist es klar zu erkennen.

Fabio S. war als junger Mann völlig mittellos nach Deutschland gekommen. Mit viel Energie und einem Kämpferherzen hatte er sich zu einem erfolgreichen Bauunternehmer hochgearbeitet. Die Firma war der Dreh- und Angelpunkt des Familienlebens. Vor fünfzehn Jahren erlitt der älteste Sohn einen tödlichen Autounfall. Dadurch lernte ich in einem Kreis trauernder Eltern das Ehepaar kennen. Vor zwei Jahren starb Fabio, erst knapp über sechzig Jahre alt. Für seine Witwe und seinen jüngeren Sohn, die jetzt für die Firma verantwortlich sind, steht »das Geschäft« umso mehr im Zentrum ihres Lebens. Wie könnte es anders sein? Vor allem Matteo, dem Sohn, ist deutlich anzumerken, wie stark er innerlich engagiert ist. Über seine Trauer spricht er nicht viel. Er lebt sie aus, indem er die Arbeit seines Vaters und seines Bruders weiterführt. Er sagt nur: »Ich möchte das erhalten, was mein Vater aufgebaut hat. Das erwartet er von mir, und das ist auch das, was ich meiner Mutter zuliebe tun kann, die ihren Sohn und ihren Ehemann verloren hat.«

Junge Menschen, vor allem junge Männer, neigen zu einem handlungsorientierten, instrumentellen Weg der Trauerbewältigung. So kommt es nicht selten vor, dass sie Angewohnheiten ihrer verstorbenen Brüder oder Väter übernehmen, oft eher unbewusst.

Gisela, eine trauernde Mutter, erzählte von ihrem Sohn Marcus: »Ich glaube, er merkt gar nicht, wie sehr er sich im Verhalten an Frederik anlehnt. Solange Frederik noch lebte, gab es häufig Zoff zwischen den beiden. Das ist ja auch normal bei Geschwistern in der Pubertät. Aber jetzt wird er ihm immer ähnlicher. Er lacht wie er, räuspert sich wie er, lässt die Schuhe unter dem Tisch herumliegen wie er. Er hat seinen Posten als Jugendwart bei der DLRG übernommen. Auf der Gitarre von Frederik klimpert er auch immer häufiger herum.«

Junge Leute gehen im Allgemeinen recht unbefangen mit den Hinterlassenschaften eines Verstorbenen um. Ja, es scheint ihnen oft gutzutun, sich einen Teil davon anzueignen und damit die innerliche Verbindung auszudrücken. Viele suchen sich ein paar besondere Kleidungsstücke aus und verwenden auch gern Computer, Fernseher und Musikgeräte oder Instrumente weiter. Dies kann in Konflikt kommen mit den Gefühlen der Eltern. Vor allem trauernde Mütter haben manchmal den Antrieb, das Zimmer und die Besitztümer ihres verstorbenen Kindes gänzlich unberührt und unverändert zu lassen. Sie sollten das Aufräumen, Umwidmen und Weitergeben nicht überstürzen. Auf der anderen Seite: Wenn Sie noch nach ein bis zwei Jahren keine äußeren Veränderungen zulassen können, ist das ein Indiz dafür, dass Sie in Ihrem Trauerprozess auf der Stelle treten. Dann sollten Sie fachliche Hilfe suchen. Mehr dazu im Kapitel »Ich kann mich zu gar nichts aufraffen!«.

Ziele, Ideale oder Vorlieben der geliebten verstorbenen Person zu seinen eigenen zu machen, hilft, in Bewegung zu kommen. Es ist nichts, was den Verlustschmerz ungeschehen macht. Immer wieder kann es Zeiten geben, in denen die Abwesenheit des Verstorbenen, die Sehnsucht, ihn einfach mal zu sehen, zu sprechen, in den Arm zu nehmen, schwer zu ertragen sind. Aber indem wir das weiterführen, was ihm wichtig war, nehmen wir ihn als ein fortbestehendes Gegenüber in unsere Seele auf.

Ich verleihe meinem Schmerz kreativ Ausdruck

Auch in diesem Kapitel wird aus einer Vielzahl von Beispielen klar, dass die seelische Energie, die durch die Trauer geweckt wird, ihren Ausdruck im Tun findet, hier in der bildnerischen, malerischen, kunsthandwerklichen, sprachlichen oder musikalischen Gestaltung. Gerade körperlich anstrengende Techniken wie die Bildhauerei können helfen, Gefühle auszuleben, die man nicht in Worte fassen kann. Das gemeinsame kreative Gestalten kann auch eine Brücke zwischen Menschen bauen, die in ihrer Trauerverarbeitung sehr verschieden sind.

Julie Fritsch, eine junge Amerikanerin, verlor 1986 ihren zweiten Sohn Justin Tyson, der während der Geburt im Mutterleib starb. Sie und ihr Mann Doug hatten sehr lange auf dieses zweite Kind warten müssen. Sie war verzweifelt und suchte Hilfe bei einer Psychotherapeutin. Diese erkannte die starke Energie, die in ihrer Wut und Verzweiflung steckte, und ermutigte sie, ihre Gefühle kraftvoll, aktiv auszudrücken – durch Ton. »Nehmen Sie diesen Tonklumpen, klatschen Sie ihn ruhig fest auf den Tisch, graben Sie mit Ihren Händen hindurch, schauen Sie einfach, was passiert.« Julie hatte überhaupt keine Erfahrung mit Ton oder anderen bildhauerischen Techniken. Sie empfand das Umgehen mit dem Material als sehr wohltuend und formte, erst zögernd, dann immer selbstsicherer, erste kleine Gestalten. Sie stellte fest, dass es sie erleichterte, Abbilder ihrer inneren Gefühle zu modellieren, die durch den körperlichen, gestischen Ausdruck zeigten, wie es in ihr aussah. So entstanden innerhalb eines Jahres parallel zur Psychotherapie 21 kleine Tonskulpturen, die sie, teilweise auch im Zusammensein mit ihrem Mann, dem verstorbenen Kind und dem großen Sohn, darstellten[11]. Sie dokumentieren ihren Weg

11 Diese Hintergrundinformation verdanke ich einem persönlichen Gespräch mit Hannah Lothrop, der leider verstorbenen Autorin des Buches »Gute Hoffnung – jähes Ende« (Kösel, München 1998).

durch verschiedene Stadien der Gefühle bis hin zur Heilung: Eine winzige Hand hält den kleinen Finger einer großen Hand fest.

Diese Skulpturen, von unmittelbarer emotionaler Zugänglichkeit und großer darstellerischer Kraft, fanden so viel Anklang, dass sie deren Abbildungen zusammen mit Sherokee Ilse als Buch herausbrachte.[12] Zu den Fotos stellte sie noch kurze Erläuterungen, die poetisch und gefühlvoll die Aussage der Skulpturen ergänzten. In der Einführung zum Buch schreibt sie: »Beim Modellieren empfand ich große Erleichterung. All meine Gefühle waren in Ton geformt; ich konnte sie halten und liebkosen. Die Skulpturen gaben ganz und gar wieder, was ich fühlte. Meine Texte vervollständigten diese Aussage ... Ich möchte Sie deshalb an Justins Beitrag teilhaben lassen ... Geben Sie sich die Erlaubnis, Ihrem Inneren Ausdruck zu verleihen. Haben Sie keine Angst davor. Suchen Sie dann die Unterstützung und Ermutigung von Menschen, die Ihnen zuhören und Sie verstehen.«

Julie Fritsch lebt, laut Auskunft des Verlages, heute als Bildhauerin in Kalifornien. Ihre große Lebenskrise hat sie offenbar zu ihrer künstlerischen Berufung geführt. Im Kontakt mit Klienten stelle ich fest, dass niemanden diese Skulpturen unberührt lassen. Die intuitiv Trauernden fühlen sich durch sie ermutigt, ihren Gefühlen Ausdruck zu verleihen. Sie stellen fest, sie sind nicht allein mit ihrem Schmerz. Den instrumentell Trauernden ist die Wucht der Emotionen zu heftig; sie legen das Buch relativ schnell beiseite. Aber auch sie fühlen sich angeregt, darüber nachzudenken, wie sie persönlich denn ihrer Trauer Gestalt verleihen könnten.

Ich bin sicher, dass durch das aktive, gestalterische Tun, das Be-Greifen, unsere Trauer andere Ebenen des Empfindens erreicht als durch das Be-Schreiben mit Worten al-

12 J. Fritsch & S. Ilse: Unendlich ist der Schmerz ... Kösel, München 1995

lein. Es hilft beiden Typen der Trauerverarbeitung: Der instrumentell Trauernde kann auf ein Ziel hinarbeiten und die Gefühle dabei in einer Form zulassen, die ihn nicht so überwältigt. Der intuitiv Trauernde findet einen anderen Ausdruck und vielleicht neue Pfade des Austausches, wenn er mit anderen über seine Gestaltung sprechen kann. Körperlich beanspruchende Techniken, wie das Arbeiten mit Holz, Ton oder Stein, können uns auch helfen, unsere Enttäuschung, unsere Wut auszuagieren. Gerade mit diesen negativen Empfindungen tun wir uns oft schwer; sie »gehören sich nicht«, aber sie sind sind trotzdem da.

Kreativ seine Trauer auszuleben, hilft besonders Kindern und Jugendlichen oft mehr als der sprachliche Ausdruck. Denn erst durch unseren herkömmlichen Ausbildungsweg werden wir nach und nach auf die linke Hirnhälfte geschult, den Sitz von Sprache, abstraktem Denken und serieller Verarbeitung (d. h. einen Schritt nach dem anderen abwickeln). Junge Menschen denken und handeln noch viel bildhafter, anschaulicher, ganzheitlicher; deshalb werden sie eher durch Angebote, etwas zu tun, angesprochen. Dazu zwei Fallbeispiele:

Zu seinem Großvater hatte mein Neffe Bechir S. ein besonders enges Verhältnis. Er war ihm auch ein Stück weit Vaterersatz, da seine Eltern geschieden waren. Als mein Vater, sein Großvater, starb, war er zunächst untröstlich, weinte auch heftig bei der Beerdigung. Danach wollte er aber nicht mehr darüber reden und wies die Gesprächsangebote meiner Schwester zurück. Er war neun Jahre alt. Ich hatte in einem Garten-Center große, glänzende Flusskiesel in verschiedenen Farben zur Beetgestaltung gekauft und fragte ihn, ob er vielleicht aus diesen Kieseln etwas für Opas Grab gestalten wollte. Bereitwillig machte er sich diesen Vorschlag zu eigen und legte mit großer Hingabe und akribischer Genauigkeit ein Herz auf das frisch eingeebnete Grab. Dann legte er aus kleineren Steinen noch die Worte »In

Liebe« dazu. Er trat ein Stück zurück, besah sein Werk und sagte zufrieden: »So! So kann es bleiben.« Als er mit zehn Jahren aufs Gymnasium wechselte, bat die neue Klassenlehrerin die Kinder, eine Situation zu malen, in der es ihnen sehr gut gegangen sei. Er malte »Ich pflanze mit meinem Opa Sonnenblumen«. So denke ich, dass ihm sein Großvater als eine positive innere Gestalt erhalten bleibt.

Auf dem Kindergrabfeld in Gießen findet alljährlich eine Gedenkfeier für die bereits im Mutterleib verstorbenen Kinder statt. Der Klinikseelsorger Thomas Born und ich bitten schon in der Einladung die betroffenen Familien, einen Erinnerungsgegenstand an ihr verstorbenes Kind mitzubringen, wenn sie mögen. Im Rahmen der Feier fragen wir dann, ob sie uns allen diesen Gegenstand zeigen und erklären wollen. Vor einigen Jahren zeigte uns daraufhin eine trauernde Mutter ein Bild, das ihre siebenjährige Tochter Maren nach dem Tod des Schwesterchens gemalt hatte. Es war sehr anrührend, wie ein dreiteiliges Altarbild: links die Familie in der Schwangerschaft, also Papa, Mama mit einem deutlich dicken Bauch und Maren; in der Mitte die Sterbesituation: das tote Kind Valerie in einem Wiegenbettchen, umringt von seinen Eltern und seiner Schwester; rechts die Familie im Garten mit einer vielstrahligen Sonne und neben der Sonne das winzige Kind. Wir alle waren sehr bewegt. Die Mutter erzählte, dass Maren sehr wenig von Valerie sprechen wolle, aber offenbar in ihren Bildern viel von ihren Gefühlen verarbeite.

Ein besonderes Angebot wird in Stuttgart gemacht: Ein Klinikseelsorger und ein Steinmetz bieten Kurse an, in denen Trauernde selbst Gestaltungsideen für einen Grabstein oder Gedenkstein entwickeln und sie auch praktisch umsetzen können. Als Materialien werden besonders Ton, Sandstein und Ytong (Porenbeton) verwendet. Teilweise entstehen Modelle, die dann einem Steinmetz als Auftragsskizze gegeben werden können. Viele Trauernde fertigen aber auch eine Skulptur als Grabschmuck oder für ihre Wohnung oder ihren Garten.

Hubertus Busch, der Seelsorger, erzählte: »Eine Frau hat sich buchstäblich abgeschafft an einem Stück Granit, es war eine enorm harte Arbeit mit Hammer und Meißel. Ich glaube, sie hat da auch ganz viel von ihrer Enttäuschung und ihrer Wut abgearbeitet. Als sie ihren Stein fertig hatte, betrachtete sie ihn mit zärtlichem Staunen.« Ein trauernder Vater formte für sein verstorbenes Kind ein Herz aus Sandstein. Dann skizzierte er den Grabstein, in den das Herz integriert werden sollte: ein wenig verborgen, in einer Höhlung hinter einer kleinen Barriere. Ich finde das sehr sprechend für die Haltung, den Schmerz mit sich selbst abzumachen, ihn nicht an die Öffentlichkeit zu tragen.

Viele trauernde Eltern kommen durch die Diskussionen um ihre Skulptur überhaupt wieder in ein Gespräch, nachdem vorher die Trauer es hat verstummen lassen. Etwas zu gestalten, ist eine Brücke zwischen dem, der zielorientiert denkt und instrumentell trauert, und dem intuitiv Trauernden. Auch ganze Familien können einen solchen Prozess erleben.

In einem Falle, in dem ein kleines Mädchen nach der Geburt gestorben waren, kamen die Eltern und der 15-jährige Bruder. In diesem Steinmetzbetrieb besteht auch die Möglichkeit, als erste Grabgestaltung ein Totenbrett auszuführen, wie wir es als alte Sitte in einigen Gegenden Deutschlands im Kapitel »Ich gestalte den Abschied bewusst« schon kennengelernt hatten. Die Familie entschied sich zunächst für ein solches Brett, und der Junge übernahm die Ausführung. Er malte für seine kleine Schwester einen Regenbogen auf das Brett. Ich glaube, dass für ihn der Antrieb, etwas tun zu können, am größten war.

Ähnliche Angebote zur Gestaltung von Grabmalen gibt es von mehreren Institutionen oder Steinmetzbetrieben in ganz Deutschland.

Weniger anstrengend als Skulpturarbeiten ist die Malerei. Mehrere meiner Klientinnen und Klienten haben diese für sich entdeckt und über die Trauerverarbeitung hinaus ein befriedigendes Hobby darin gefunden.

Frau K. hatte bereits vor dem Tode ihres Mannes gemalt und erzählte: »Nach der Beerdigung, als die Hektik der ersten Tage nachließ, die ich irgendwie mitgemacht und doch alles wie durch einen Schleier empfunden hatte, gab es einen Punkt, an dem ich ganz ratlos war. Alles unmittelbar Anstehende war erledigt. Alle Trauergäste waren abgereist. Zum ersten Mal erlebte ich die Leere, und der Gedanke ›Er kommt nie wieder‹ traf mich mit voller Wucht. Der Gang in mein Malzimmer war mein einziger Ausweg. Ich hatte einen Bildentwurf im Kopf und arbeitete ein Weile daran. Plötzlich hatte ich den dringenden Impuls, eine Dose mit roter Farbe von oben über die Leinwand zu gießen. Ob es Blut darstellen sollte, ob es meine Liebe ausdrücken sollte, ich weiß es nicht. Ich habe dann korrespondierend zu dem roten Farbschwall noch eine gelbe Blüte in das Bild gemalt, eine Tulpe vielleicht – ich hatte keine spezielle Blume im Sinn. Das Bild ist jetzt ausgestellt worden, und viele Betrachter zeigen sich erschüttert. Auch solche, die nichts von meinem Verlust wissen, vermuten von sich aus, dass es ein Bild ist, das die Trauer darstellt.«

Niemand ist künstlerisch »eine Niete«, auch wenn viele das in vorauseilender Selbstkritik von sich behaupten.

Auf einem Jahrestreffen der »Initiative REGENBOGEN – Glücklose Schwangerschaft e.V.«, also der Eltern, die um ein sehr kleines Kind trauern, brachte ich die Idee ein, Gedenkteller für die verstorbenen Kinder selbst zu bemalen, also die Angaben von Namen, Geburtsdatum, Sterbedatum, Größe und Gewicht des Kindes, dazu eine frei gewählte Dekoration. Für die lebenden Babys ist das ja als Geschenk sehr beliebt. Einfache weiße Porzellanteller wurden mit spezieller Porzellanfarbe bemalt, die zur Fixierung im Backofen erhitzt wurde. Zwölf Mütter beteiligten sich an der Aktion und waren mit großem Engagement dabei. Fast alle bemalten nach dem ersten noch einen weiteren Teller in freier Gestaltung oder mit Mandala-ähnlichen Motiven. Ein Mandala ist ein Gebilde, das aus der Kreisform eine figürliche Gestaltung entwickelt und im Hinduismus und Buddhismus als Symbol zur Meditation verwendet wird.

Eine kreative Aktivität, die sich auch sehr gut für Treffen von Selbsthilfegruppen eignet, ist die Gestaltung von Grabgestecken für die Gedenktage im November und als Winterschmuck fürs Grab. Angefangen mit einem Gang durch die herbstliche Natur, bei dem man verschiedene Materialien selbst sammeln kann, ist die Herstellung, vielleicht mit gegenseitiger Unterstützung, eine gute Gemeinschaftsaktion. Viele Grabgestecke, die man im Herbst kaufen kann, sind relativ einfallslos, teilweise einfach hässlich. Auch hier können Trauernde ihre liebevolle Erinnerung in die Gestaltung von etwas Schönerem und Individuellem umsetzen.

Eine großartige kreative Gemeinschaftsaktion machen seit einiger Zeit die »Verwaisten Eltern Hamburg«. Eltern werden gebeten, ein Stoffquadrat von etwa 20 mal 20 cm zum Andenken an ihr verstorbenes Kind zu gestalten. Die Techniken sind dabei beliebig: Der Stoff kann bemalt, bestickt oder mit einem Foto bedruckt werden, das Quadrat kann selbst gewoben oder geknüpft sein, es kann auch ein Ausschnitt aus einem Kleidungsstück des Kindes verwendet werden – der Fantasie sind keine Grenzen gesetzt. Viele Eltern stellen den Namen und die Lebensdaten ihres Kindes dar, aber es gibt auch Symbole wie Stern, Schmetterling, Vogel, Blume. Alle diese Quadrate werden dann zu großen Wandbehängen, Quilt-Teppichen, zusammengesetzt, die etwa eineinhalb mal zwei Meter messen. Diese Wandbehänge werden bei den Gedenkfeiern zum Andenken an die verstorbenen Kinder in einer Kirche aufgehängt. In einer Veröffentlichung des Vereins werden 177 Quadrate abgebildet und beschrieben, und das Werk wird immer weitergeführt.

Diese Aktion ist auch deshalb so heilsam, weil sie die Leidtragenden in eine Gemeinschaft bringt. Und sie schafft etwas Überdauerndes. Die Stoffquadrate und die Beschreibung des damit verbundenen Lebens erhalten das Andenken an diese Menschen, die zu früh gestorben sind.

Außerdem sind diese Quilt-Teppiche wunderschön; sie entfalten eine besondere Harmonie in der Verschiedenheit.

Eine ältere Witwe, Eleanor B., verdeutlichte das Geflecht von Trauer, Erinnerung und fortbestehender Verbundenheit auf ihre besondere Weise: Ihr Mann war ein ausgesprochener Liebhaber schöner und ausgefallener Krawatten gewesen. Sie wollte die große Sammlung nach seinem Tode weder verteilen noch einfach weggeben. Stattdessen schuf sie aus allen Krawatten Patchwork-Kissen für ihre gemeinsamen Kinder und Enkelkinder. Bei der Übergabe dieser Kissen erzählte sie von Begebenheiten, die mit einzelnen Stoffpartien verbunden waren. Ich bin sicher, dass die Kissen einen Ehrenplatz in den Wohnungen der Nachkommen erhalten.[13] (Eben, beim Schreiben, wird mir klar, dass das englische Wort »tie« sowohl »Krawatte« als auch »Verbindung« bedeutet!)

Trauer, die mehr Zerrissenheit und Anklage in sich trug, war der Beweggrund für Sandras kreative Idee.

Ich lernte die junge Frau bei einer Fortbildung über »Trauer und Trösten in der Hospizarbeit« kennen; sie war in der Ausbildung zur ehrenamtlichen Hospizmitarbeiterin. Die meisten Menschen, die sich in einer solchen Tätigkeit engagieren, sind persönlich mit dem Tod konfrontiert worden; ich fragte sie danach. Sie erzählte, dass ihr Bruder mit 26 Jahren vor einem Jahr Suizid begangen habe. »Wie einsam muss er gewesen sein. Er konnte oder wollte sich niemandem offenbaren, wie schlecht es ihm wirklich ging. Ich möchte anderen Menschen helfen, damit sie in ihrer letzten Lebensphase nicht so allein sind.« Ich ermutigte sie zu ihrem Vorhaben. Als ich erwähnte, dass Menschen in der Trauer oft aktiv werden, möglicherweise auch etwas selbst gestalten wollen, erzählte sie mir von ihrer Idee: Sie wolle einen Wandteppich knüpfen oder weben, der an der einen Seite ganz löchrig und zerrissen aussehen sollte, mit Fransen unterschiedlicher Länge und Struktur, daneben aber eben auch intakten

13 Vgl. »Concluding Remarks« in: D. Klass, P.R. Silverman & S.L Nickman: Continuing Bonds. Taylor & Francis, New York 1996

Partien. »Das soll symbolisieren, dass der Selbstmord von Benjamin mich sehr verletzt hat, dass es aber auch einen Teil in mir gibt, der heil geblieben ist und weitermacht.« Ich war von der Idee fasziniert; gern hätte ich das fertige Kunstwerk auch noch gesehen.

Anders als beim kreativen Tun im Bereich der bildenden Künste steht beim Schreiben und bei der Musik der emotionale Ausdruck ganz im Mittelpunkt. Liebeskummer, also auch eine Form der Trauer, ist wohl ein Hauptantrieb für Lyrik und für Lieder.

Schreiben schlägt eine andere Richtung der Gefühlsverarbeitung ein. Beim handgreiflichen Tun agieren wir die Gefühle aus, gerade da, wo uns die Worte fehlen. Indem wir schreiben, benennen wir sie, versuchen sie einzubinden in das Netzwerk unserer Erfahrungen, zu präzisieren, was genau uns traurig macht. Auch diese Klärungsarbeit kann wichtig und heilsam sein. Wir können zum Beispiel ein Tagebuch führen, in dem wir jeden Tag oder auch wichtige Tage festhalten und die Etappen unseres Trauerweges beschreiben.

Außerdem kann uns das Schreiben helfen, unsere Erinnerungen lebendig zu erhalten. Der Tote rückt im Laufe der Monate und Jahre weiter von uns weg; das ist unvermeidlich. Die unmittelbaren Eindrücke des Zusammenseins mit ihm gehen verloren; wir können uns zum Beispiel seinen Geruch, die Art, wie er sich anfühlte, nicht mehr so lebhaft vergegenwärtigen. Aber durch das Aufschreiben von Erinnerungen bleiben uns viele kleine Episoden wacher im Gedächtnis. Im Buch »Ich will dich nicht vergessen«[14] ist dies das erklärte Ziel. Dieses Buch, das

14 J. Eckhardt: Ich will dich nicht vergessen. Gütersloher Verlagshaus, Gütersloh 2003

von vielen Trauernden sehr geschätzt wird, ist ein selbst zu beschreibendes und gestaltendes Erinnerungsalbum. Durch einfühlsame Fragen angeregt, können wir die Ernte eines Lebens niederschreiben, außerdem durch Fotos und andere Bilder die Gedächtnisspuren anschaulich machen. So wird es ein individuelles Zeugnis unserer Beziehung zum geliebten Toten.

Man kann natürlich ohne vorgedrucktes Buch einfach niederschreiben, was einen bewegt. Viele Trauernde berichten von dem, was ihnen zugestoßen ist. Die Triebfeder für diese Erfahrungsberichte ist: den verstorbenen Menschen würdigen, Zeugnis geben von seinem Leben; damit auch anderen den eigenen Zustand erklären und die Berechtigung einfordern zu trauern; oft auch der Wunsch, Leidensgenossen zu helfen, die aktuell das Gleiche erleben und noch völlig verwirrt und ohne Orientierung sind.

Am häufigsten schreiben trauernde Eltern und Verwitwete Berichte. Sie werden von den Selbsthilfeorganisationen herausgegeben, teilweise sogar als Buch in einem Verlag veröffentlicht. Manche Betroffenen schreiben auch tief empfundene, zu Herzen gehende Gedichte. Ein sehr wichtiger Sammelband ist »Noch einmal sprechen von der Wärme des Lebens …«[15], der Lyrik und kurze Prosastücke von Trauernden – Prominenten und Unbekannten – vereint. Er ist ein Schatzkästchen; jeder Trauernde findet darin etwas, das ihn anspricht.

Wenn man erst einmal darauf aufmerksam geworden ist, stellt man fest, wie häufig auch in der »großen« Literatur geliebter Verstorbener gedacht wird. Isabel Allendes

15 M. Voss-Eiser (Hg.): Noch einmal sprechen von der Wärme des Lebens. Herder, Freiburg 2010

»Paula«[16], Erinnerungen an ihre Tochter, ist ein solches Buch. Mary Britton Miller (Pseudonym: Isabel Bolton) beschrieb achzigjährig in ihrem Buch »Mary und Grace«[17] ihre glückliche Kindheit mit ihrer Zwillingsschwester Grace, die durch einen Badeunfall mit 14 Jahren ums Leben kam. Grace' letzte Worte waren: »Liebe Mary, wie sehr ich dich liebe.« Im Nachwort schreibt die Autorin, dass die letzten Worte, die Grace zu ihr gesprochen habe, die Tatsache bestätigten, dass ihre gemeinsame Kindheit, die so grausam an jenem Nachmittag im August ihr Ende fand, »vollkommen und rund gewesen war – ein perfektes Ganzes.«

Wir können einer glücklichen gemeinsamen Zeit Tribut zollen; wir können auch schreibend versuchen, das zu verarbeiten, was in dieser Beziehung nicht gelungen war, was an Missverständnissen, Konflikten und gegenseitigen Versäumnissen nun nicht mehr zu klären ist. Möglicherweise benötigen wir dazu psychotherapeutische Hilfe. Es zeigt sich immer wieder, dass die Trauer um einen Menschen, zu dem die Beziehung harmonisch war, leichter zu bewältigen ist, als wenn sie zwiespältig und problembeladen war. Vielleicht mögen wir dem Verstorbenen brieflich mitteilen, was wir ihm persönlich nicht mehr sagen können.

Der musikalische Ausdruck der Trauer ist wahrscheinlich die unmittelbarste Form der Klage. Aus dem Schreien, dem Weinen kann der Gesang entstehen. Die »Klageweiber« kommen bereits in den ältesten überlieferten Büchern, der Bibel und Homers »Ilias« vor. Der griechisch-deutsche Psychologe und Trauertherapeut Jorgos Canakakis hat die Tradition der Klagegesänge, die in eini-

16 I. Allende: Paula. Suhrkamp, Frankfurt 1996
17 I. Bolton: Mary und Grace. Btb, München 2006

120

gen Gegenden Griechenlands noch existieren, untersucht und ist zum Schluss gekommen, dass diese Gesänge hilfreich für die seelische Gesundheit sind[18]. Das Ritual, die Einbindung in die trauernde Gemeinschaft, unterstützt den Einzelnen, hilft ihm, seinen schmerzlichen Gefühlen eine anerkannte Form zu geben. Das Ritual kann aber nur durch eine lange Tradition existieren. Wir Mitteleuropäer sind einen so offenen, für uns geradezu exzessiven Ausdruck der Trauer nicht gewöhnt; er würde uns höchstwahrscheinlich befremden. Wir müssen unsere eigenen Formen des musikalischen Ausdrucks finden.

Wie gesagt, hat die Musik von allen Künsten den kürzesten Weg zu unseren Gefühlen. Daher kann uns Musik, die uns an die geliebten Verstorbenen erinnert, unmittelbar zu Tränen rühren. Manche Trauernde, die durch das Weinen Erleichterung erfahren, setzen ganz gezielt Musik ein, wenn sie weinen wollen. Selbst zu singen, ist oft durch den »Kloß im Hals« sehr schwierig.

Vor einigen Jahren bat ich Julia, die Schwester eines verstorbenen jungen Mannes, die eine sehr schöne Stimme hat, bei unserem alljährlichen »Weihnachtsgottesdienst für Trauernde« das Ave Maria von Gounod/Bach zu singen. Sie wusste bis zuletzt nicht, ob sie es schaffen würde. Nachdem ihr klarer Sopran dann doch durch das Kirchenschiff erklungen war und ich sie umarmte und beglückwünschte, sagte sie schlicht: »Ich habe es für Philipp gemacht. Und er hat mir auch geholfen dabei.«

Wenn Sie nur ein wenig Gefallen an der Idee zu singen finden, tun Sie es! In einem Chor macht es auch nichts aus, wenn Ihnen die Stimme einmal versagt. Das Singen in der Gemeinschaft gehört zu den gesundheitsförder-

18 Vgl. J. Canakakis: Ich sehe deine Tränen. Trauern, Klagen, Leben können. Kreuz, Stuttgart 1996

lichsten Aktivitäten überhaupt. Durch das tiefe Ausatmen und nachfolgende spontane Einatmen wird die Atemmuskulatur gestärkt und die Sauerstoffversorgung des ganzen Körpers verbessert. Im Ausatmen können Sie Druck ablassen, die Beklemmung in der Brust, die so häufig die Trauer begleitet, löst sich ein wenig. (Und wenn Sie seufzen, stöhnen oder schreien wollen, tun Sie auch das. Gehen Sie in den Keller oder in den Wald, wenn niemand Sie hören soll.)

Vielleicht können Sie das Singen in einem Projektchor ausprobieren. Solche Projekte werden von vielen Chören angeboten. Einen guten Einstieg in die Chorarbeit vermitteln Gospelsongs. Sie sind eingängig, rhythmisch und sprechen das Gefühlsleben unmittelbar an. Wenn Sie sich einmal die Texte vergegenwärtigen: Es geht um Klage, Trost, Gottvertrauen, Lebensfreude – die ganze Palette der Emotionen (zum Beispiel *»Sometimes I feel like a motherless child«*, *»We shall overcome«*, *»Swing low, sweet chariot«*, *»This little light of mine« …*).

Einige Lieder der letzten Jahre sind als Ausdruck der Trauer sehr populär geworden. Elton John widmete *»Candle in the Wind«* der tödlich verunglückten Prinzessin Diana. Eric Clapton schrieb *»Tears in Heaven«* für seinen vierjährigen Sohn Conor, der aus dem Fenster gestützt war. Herbert Grönemeyer besang seine Frau Anna, die an Krebs gestorben war, in *»Der Weg«*. *»Nur zu Besuch«* der Toten Hosen ist Sänger Campinos Abgesang auf seine Mutter Jenny. Alle diese Lieder gehen nicht nur zu Herzen und können zu Tränen rühren, sondern haben auch eine gemeinsame Aussage: Die Beziehung zur geliebten verstorbenen Person ist nicht zu Ende, sie besteht weiter. Am deutlichsten drückt dies Grönemeyer aus: *»Habe dich sicher in meiner Seele. Ich trage dich bei mir, bis der Vorhang fällt.«*

Trauernde begrüßen diese kreative Arbeit, die ihre eigenen Emotionen zum Ausdruck bringt. So kommentieren einige Grönemeyers »Weg«-Video bei YouTube so:

»ich bekomm jedesmal, wenn ich dieses lied höre, gänsehaut ... es bewegt mich einfach und ich glaube, ich spreche für jeden einzelnen menschen, dass dieses lied uns alle an jemand geliebten erinnert, der schon von uns gegangen ist«
»Das Lied ist einfach toll und erinnert mich immer an die Menschen, die ich verloren habe ...«
»Sein Weg zum Verarbeiten ist die Musik. Unserer, sie zu hören. Jeder muss seinen Weg finden, ansonsten kann er nicht existieren.«

Im Bereich der klassischen Musik gibt es fast unzählbar viele Stücke, die Trauer und Klage ausdrücken. Man kann auch ganze Zusammenstellungen auf CD kaufen. Bei meiner Arbeit mit Trauernden habe ich aber immer gemerkt, dass der Musikgeschmack und das Ergriffensein von bestimmten Melodien etwas sehr Individuelles sind. Es muss also jeder selbst herausfinden, was ihn anspricht und ihm etwas gibt. Im Anhang gebe ich einige Beispiele für gern gehörte oder bei Trauerfeiern gespielte Stücke.

Nicht nur in der Musik, sondern in allen Künsten sind große Werke der Trauer um einen geliebten Menschen zu verdanken. Auch künstlerische Laien müssen nicht unbedingt »Großartiges« schaffen, und dennoch: Das schöpferische Tun ist eine weitere Möglichkeit, den Toten zu ehren und sein Andenken hoch zu halten, und ein Weg, die Trauer in eine sinnvolle Handlung umzusetzen und sich dabei anderen mitzuteilen.

Ich schließe mich dem Kreislauf der Natur an

Viele Trauernde fühlen sich durch den Aufenthalt in der Natur getröstet und in den großen Kreislauf des Lebens eingebunden. Etwas anzupflanzen und zu erleben, wie eine Saat aufgeht, eine Pflanze wächst, zeigt den Fluss der Entwicklung. Bäume können eine besondere emotionale Bedeutung haben; das Setzen eines Bäumchens zum Gedenken an Verstorbene wird immer beliebter. Auch der Kontakt mit Tieren und jungen Menschen kann helfen, und ebenso ist die unbelebte Natur (Regenbogen, Gestirne) in ihrer Großartigkeit eine Quelle des Trostes.

Dass wir sterben müssen, ist der Preis für die Weiterentwicklung des Lebens. Den ständigen Kreislauf von Neuanfang, Werden und Vergehen können wir in der Natur beobachten. Naturwissenschaftlich betrachtet, macht erst der Wechsel der Generationen mit einer Neukombination der Erbanlagen die Anpassung der Lebewesen an ihre jeweiligen Umgebungsbedingungen möglich.

Unsere moderne Lebensweise hat uns diesen Grundtatsachen teilweise entfremdet. Hinzu kommt, dass die Medizin in den letzten 150 Jahren einen gewaltigen Aufschwung genommen hat. Immer mehr Krankheiten können wirksam bekämpft werden. Die Lebenserwartung ist beträchtlich gestiegen. Sterben und Tod sind dem Alltag oft entzogen; sie finden in Krankenhäusern, Altenpflegeheimen oder Hospizen statt. So ist der Tod für viele kein selbstverständliches Faktum mehr, sondern eine Katastrophe, vor der man die Augen so lange verschließt, wie es irgendwie geht.

Auf einer instinktiven Ebene fürchtet jeder den Tod. Dies ist völlig natürlich: Es mobilisiert die Energien in lebensgefährlichen Situationen. Viele religiöse Traditionen nehmen jedoch eine gelassenere Haltung gegenüber dem Tod ein. Er ist der individuelle Übergang in eine jenseitige Welt, wie im Christentum; oder er ist das Aufgehen im großen All-Einen, wie im Buddhismus. Manche Traditionen, vor allem der Ureinwohner Nordamerikas, betonen auch, dass der Mensch immer ein Teil der Natur ist und nach seinem persönlichen Tod in ihr aufgenommen wird und weiterlebt. Das Gedicht »*Do not stand at my grave and cry*« am Ende des Kapitels »Ich gestalte den Abschied bewusst« drückt eine solche Vorstellung aus.

Ähnlich beschrieb es auch Morrie Schwartz in dem Buch »Dienstags bei Morrie«[19]: Er schilderte eine kleine Welle, die sorglos auf dem Ozean hüpft, bis ihr klar wird, dass sie bald an der Küste zerschellen wird. Als sie diese schreckliche Tatsache einer anderen Welle mitteilt, entgegnet diese: »Du bist nicht eine Welle, du bist ein Teil des Ozeans.«

Viele Trauernde erleben solche Ideen als tröstlich. Sie fühlen sich durch die intensive Wahrnehmung der Natur innerlich mit ihrem Verstorbenen verbunden. Er hat ja die Begrenztheit seines eigenen Körpers hinter sich gelassen und ist somit ein Teil der allumfassenden Wirklichkeit geworden. Auch wir als Trauernde dürfen uns im Erleben von Naturphänomenen als ein Teil des großen Ganzen der Schöpfung fühlen.

Wenn wir mit dem Verstorbenen Erfahrungen in der Natur geteilt haben, ist das Aufsuchen der gemeinsam besuchten Orte oder Wege eine Möglichkeit, sich ihm nahe zu fühlen.

19 Vgl. M. Albom: Dienstags bei Morrie. Goldmann, München 1998

Ortrun, eine trauernde Mutter, joggte regelmäßig mit ihrem Sohn im Wald und benutzt jetzt immer wieder ihre gemeinsamen Lieblingsstrecken. »Dabei fühle ich mich stärker mit ihm verbunden als zu Hause oder am Grab«, schildert sie ihre Empfindungen.

Wenn Sie, zum Beispiel im Urlaub, bevorzugte Gegenden hatten, zu denen Sie mit dem Verstorbenen gefahren sind, können Sie dort vielleicht seine Spur in Ihrer Seele am besten wahrnehmen. Es kann aber auch umgekehrt sein: dass Sie sich gerade an diesen Lieblingsplätzen verloren und traurig fühlen und Ihnen die Abwesenheit Ihres geliebten Menschen besonders schmerzlich bewusst wird. Hier wie überall gilt: Finden Sie heraus, was für Sie die richtige Entscheidung ist.

Mein Vater hatte schon früh in mir die Liebe zum Meer und zu steilen Küsten geweckt. Auch Häfen hatten es ihm angetan; und auch als ich erwachsen war und ohne ihn verreiste, dachte ich bei jedem Hafen- oder Küstenbesuch an ihn. Das ist durch seinen Tod unverändert. Es ist beides: die Wehmut, ihm jetzt nicht mehr davon erzählen oder Fotos zeigen zu können, aber auch die Freude, dass er mir seine Vorliebe mitgegeben und dadurch mein Leben bereichert hat.

Aktiv am Kreislauf der Natur teilzunehmen, ist für viele Trauernde eine Möglichkeit, sich selbst weniger traurig und kraftlos zu fühlen. In der Erde wühlen, etwas säen oder pflanzen und erleben, wie es aufgeht, Blüten treibt, Früchte trägt – das stellt für uns den Kontakt zum Leben wieder her. Die Verbindung zum geliebten Verstorbenen kann noch direkter sein wie bei folgender Geschichte:

Bewundernd blieb ich an einem Zaun in einem Dorf am Bodensee stehen. Einen so prächtigen Garten mit Rosen in allen Farben hatte ich noch nie gesehen – dabei nicht »kunterbunt«,

sondern geschmackvoll komponiert. Als ich an einer eben er-
blühten Teerose roch, stieg eine Erinnerung an einen Bauern-
garten meiner Kindheit in mir auf. »Gefällt Ihnen mein Garten?« – der Besitzer kam auf mich zu. »O ja – und diese Teerose
duftet einfach wunderbar!« Schon hatte er sie abgeschnitten
und mir zum Geschenk gemacht. Als ich meine Pensionswirtin
um eine kleine Vase bat, erzählte sie mir, dass dieser freund-
liche Herr vor fünf Jahren seine Frau verloren habe. Seitdem sei
der Garten seine große Leidenschaft. Seine Frau hatte Rose-
marie geheißen.

Etwas Besonderes zu pflanzen – einen Baum, einen Rosenstock, was immer Ihnen nahe liegt – ist also eine gute Möglichkeit.

Mario und Isolde D. kamen auf Empfehlung von Isoldes Frauen-
ärztin zu mir. Ihre Zwillingsmädchen waren nach 25 Wochen
Schwangerschaft wegen Mangelversorgung im Mutterleib gestorben. Sie waren sehr gefasst und fragten mich, ob sie denn
nicht »am Boden zerstört« sein müssten. Sie seien schon traurig, hätten aber auch gute Momente am Tage, seien froh, dass
sie sich gegenseitig hätten und Isolde alles gesundheitlich gut
überstanden habe. Ich entgegnete, wie immer, dass es keine
Vorschrift darüber gebe, wie viel man zu weinen und zu trauern
habe. Wenn sie in Kontakt miteinander seien und ihren Verlust
gemeinsam tragen könnten, sei alles aus meiner Sicht nicht
»unnormal«. Ich fragte sie, ob die Idee, etwas für ihre Babys zur
Erinnerung zu pflanzen, ihnen Freude machen könnte. »Oh ja« –
wie aus einem Munde kam die Antwort! Mario erzählte, er habe
gerade von seiner Großmutter einen Kleingarten übernommen.
Sie beratschlagten sich und kamen zum Ergebnis, für ihre beiden Mädchen zwei Apfelbäumchen zu pflanzen – dicht nebeneinander.

Bäume haben für uns Menschen eine besondere Bedeutung. Sie stehen aufrecht wie wir, sie vermitteln mit ihren
Wurzeln und ihrer Krone zwischen der Erde und dem Himmel, sie geben uns Schutz bei Regen und Schatten in der

Sommerhitze. Sie leben länger als wir. In vielen natur-religiösen Vorstellungen sind sie heilig. Der Lyriker Günter Eich schrieb ein Gedicht mit der Anfangszeile »Wer möchte leben ohne den Trost der Bäume?«. Tatsächlich wird das Pflanzen eines Baumes zum Andenken an einen Verstorbenen immer beliebter. Es gibt Unternehmen, die dies in die Hand nehmen, auch im Auftrag von teilnahms-vollen Außenstehenden, und den Trauernden dann die Nachricht übermitteln. »Ich fand das so anrührend, viel besser als ein Blumengesteck, das nach kurzer Zeit ver-welkt ist«, sagte eine Witwe.

Meine eigene Geschichte von Bäumen ist diese: Wir hatten für unsere beiden lebenden Kinder nach der Geburt jeweils einen Baum in unseren Garten gepflanzt. Bei unserem verstorbenen Sohn hatten wir gar nicht daran gedacht; zu groß waren unsere Bestürzung und Verwirrung. Mehrere Jahre danach fiel mir das auf einmal auf, und ich trug mich mit dem Gedanken, noch nach-träglich ein Bäumchen zu setzen. Im gleichen Sommer spross aus dem Grab ein Lindenschössling. Ich pflanzte ihn in unseren Garten. Dieser Baum ist unglaublich robust, hat mehrfachen Kahlfraß durch Raupen und Wildverbiss überlebt und sich immer wieder neu belaubt. Es ist klar, dass ich ihn hege und pflege.

Ein sehr schönes Beispiel für das symbolische Weiterleben in einem Baum ist auch die bekannte Ballade von »Herrn von Ribbeck« von Fontane. Der großzügige Gutsherr lässt in sein Grab eine Birne legen, aus der ein stattlicher Birn-baum wächst. So können die Kinder des Ortes weiterhin die Birnen genießen. Das Gedicht endet mit dem Satz: »So spendet Segen noch immer die Hand des von Ribbeck auf Ribbeck im Havelland.«

Nicht zu vergessen ist, dass der Kontakt mit lebenden Menschen oder Tieren für uns eine Quelle des Trostes wer-den kann. Viele ältere Trauernde sagen: »Meine Enkelkinder sind meine größte Freude. Ohne sie hätte ich kaum noch Mut zum Weiterleben, aber sie heitern mich doch immer wieder auf.« Kinder zeigen eben, dass das Leben trotz der schmerzlichen Verluste weitergeht.

Aber auch wer sich nicht an eigenen Nachkommen erfreuen kann, kann durch den Kontakt mit anderen Menschen von deren Lebendigkeit profitieren.

Ingeborg, eine trauernde Mutter, deren einziger Sohn ums Leben gekommen war, wurde »Tages-Oma«. Sie versteht sich auch sehr gut mit den Eltern des Kindes und sagt selbst, dass sie die Tatsache, dass sie kein Kind mehr hat und keine Enkel bekommen wird, so etwas besser verkraften kann. Sie sagt: »So liegen meine mütterlichen und großmütterlichen Gefühle nicht brach. Und es gibt immer jemanden, der dankbar ist, wenn du dich um ihn kümmerst.«

Auch Tiere können Sie ein wenig trösten – wenn Sie denn einen »Draht« zu Haustieren haben. Erstaunlich ist, wie gut Hunde, aber auch auf den Menschen bezogene Katzen eine menschliche Gefühlslage erspüren können und darauf reagieren. Manche Trauernden reagieren verletzt, wenn man ihnen vorschlägt, sich ein Tier anzuschaffen. Natürlich kann es den Verstorbenen in keiner Weise ersetzen, aber es kann ihre Gemütsverfassung ein wenig aufhellen und gibt auch dem Tagesablauf mehr Struktur. Da ist jemand, um den man sich kümmern muss. Und ein Hund muss regelmäßig ins Freie, was wiederum ein guter Antrieb ist, sich zu bewegen.

Wie immer: Was von dem zuvor Gesagten für Sie passend und stimmig ist, entscheiden Sie selbst. Vorschriften, selbst Ratschläge sind fehl am Platze. Sie bestimmen die Richtung, in die es weitergeht.

Auch unbelebte Naturphänomene können uns erfreuen und trösten. Die Sterne, die untergehende Sonne, der Mond, ein farbenprächtiger Regenbogen sind einerseits ungreifbar und fern, wie es jetzt der Verstorbene ist; auf der anderen Seite sind sie unwandelbar immer für uns da, so wie die seelische Präsenz des geliebten Menschen auch kein Ende hat. Immer wieder können wir zum Himmel blicken und einen bestimmten Stern suchen, der zum Platzhalter für unseren Verstorbenen geworden ist, wie es Antoine de Saint-Exupéry im Märchen vom Kleinen Prinzen[20] so poetisch beschreibt: »Wenn du bei Nacht in den Himmel schaust, wird es dir sein, als lachten alle Sterne, weil ich auf einem von ihnen wohne, weil ich auf einem von ihnen lache.«

Diese Vorstellungen sprechen, über alle naturwissenschaftlichen Erklärungen hinaus, tiefere Schichten unserer Seele an und können uns so Kraft spenden. Auch unsere christliche Tradition hat den sichtbaren Himmel als Bild für den unbeschreiblichen transzendenten Himmel gewählt.

20 A. de Saint-Exupéry: Der Kleine Prinz. Karl Rauch Verlag, Düsseldorf 2000

Ich will dazu beitragen, dass sich so etwas nicht wiederholt

Besonders tragische oder empörende Umstände, die den Tod ihres geliebten Menschen verschuldet haben, können Trauernde zu einer kämpferischen Haltung führen. Sie setzen sich aktiv dafür ein, dass sich so etwas nicht wiederholt. Gegen diejenigen juristisch vorzugehen, die für den Tod tatsächlich oder vermeintlich Verantwortung tragen, ist oft ein dornenreicher Weg, dessen Für und Wider gut abgewogen werden sollten.

Dieses Kapitel berichtet von den Aktivitäten von Menschen, die einen geliebten Angehörigen unter ungewöhnlich tragischen Umständen verloren haben. Sie sind nicht in dem Entsetzen darüber stecken geblieben, sondern haben sich gesagt: »Wenn ich dazu beitragen kann, dass sich so etwas Schlimmes nicht wiederholt, dann hätte dieser Tod doch zumindest einen Sinn gehabt.«

Einige Berichte zeigen diese Absicht der Trauernden sehr klar auf:

Am 3. Mai 1969 war der fast neunjährige Björn Steiger auf dem Heimweg vom Schwimmbad, als er von einem Auto angefahren wurde. Obwohl von Passanten der Straße sofort ein Notruf abgesetzt wurde, dauerte es fast eine Stunde, bis ein Krankenwagen am Unfallort war. Björn starb im Krankenwagen, aber nicht an seinen unmittelbaren Verletzungen, sondern an den Folgen des Schocks, den er erlitten hatte. Zu dieser Zeit hatten Krankenwagen noch keine Einrichtungen zur Notfallbehandlung. Wenige Wochen nach seinem Tod gründeten seine Eltern, Siegfried und Ute Steiger, die Björn-Steiger-Stiftung. Ihr Ziel war, zukünftig zu verhindern, dass Unfallopfer sterben müssen, weil es zu lange dauert, bis Hilfe kommt. Unterstützung bekamen sie von

Hilda Heinemann, der Frau des damaligen Bundespräsidenten, die ihnen viele Wege ebnete und Kontakte zu Politikern herstellte.

Durch Öffentlichkeitsarbeit, »Dicke-Bretter-Bohren« und immer wieder auch Finanzierung von Forschungsvorhaben und Pilotprojekten hat die Stiftung mit dazu beigetragen, dass trotz des enorm gestiegenen Verkehrsaufkommens die Zahl der Unfalltoten in Deutschland seit Jahren abnimmt. Am bedeutsamsten waren dabei die verbindliche Einführung der Notrufnummern 110/112 in ganz Deutschland, die Ausstattung der Krankenwagen mit Funk und notfallmedizinischer Einrichtung und die Installation von Notrufsäulen an den Autobahnen, teilweise auch den Bundesstraßen. Maßgeblich finanziert durch Spendengelder der Stiftung wurde auch die Anschaffung von Rettungshubschraubern der Deutschen Rettungsflugwacht. Neuerdings hat sich die Stiftung auch dem Kampf gegen den plötzlichen Herztod verschrieben.

Die persönliche Betroffenheit brachte das Mehr an Energie und Durchhaltevermögen, das vielem, was auch Experten seit langem forderten, zum Erfolg verhalf.

Hubert L. begleitete seinen fünfjährigen Sohn Sven zum Spielplatz. Sven kletterte auf die große Rutschbahn und begann, oben an der seitlichen Geländerstange herumzuturnen. Ehe Hubert eingreifen konnte, verlor Sven das Gleichgewicht und stürzte seitwärts über drei Meter ab. Eine Fallschutzmatte war beschädigt und gab ein Stück Betonboden frei. Sven fiel so unglücklich auf diesen Boden, dass er sich einen Schädelbruch zuzog und daran nach zwölf Stunden starb. Dieser Unfall zerriss die Familie. Hubert machte sich natürlich bittere Vorhaltungen, nicht schnell genug reagiert zu haben. Seine Frau sah einerseits, dass ihr so etwas auch hätte zustoßen können; aber auf einer gefühlsmäßigen Ebene konnte sie das Versäumnis ihres Mannes nicht hinnehmen. Die Ehe wurde später geschieden. Gemeinsam zu trauern, war unter diesen tragischen Umständen erst recht nicht möglich.

Nach einigen Wochen stand Hubert vor der Entscheidung, entweder völlig in der Verzweiflung zu versinken oder etwas dagegen zu tun. Freunde rieten ihm, wegen der beschädigten Fallschutzmatte gegen die Stadtverwaltung zu klagen. Hubert entgegnete:»Das hilft jetzt auch nichts mehr und macht Sven nicht wieder lebendig.« Aber er suchte den Leiter des Gartenamtes auf, der zuständig für die Spielplätze war. Dieser, selbst Familienvater, war ehrlich betroffen und räumte ein, dass ihm das Personal fehle, um alle Spielplätze regelmäßig auf Schäden zu kontrollieren. Da entstand in Hubert die Idee, als ehrenamtlicher Sicherheitsbeauftragter die städtischen Spielplätze zu inspizieren und Schäden oder Gefahrenstellen umgehend zu melden. Dies geschah; die Zusammenarbeit mit dem Gartenamt war konstruktiv, und auf Huberts Meldungen wurde schnellstmöglich reagiert.

Später zog die Idee noch weitere Kreise:»Spielplatzpaten«, also ehrenamtliche Mitarbeiter aus der Nachbarschaft, die »ihren« Spielplatz im Auge behielten, wurden eingesetzt. Solche Spielplatzpaten gibt es in vielen Städten; sie können auch ein Ansprechpartner vor Ort sein, Beschwerden und Verbesserungsvorschläge der Kinder oder Eltern aufnehmen und weitergeben und einfach zeigen, dass ihnen der Spielplatz und seine Benutzer, die Kinder, am Herzen liegen. Als Spielplatzpate ist auch Hubert L. immer noch aktiv.

Am 29. August 2007 kehrte die vierzehnjährige Hannah W. aus Königswinter bei Bonn von einem Besuch bei einem Freund abends nicht nach Hause zurück. In den nächsten Tagen lief im Großraum Bonn eine beispiellose Suchaktion nach dem jungen Mädchen. Fünf Tage später wurde sie nur 500 Meter von ihrem Elternhaus entfernt ermordet aufgefunden. Der Täter wurde relativ schnell gefasst. Er hatte sie als zufälliges Opfer gewählt, mit einem Messer bedroht, gefesselt, vergewaltigt und danach erstochen. Er wurde im November 2007 zu lebenslanger Haft verurteilt.

Hannah, ein hübsches, energisches und lebenslustiges Mädchen, hinterließ ihre Eltern und zwei ältere Schwestern. Der Vater, Volker W., erzählte, dass unmittelbar nach Bekanntwerden von Hannahs Tod in ihm der Gedanke aufstieg, dagegen zu anzukämpfen, dass ihr aller Leben ruiniert werde. Die Anteilnahme der regionalen Bevölkerung war sehr groß. In den Wochen und Monaten danach erhielt die Familie W. immer wieder schriftliche oder persönliche Mitteilungen von Frauen, die auch Vergewaltigungen und anderen sexuellen Verbrechen ausgesetzt gewesen waren und über ihre Erfahrungen berichteten. Da keimte im Vater die Idee, eine Stiftung ins Leben zu rufen, die den Opfern sexueller Gewalt helfen und Präventionsarbeit anstoßen sollte: die Hannah-Stiftung. Im darauf folgenden Sommer war durch Spenden das erforderliche Grundkapital aufgebracht, und die Stiftung konnte ihre Arbeit aufnehmen. Sie fördert, in Absprache mit Institutionen und Personen, die schon lange zur Unterstützung von Opfern und Prävention sexueller Gewalt arbeiten, entsprechende Veranstaltungen und Projekte; zum Beispiel Selbstsicherheits- und Selbstverteidigungskurse für Kinder und Jugendliche.

Am ersten Todestag von Hannah fanden mehrere Veranstaltungen statt: u.a. ein Motorradkorso und ein Gedenkgottesdienst unter großer Anteilnahme ihrer Schulgemeinde und der Bevölkerung. Bereits anlässlich ihres 15. Geburtstags hatte es ein Benefizkonzert zu Gunsten der Hannah-Stiftung von fünf rheinischen Bands in einem Kulturzentrum in Königswinter gegeben. Interviews mit Menschen, die sich für diese Aktionen engagierten, hatten immer wieder den Tenor: »Als Hannah ermordet wurde, waren wir entsetzt, sprachlos, wie gelähmt. Wir sind froh über die Aktionen, weil wir auf diese Weise auch unsere Anteilnahme gegenüber der Familie bekunden können und uns nicht mehr so hilflos fühlen.«

Es vergeht kaum ein Wochenende im Großraum Bonn, an dem nicht irgendeine Benefizveranstaltung für die Stiftung stattfindet. Auch Vereine und Institutionen spenden große Beträge. Die Familie nimmt die immer wieder warme Unterstützung dankbar auf. Sie tröstet, wenn sie natürlich auch den großen Schmerz nicht heilen kann. Die Frauen trauern mehr im Stillen; der Vater ist in die Offensive gegangen und investiert seine Kraft und Energie in das Projekt Hannah-Stiftung. Es zeigt sich auch hier wieder, dass jeder seinen eigenen Weg in der Trauer finden muss.

In der Präambel der Stiftung heißt es: »… damit aus etwas Sinnlosem Positives erwächst.« Tatsächlich zeigt das Engagement so vieler Menschen, dass sie dem Bösen, das in der Welt existiert und sich in dieser grausamen Tat manifestierte, aktiv Liebe, Mitgefühl und konstruktive Aktion entgegensetzen wollen. Und die, die Hannah persönlich gekannt haben, wollen in ihrem Sinne weitermachen. Das »Geburtstagskonzert« war keine Veranstaltung mit getragener Trauermusik, sondern lautem, fetzigem Deutschrock – so wie es ihr selbst gefallen hätte.

»Das bin ich meinem geliebten Verstorbenen schuldig«, ist ein Satz, der von Trauernden oft geäußert wird. Angehörige von Mordopfern nehmen es zum Beispiel auf sich, bei der Gerichtsverhandlung gegen den Täter anwesend zu sein oder sogar als Nebenkläger aufzutreten, was ihre juristische Position deutlich verbessert. Welche Qualen das für sie bedeuten muss, können wir nur ahnen.

Wenn ein Mensch stirbt und der Verdacht nahe liegt, dass es dabei ernsthafte Versäumnisse von Dritten oder ärztliche Kunstfehler gegeben hat, wird auch oft dieser Gedanke ausgedrückt: dass man es dem Toten schuldig ist, die Tatsachen zu klären, möglicherweise auch vor Gericht zu gehen. Meine eigene Haltung dazu ist zwiespältig. Einerseits gibt es erschütternde und haarsträubende Geschichten von unterlassener Hilfeleistung oder ärztlichem und pflegerischem Versagen. Dass der Trauernde dies gerichtlich geklärt sehen will, vielleicht sogar den Anspruch hat, eine unfähige Person aus ihrem Beruf zu entfernen, ist nur zu gut zu verstehen. »Ich will dazu beitragen, dass sich so etwas nicht wiederholt« heißt dieses Kapitel. Und das haben wörtlich auch Angehörige gesagt, deren liebste Menschen durch Nachlässigkeit oder Inkompetenz schwer geschädigt oder getötet wurden.

Auf der anderen Seite beobachte ich manchmal, dass bei einem Unglücksfall geradezu zwanghaft ein Schuldiger gesucht wird. Wir scheinen es eher ertragen zu können, eine Person oder Gruppe verantwortlich machen zu können, als dass wir einen Schicksalsschlag als solchen erkennen und hinnehmen. Der Zorn auf diese Schuldigen ist etwas Aktives; Trauer im engeren Sinne ist eher ein passives Gefühl. Dies ist wohl auch der Grund dafür, dass trauernde Männer oft zornig und aggressiv sind. Depression, also nach innen gerichtete Destruktivität, sucht eher bei sich selbst die Schuld.

Die Suche nach Verantwortlichen ist Teil einer verbreiteten Einstellung, die bei uns, begünstigt durch Zeiten der Sicherheit und des Wohlstands seit über einem halben Jahrhundert, mittlerweile gewachsen ist. Wir glauben, unser Leben im Griff zu haben. Wir überschätzen unsere Möglichkeiten, Einfluss auszuüben. Und wenn wir uns dann machtlos fühlen müssen, soll ein anderer gefunden werden, der das Unglück verursacht hat.

Mein eigener Sohn starb, weil nicht rechtzeitig eingegriffen wurde. Aber in Gesprächen mit Experten habe ich die Überzeugung gewonnen, dass es eine unvorhersehbare, extrem seltene Komplikation war, die ihn das Leben kostete, dass also die anderen Beteiligten in dieser Nacht, Arzt und Hebamme, gewissermaßen auch Leidtragende des Geschehens waren.

Ihr Fall kann für Ihr Empfinden anders liegen. Wenn Sie erwägen, juristisch gegen Ärzte vorzugehen, die Sie für den Tod Ihres Angehörigen verantwortlich machen, sollten Sie das mit Personen Ihres Vertrauens besprechen, die zwar mit Ihnen fühlen, aber selbst nicht so unmittelbar betroffen sind. Eine solche Person könnte auch der Hausarzt des Verstorbenen sein. Wenn diese Menschen Sie zu weiteren Schritten ermutigen, wenden Sie sich erst einmal an die Schlichtungsstelle der zuständigen Ärztekammer. Zwar ist das Sprichwort »Eine Krähe hackt der anderen kein Auge aus« oft durchaus berechtigt, aber diese unabhängigen, nicht weisungsgebundenen Schlichtungsstellen wollen ja zu einer gütlichen außergerichtlichen Einigung beitragen und urteilen deshalb nicht einseitig »pro Arzt«. Sollte eine Einigung nicht möglich sein, besteht für Sie immer noch die Möglichkeit, zivil- oder strafrechtlich Klage zu erheben. Es gibt Patienten-Selbsthilfevereinigungen, die Sie bei der Suche nach einem Anwalt unterstützen, der kompetent für diese Fragen ist (s. Anhang). Auch bei Vorwürfen gegen andere Personen als Ärzte steht Ihnen der Weg, eine Klage anzustrengen, immer offen.

Wägen Sie das Für und Wider einer Klage sorgfältig ab. Es wird mit Sicherheit ein steiniger Weg. Denn die gegnerische Seite will ja vor allem von sich Schaden abwenden, und sie ist nicht persönlich betroffen und verletzt. Wenn Sie aber überzeugt sind, diesen Weg gehen zu müssen, holen Sie sich von möglichst vielen Seiten Unterstützung. Und fragen Sie sich auch immer wieder, welche Entscheidungen im Sinne Ihres geliebten Verstorbenen sind.

Der Gedanke, dass jemand für sein Fehlverhalten zur Verantwortung gezogen werden soll, ist ein legitimes menschliches Bedürfnis. Ich wünsche Ihnen, dass Sie auch noch einen Schritt weiter gehen können: hin zu der Frage, wie aus dem Schlimmen Gutes erwachsen könnte.

Ich tue Gutes im Sinne meines Verstorbenen

Dieses Kapitel überschneidet sich teilweise mit den Kapiteln »Ich mache mir Ziele und Ideale des Verstorbenen zu eigen« und »Ich will dazu beitragen, dass sich so etwas nicht wiederholt«. Im Vordergrund steht hier jedoch die Entwicklung von Aktivitäten, die sicherlich vom Verstorbenen gutgeheißen würden und sein Lebensthema weiterführen.

Der Gedanke, dass wir die Beziehung zu unserem geliebten Verstorbenen zu einem Abschluss bringen müssen, entspricht weder unserem inneren Empfinden noch den meisten spirituellen oder religiösen Vorstellungen. Im Gegenteil, viele Religionen legen großen Wert auf die Achtung des Andenkens an die Verstorbenen.

Im Judentum zum Beispiel ist die Tradition so, dass mindestens viermal im Jahr Gedenkgebete für die Toten einer Familie in der Synagoge gesprochen werden. Auch soll an diesen Gedenktagen für jedes verstorbene Familienmitglied eine Kerze im Haus angezündet werden. Bei diesen Anlässen sollen sich die Lebenden an die Toten erinnern und über ihre Bedeutung für die Familie nachdenken. Das Gedenkgebet für eine Witwe lautet zum Beispiel: »Ich finde Trost in der Erinnerung an unsere gemeinsamen Jahre … Im Andenken an meinen Geliebten, der mir Freude brachte, möge ich, durch liebevolle Freundlichkeit, Freude in das Leben von anderen bringen.«

Dieser Gedanke soll in diesem Kapitel aufgegriffen und weitergeführt werden. Aber hier geht es mehr auch um das Nachdenken, was denn im Sinne des Verstorbenen sein könnte. Beim Lesen wird Ihnen schon klar geworden sein, dass die Möglichkeiten, durch die Trauer ins Handeln zu kommen, sehr vielfältig sind und man meistens mehrere Beweggründe nennen könnte. Es liegt auch dem Handeln kein fertiges »Konzept« zugrunde, sondern Aktivitäten entstehen und entwickeln sich weiter. Einen Schritt nach dem anderen gehen – versuchen, jeden Tag neu zu bewältigen.

Sabine S. veranstaltete in unserer Kirchengemeinde einen Basar mit selbst hergestelltem Kunstgewerbe: Tücher, Schals, Dosen, Holzspielzeug, Modeschmuck, Wandbehänge und Tischläufer. Ihre Kreativität und Produktivität schienen unerschöpflich. Der Reinerlös sollte für die Palliativstation der benachbarten Universitätsklinik bestimmt sein. Es stellte sich heraus, dass ihr Ehemann Peter Patient auf dieser Palliativstation gewesen war, um seine starken Schmerzen in Folge seiner Krebserkrankung zu lindern. Er war auch selbst anwesend; zu dieser Zeit ging es ihm etwas besser. Sabine S. erzählte mir, wie zufrieden sie beide mit der Betreuung auf dieser Station immer waren und dass sie auf diese Art und Weise einen Dank zurückerstatten könne. Es sei immer Bedarf an zusätzlichen Annehmlichkeiten für die Patienten dort, die von den Krankenkassen nicht bezahlt würden. Ich äußerte mein Erstaunen und meine Bewunderung für die riesige Menge an Artikeln, die sie hergestellt hatte – innerhalb weniger Monate, wie sich herausstellte. Sie entgegnete: »Ich habe das nicht ertragen können, so untätig dazusitzen, so hilflos, zum Abwarten und Zuschauen verurteilt. Mit meinem Mann ging das alles seinen Gang mit Operation, Chemotherapie, Bestrahlungen. Ich musste etwas tun. Und so kann ich doch wenigstens die Station unterstützen, von deren Arbeit ich wirklich überzeugt bin.«

Im März 2009 starb ihr Mann; er hatte den fünfjährigen Kampf letztlich nicht gewinnen können. Auf dem Sterbebett nahm er Sabine S. verschiedene Versprechen ab. Seinem Wunsch, sie möge sich nach zwei Jahren einen neuen Partner suchen, verweigerte sie die Zustimmung. Aber seiner Bitte, das gemeinsame Haus zu erhalten und die Renovierung fortzusetzen, die wegen seiner Krankheit unterbrochen worden war, stimmte sie aus vollem Herzen zu. Vier Wochen nach dem Tod stand sie wieder auf der Leiter, um gemeinsam mit einem Freund die Renovierung voranzubringen. Sie erzählte:»Ich habe mir eine Liste von Dingen gemacht, die zu erledigen sind. Und die habe ich eins nach dem anderen abgehakt. In den ersten Wochen erst mal alle Formalitäten mit Ämtern und Versicherungen. Und jetzt kommt alles dran, was ich Peter versprochen habe. Manche sogenannten guten Freunde finden mich herzlos. Nach deren Auffassung müsste ich mich hinsetzen und vor mich hin trauern. Aber die können mir gestohlen bleiben. Ich tue das auf meine Art; ich gehe einmal wöchentlich ins Trauercafé und zu einem Seelsorger zu Gesprächen. Und ansonsten kümmere ich mich um das, was getan werden muss.«

Ihre Basare zugunsten der Palliativstation wird sie wieder aufnehmen. Sie sagte:»Klar ist mir das weiter ein Anliegen. Und was sich sonst ergibt ... Peter war so ein uneigennütziger Mensch; er war von Beruf Rettungssanitäter. Ich werde schon mitbekommen, was er noch von mir erwartet.«

Beim Schicksal der Familie im folgenden Beispiel fällt auf, wie die Familienmitglieder unterschiedliche Trauerwege gehen, und auch, wie sich ein erster Handlungsimpuls, der Sport, zu einer größeren Idee weiterentwickelt:

Ich wurde auf die Familie J. aufmerksam, weil Herr J. Kontaktperson einer Laufgruppe ist, die sich den auffälligen Namen »Polarkreisläufer« gegeben hatte. Die Familie J. erzählte mir sehr offen von ihrem schweren Schicksal. Klaus und Birgit J. haben vier Kinder; die beiden jüngsten sind gestorben. Alina kam mit einem angeborenen, nicht operablen Herzfehler zur Welt und starb nach wenigen Stunden. Der Herzfehler war vor der Geburt nicht erkannt worden, aber Birgit J. ist darüber froh:»So hatte ich wenigstens eine schöne Schwangerschaft und konnte mich auf mein Baby freuen. Sonst wäre mir das alles schon verleidet gewesen mit Angst und immer wieder neuen Untersuchungen.« Alle, auch die beiden großen Schwestern, trauerten um das kleine Mädchen, aber da war auch der Gedanke, dass es besser sei so: dass die Kleine nicht lange leiden musste und nicht durch eine langwierige Behandlung gequält wurde.

Im Jahr darauf kam Timon zur Welt. Auf den ersten Blick war er gesund; aber es stellte sich heraus, dass er das Down-Syndrom in einer minder schweren Ausprägung hatte. Familie J. nahm diese Herausforderung tapfer an; Timon erhielt alle Förderung, die man heute Down-Kindern geben kann, und entwickelte sich sehr gut. Er lernte auch laufen und sprechen. Was ihm an Intelligenz abging, kompensierte er durch eine große emotionale Sensibilität. Die Eltern erzählten: »Wir waren selbst oft verblüfft, wie gut er Stimmungen und zwischenmenschliche Regungen schon mit zwei, drei Jahren erkennen konnte. Da war er wirklich seinen gesunden Alterskameraden voraus. Auch hatte er ein feines Gespür für den Umgang mit Tieren. Egal ob es Katzen, Hunde oder Delphine waren – er war ein wahrer ›Tierflüsterer‹, weil er den Tieren Zeit ließ, sich an ihn zu gewöhnen. Die meisten Kinder in dem Alter sind ja viel zu ungestüm. Der Trainer der Delphine war ganz perplex, als sich ein Delphin bei unserem Weggehen regelrecht von Timon verabschiedete. So etwas hatte er noch nie erlebt.«

Timon erkrankte mit zweieinhalb Jahren an Leukämie. Es begann ein Leidensweg für die ganze Familie. Zwischendurch keimte einmal Hoffnung auf, als er für einige Monate symptomfrei war; aber er erlitt einen Rückfall und war schließlich »austherapiert«, wie es im medizinischen Jargon so lapidar heißt. Er hatte sehr starke Schmerzen, die mit schweren Schmerzmitteln behandelt werden mussten, aber er kämpfte noch um sein Leben. Erst ganz am Ende konnte er zulassen, dass seine Mutter ihm erzählte, dass er jetzt weggehen müsse in ein anderes Land zu anderen lieben Leuten, die sich gut um ihn kümmern würden. Kurz nach Weihnachten 2007 schlief er friedlich ein.

Die ganze Familie hatte im Sommer 2007 eine Kur gemacht. Während dieser Kur war Herr J. auf den Geschmack gekommen zu laufen. Er stellte fest, dass er dabei von seinen Sorgen um seinen todkranken Sohn etwas abschalten konnte. Auch daheim setzte er sein neues Hobby fort. Eine Laufkameradin und er fingen ein bisschen an zu »spinnen«, welche Strecke man denn einmal zurücklegen könnte. Den Polarkreis entlang ... also 15 940 Kilometer. Für eine Person zu weit – aber wenn sich eine Gruppe finden würde, deren Strecken addiert würden, wäre es machbar. Diese Idee fand durch Mund-zu-Mund-Propaganda immer mehr Anklang. Zuletzt waren es etwa 40 Leute, die sich zur

Gruppe »Polarkreisläufer« zusammenfanden. Und sie wollten nicht »nur so« laufen, sondern für jeden gelaufenen Kilometer 10 Cent an die Kinderkrebsstiftung zahlen. Vom 21. November 2008 bis 21. März 2009 wurde die Gesamtstrecke zurückgelegt und somit wurden 1594 Euro »erlaufen«. Die älteste Teilnehmerin, eine Frau von 70 Jahren, fühlte sich zwar nicht fit genug fürs Laufen, aber für jeden Kilometer ihrer Winterspaziergänge zahlte auch sie 10 Cent. »So habe ich einen Anreiz, vom Sofa aufzustehen – es ist für einen guten Zweck!«

Damit war die Aktion erst einmal beendet, aber Klaus J. plant eine Neuauflage für den darauffolgenden Winter, für die er dann auch fremde Sponsoren gewinnen will. Das ist seine Trauerbewältigung geworden; Birgit J. ließ im Gespräch durchblicken, dass ihre Töchter und sie den Familienvater oft vermisst haben und sich mehr Zeit mit ihm fürs gemeinsame Trauern gewünscht hätten. Es wiederholt sich: Jeder Trauernde muss selbst herausfinden, was sein Weg ist.

Die Mutter fragt sich, was Timons Lebensmelodie ist und wie sie sie weiterführen kann. Vielleicht ist das ein Teil der Antwort: Sie betreut jetzt heilpädagogisch einen Jungen, der gewissermaßen das gerade Gegenteil von Timon ist: hochintelligent, aber hyperaktiv und zur Einfühlung in andere unfähig. So findet sie sich nun in einer ähnlichen Rolle wie ihr verstorbener Sohn: zugewandt, aber abwartend, dem anderen den Raum gebend, aber seiner überschießenden Aktivität einen ruhigen Gegenpol bietend. »Das habe ich von Timon gelernt: das genaue Hinschauen, die Ruhe, das bedingungslose Annehmen.«

Sponsorenläufe werden immer beliebter; also sportliche Aktionen (Laufen, Radfahren, Schwimmen, Langlaufski usw.), bei denen die Teilnehmer jeden zurückgelegten Kilometer für Spenden ausloben und den Gesamterlös dann einem guten Zweck zuführen. Bei der Suche im Internet stieß ich ohne Mühe auf ein Dutzend derartiger Veranstaltungen zum Andenken an einen Verstorbenen, deren Erlös einer karitativen Einrichtung zufloss.

Zum Beispiel wurde in der Schweiz 2001 der Andy-Hug-Memorial-Lauf veranstaltet. Andy Hug, ein sehr populärer Kampfsportler, war 2000 an akuter Leukämie verstorben. Der Gewinn des Laufs ging an die Schweizerische Krebsgesellschaft. Seine Witwe Ilona hat eine Stiftung, die Andy Hug Foundation, ins Leben gerufen. Diese fördert Projekte, mit denen junge Menschen aus schwierigen wirtschaftlichen und sozialen Verhältnissen durch den Kampfsport eine Perspektive für ihr Leben erhalten – genau so, wie es auch der Namensgeber erlebt hatte.

Über einen ganz besonderen »Sponsorenlauf« will ich noch berichten. Die Isabell-Zachert-Stiftung wird von der Deutschen Kinderkrebsstiftung treuhänderisch verwaltet. Schwerpunktmäßig unterstützt sie das »Waldpiraten-Camp«, eine erlebnispädagogische Freizeiteinrichtung in Heidelberg, in der sich junge Krebspatienten von ihren strapaziösen Behandlungen erholen und neue Kraft und Lebensfreude tanken können.

Isabell Zachert war 1982 mit sechzehn Jahren an einem Sarkom, einem Bindegewebstumor, gestorben. Ein Jahr lang hatte sie gegen die Erkrankung angekämpft. Aber am Schluss war sie bewusst und friedlich in den Tod gegangen. Zehn Jahre später verfasste ihre Mutter Christel das Buch »Wir treffen uns wieder in meinem Paradies«[21], in dem sie dieses letzte Jahr beschrieb, ergänzt durch Briefe und Tagebuchaufzeichnungen von Isabell. »Ich mache so vielen Menschen Mut und nehme ihnen mit meiner frohen Ausstrahlung vielleicht die Angst vor dem Tod«, hatte sie in einem Brief geschrieben. Tatsächlich fand das Buch sehr gute Aufnahme und wird bis heute immer wieder aufgelegt.

Autorenhonorare und Leserspenden waren die Grundlage für die Isabell-Zachert-Stiftung, die Christel Zachert und ihre Angehörigen und Mitstreiter am 1. April 1995 gründeten. Sie hat sich die Verbesserung der psychosozialen Versorgung der jungen Krebspatienten und ihrer Familien zum Ziel gesetzt. Auch hier

21 C. & I. Zachert: Wir treffen uns wieder in meinem Paradies. Lübbe, Bergisch Gladbach 1995

werden mit großer Kreativität und Energie immer wieder Spenden aufgebracht. Die wohl beeindruckendste Einzelaktion war diese:

Nach über einjährigem Konditions- und Höhentraining bestieg die mittlerweile 67-jährige Christel Zachert 2007 mit einer 18-köpfigen Seniorengruppe und einheimischen Führern den Kilimandscharo. Eine Herausforderung, die sie bis an ihre Grenzen oder auch darüber hinaus brachte. Sie hatte jeden der Höhenmeter bis zum Gillman's Point, einem der Hauptgipfel mit 5.685 Metern Höhe, an Spender ausgelobt. Oben angekommen, hisste sie die Flagge des »Waldpiraten-Camps«. Auf ihrer Website beschreibt sie die Strapazen in der dünnen Luft und bei eisiger Kälte (–20 Grad), aber auch das Glück und die Genugtuung, den Sonnenaufgang auf dem Gipfel zu erleben und so viel Geld (einen fünfstelligen Betrag) für ihre Stiftung eingenommen zu haben.

Nicht viele von uns würden eine solche Energieleistung aufbringen. Aber die vielen unspektakulären Handlungen sind genau so wichtig.

Auf einer Lesung von Christel Zachert meldete sich eine trauernde Mutter zu Wort, die nach dem Leukämietod ihrer Tochter Melanie begonnen hatte, als ehrenamtliche Betreuerin andere krebskranke Kinder zu besuchen und zu unterstützen. Dabei passierte das, was trauernden Eltern wohl vertraut ist: Die anderen behandeln uns mit Vorbehalten, als ob das Unglück ansteckend sei. So musste sie immer wieder mit Zurückweisungen nicht der Kinder, aber von deren Eltern kämpfen. Aber sie bekräftigte, sie lasse sich nicht entmutigen, und Melanie stärke ihr den Rücken.

Die vielen Trauernden, die sich in Selbsthilfegruppen für andere einsetzen, beschreiten auch den Weg, den Hannahs Vater im vorigen Kapitel so beschrieben hat: »… damit aus etwas Schlimmem etwas Positives erwächst.« Vielleicht mag am Anfang das Motiv überwogen haben, durch den Gedankenaustausch mit Leidensgenossen selbst Trost zu finden. Aber im Laufe der Zeit wächst das Bestreben, andere, die erst am Anfang des Trauerweges stehen, zu unterstützen und von den eigenen Erfahrungen profitieren zu lassen. Hoffnung auf Anerkennung oder Dank sollte dabei nicht das erste Motiv sein. Eher trägt der Gedanke, dass auf diese Art ein Sinn in dem Geschehenen gefunden wird.

Ich kann mich zu überhaupt nichts aufraffen!

Dieses Kapitel richtet sich vor allem an die Betroffenen, die so tief von der Trauer getroffen sind, dass ihnen jeder Antrieb fehlt. Vermutlich ist dann auch die Grenze zur Depression überschritten. Nicht jeder Trauernde braucht automatisch professionelle Hilfe. Es gibt aber erschwerende Umstände, die solche Hilfe doch angezeigt erscheinen lassen. Ein derartiger Umstand wäre auch eine sehr zwiespältige und problembeladene Beziehung zum Verstorbenen; diese bedarf der Unterstützung durch einen Therapeuten oder Seelsorger. Vergebungsrituale wirken nicht sofort und »magisch«, sondern sind eher die Verbildlichung einer seelischen Entwicklung. Sich Hilfe holen, wenn man allein nicht mehr weiter weiß, ist ein Zeichen von Reife und Einsicht!

Vielleicht haben Sie bis hierher gelesen und die Berichte von Menschen, die in ihrer Trauer aktiv geworden sind, aufgenommen. Aber Sie selbst können sich so etwas überhaupt nicht vorstellen. Zu schwer ist Ihnen schon die Bewältigung des Alltags. Jeder Handgriff, jede Pflicht bedeutet Mühe, Sich-Aufraffen, Erschöpfung. Dazu die Frage: Wozu das alles? Gibt es überhaupt noch etwas, wofür es sich zu leben lohnt?

Gerade dann, wenn die Trauer wirklich ganz Besitz von uns ergreift, liegt der Gedanke sehr nahe, dass es besser wäre, selbst tot zu sein. Wir hätten dann diesen riesigen Schmerz nicht mehr zu ertragen und wären, so hoffen wir, mit unserem geliebten Verstorbenen vereint. Aber seien Sie sicher: Es kann für jeden noch eine Aufgabe in der Welt geben, für die es sich lohnt weiterzumachen. Die Trauer wird nicht wie ein Monolith stehenbleiben, sondern sich verändern. Sie werden, wie bei jeder anderen schwerwiegenden Lebenskrise, Mittel und Wege finden, sich an Ihren Verlust anzupassen. Aber es geht nicht so schnell, wie Sie es sich wünschen würden.

Es geht so, wie es Beppo Straßenkehrer aus »Momo« von Michael Ende[22] ausgedrückt hat: dass man nicht die ganze Straße auf einmal in den Blick nehmen dürfe, weil einen das nur entmutige. Dass man immer nur an den nächsten Atemzug, den nächsten Schritt, den nächsten Besenstrich denken dürfe, und dann wieder an den nächsten.

Trauer ist noch in einem anderen Sinne »Arbeit«, als es Sigmund Freud seinerzeit verstanden hatte. Trauer ist körperlich anstrengend. Es sind Stresssymptome, die sich bemerkbar machen: Schlaflosigkeit, Herz- und Kreislaufbeschwerden – nicht umsonst spricht ja der Volksmund vom »gebrochenen Herzen« –, Appetitlosigkeit, Verdauungsbeschwerden, Schmerzen im ganzen Körper wie bei Muskelkater oder Grippe, um nur die häufigsten zu nennen.

Deshalb ist es wichtig, dass Sie sich zunächst auch um Ihr körperliches Wohlergehen kümmern. Essen Sie regelmäßig, am besten leicht verdauliche Sachen. Trinken Sie genug, vor allem Wasser. Bewegen Sie sich mindestens einmal am Tag richtig. Im Kapitel »Ich setze mich in Bewegung« hatte ich schon erwähnt, dass das ein gutes Mittel ist, um die körperlichen und damit auch die seelischen Trauersymptome zu verringern. Wenn Sie sich schwer tun, sich überhaupt aufzuraffen, bitten Sie jemanden aus Ihrem Umfeld, Sie regelmäßig abzuholen und sich auch nicht abwimmeln zu lassen. Es ist sonst ein Teufelskreis: Die

---

22 Vgl. M. Ende: Momo. Thienemann, Stuttgart 2005

Antriebslosigkeit verstärkt den Bewegungsmangel – der Bewegungsmangel verstärkt die Antriebslosigkeit.

In der Zeit nach einem Verlust ist auch die Anfälligkeit für Infektionen höher. Verbessern Sie Ihre Immunabwehr durch vitaminreiche Kost und ausreichende Vorsorge gegen Unterkühlung.

Sie sollten nicht regelmäßig Schlafmittel nehmen. Die Suchtgefahr ist zu groß. Wenn Sie aber sonst gar nicht schlafen können, nehmen Sie intervallartig Tabletten ein. Denn Schlafmangel verstärkt auch teufelskreisartig Ihre anderen Beschwerden.

Sucht in jeder Form – Alkohol, Tabletten, illegale Drogen, neuerdings auch Computeraktivität – ist eine häufige Komplikation bei Trauernden. Die Betäubung oder Ablenkung überdeckt den Schmerz, aber nach dem Abklingen der Wirkung ist alles wie vorher. Seien Sie da wachsam und suchen Sie gegebenenfalls Hilfe.

Wie schon erwähnt, können antidepressive Medikamente, die auch ein geringes Suchtpotenzial haben, helfen, überhaupt den Alltag zu bewältigen. Wenn Sie aber das Gefühl haben, Sie stünden »neben sich«, bitten Sie Ihren Arzt um ein weniger stark dämpfendes Medikament.

In den Gruppen trauernder Menschen sprechen wir öfters über einen »Notfall-Koffer«, also einige Maßnahmen oder Aktivitäten, die Ihnen helfen können, wenn es Ihnen sehr schlecht geht. Einige Beispiele:

Wenn es mir sehr schlecht geht,

- »... gehe ich ins Sportstudio«
- »... nehme ich ein heißes Vollbad«
- »... mache ich mir einen heißen Kakao«
- »... gehe ich in die Sauna«
- »... rufe ich meine beste Freundin an«

- »… schmuse ich mit meiner Katze«
- »… hacke ich Holz«
- »… kaufe ich Blumen«

Versuchen Sie Ihren eigenen Notfallkoffer zu packen!

Trauer ist nichts Krankhaftes, sondern ein normales menschliches Gefühl. Nicht nur Menschen, alle Lebewesen, die in festen Beziehungen oder Gruppen leben, zeigen Zeichen der Verstörung, wenn ihr Bezugspartner verschwindet. Also bezahlen wir für unsere Fähigkeit, Bindungen einzugehen und dadurch Glück und Wohlbefinden zu erfahren, mit Trauer, wenn eine Bindung zu Ende geht, sei es durch den Tod oder auch durch Trennung.

Niemand, der trauert, braucht automatisch Hilfe durch Therapeuten. Die meisten Menschen schaffen es, aus eigener Kraft und durch Unterstützung aus ihrem Umfeld, mit dem Verlust umzugehen. Jedoch gibt es einige Situationen, die besonders schwerwiegend und belastend sind, und bei denen Sie möglicherweise ohne fremde Hilfe doch nicht so gut zurechtkommen. Diese sind:

- ein sehr plötzlicher Tod, wie ein Blitz aus heiterem Himmel (Sekundenherztod, Unfall)
- Tod durch Gewalt (eigene oder fremde)
- Tod des Kindes
- wenn Sie schon mehrere Schläge in letzter Zeit hinnehmen mussten
- wenn Sie schon vorher körperlich oder seelisch krank waren

Ein erstes Angebot, das Sie in einem solchen Falle wahrnehmen könnten, ist ein Trauercafé. Diese gibt es mittlerweile in vielen Orten, oft angegliedert an die Hospizvereine. Hier treffen sich Trauernde und Betreuer in einem lockeren Rahmen zum Gedankenaustausch. Auch über die Sozialwerke der Kirchen (Diakonisches Werk, Caritas) können Sie Hilfsmöglichkeiten erfragen. Dort kann man Ihnen die Adressen von Trauerbegleitern in Ihrem Umkreis vermitteln. Gesprächskreise für Trauernde (vor allem nach Verlust des Kindes oder des Partners) werden auch vielerorts angeboten. Geben Sie dem Angebot eine Chance, selbst wenn Sie sehr skeptisch sind.

Wenn Sie die Empfindung haben, ganz festzustecken in Ihrer Trauer, gar keine Entwicklung zu erfahren, und wenn Sie sich auch körperlich schlecht fühlen, rate ich Ihnen zu einer psychosomatischen oder psychotherapeutischen Kur, mindestens vier Wochen lang. Es gibt eine Reihe von ausgezeichneten Kurkliniken; Sie sollten bei der Auswahl aber Wert darauf legen, dass Trauer bei den »Heilanzeigen« angegeben ist. Ein solcher Aufenthalt hat schon vielen Trauernden, die ich ambulant betreut habe, sehr gut getan. Der Wechsel in eine landschaftlich schöne Umgebung, das Umsorgtsein, die sowohl physiotherapeutischen als auch psychotherapeutischen Angebote helfen Ihnen, Ihre »Akkus« aufzuladen. Die Trauer ist nach einem solchen Aufenthalt keineswegs »vorbei«, aber man lernt, besser damit zu leben.

Psychotherapeutische und/oder psychiatrische Hilfe ist vor allem dann geboten, wenn Ihre Trauer die Grenze zur Depression überschreitet. Bei einer Depression fühlen Sie sich antriebslos, wie gelähmt, Ihr Dasein erscheint Ihnen sinnlos, und die Idee »Es wäre besser, ich wäre auch tot« führt Sie zu ernsthaften Selbstmordgedanken. Ein Indiz für eine Depression ist auch, dass Sie in Ihrem häuslichen Umfeld keine Veränderungen ertragen können, dass alles exakt so zu bleiben hat, wie es beim Eintritt des Todes Ihres geliebten Menschen war. Hier wird wahrscheinlich, neben therapeutischen Gesprächen, auch die Einnahme von Medikamenten notwendig sein.

Wenn die Beziehung zu Ihrem Verstorbenen zwiespältig und konfliktbeladen war, wenn Sie einen Groll auf ihn hegen und bedauern, dass es keine Gelegenheit mehr gab, Streitpunkte auszuräumen, sollten Sie ebenfalls professionelle Hilfe suchen: bei einem Seelsorger oder bei einem Psychotherapeuten. Hier geht es darum, die Ernte einer Beziehung zu sichten. Das, was Sie an positiven Erlebnissen mit dem Verstorbenen verbindet, soll Ihnen erhalten bleiben. Wo er Sie aber ungerecht behandelt oder verletzt hat, sollen Sie befähigt werden, es so stehen zu lassen und in Ihrem Leben weiter zu gehen. Besonders heilsam wäre, wenn Sie ihm vergeben könnten. Dazu gehört, auch *seine* eigenen Verletzungen anzuerkennen und zu würdigen. Aber das ist ein langer Prozess, eigentlich eine Gnade.

Von Vergebungsritualen der Art, dass man dem Verstorbenen »mal eben« einen Brief mit allen Vorwürfen schreibt und diesen dann verbrennt, halte ich nicht viel. Das ist eine viel zu oberflächliche, geradezu magische Sichtweise. Das Ritual sollte der Schlusspunkt, die feierliche Bekräftigung eines seelischen Prozesses sein. Dann kann es eine zusätzliche befreiende Wirkung haben. Dazu ein Beispiel:

Bettina Z. suchte mich auf, nachdem ihre Freundin Katrin Selbstmord begangen hatte. Was war geschehen? Bettina und ihr Mann Herbert, Katrin und ihr Mann Achim waren sehr gut befreundet gewesen, hatten viel Freizeit miteinander verbracht. Dann war Achim bei einem Autounfall ums Leben gekommen. Die beiden hatten eine sehr traditionelle Ehe ohne Kinder geführt, Achim als erfolgreicher Geschäftsmann, Katrin als hingebungsvolle Hausfrau und Gartenliebhaberin. Um die Formalitäten nach Achims Tod kümmerten sich die beiden Freunde, weil Katrin am Boden zerstört war. In den Wochen und Monaten danach zeigte sich, dass sie allein überhaupt nicht zurecht kam. Bettina nahm sie zum Einkaufen mit, verabredete für sie Arzttermine und bemühte sich nach Kräften, sie aufzumuntern. Jederzeit konnte Katrin bei ihr anrufen. Alle Fürsorge war vergebens. Als sich ihr Zustand nach einem halben Jahr überhaupt nicht besserte, fuhr Bettina mit ihr zu einer Psychiaterin. Diese verordnete ihr Antidepressiva und Schlafmittel. Fünf Tage darauf war Katrin tot, sie hatte alle Medikamente und eine Flasche Gin eingenommen und war an einer Atemlähmung gestorben. Hier könnte man auch der Ärztin Fahrlässigkeit vorwerfen: Sie hatte die Selbstmordgefährdung wohl nicht so gesehen.

In den Gesprächen ging es um Bettinas Schuldgefühle, sie hätte noch mehr tun können, und auch um die Vorwürfe, die sie ihrer Freundin machte. Immer wenn sie wieder geschildert hatte, wie ausdauernd sie sich gekümmert hatte, weit über das mitmenschlich Normale hinaus, spiegelte ich ihr das – bis sie schließlich selbst zu der Erkenntnis kam: »Meine arme Katrin, sie war so unselbstständig und hat verpasst, sich etwas Eigenes in ihrem Leben aufzubauen. Ich habe getan, was ich konnte. Es hat nicht ausgereicht, aber mehr hätte ich nicht tun können.«

Ich lud Bettina und ihren Mann ein, zu unserem alljährlichen Weihnachtsgottesdienst für Trauernde am vierten Advent zu kommen. Dort werden für alle Verstorbenen, die von ihren Angehörigen in eine Liste eingetragen worden sind, Kerzen angezündet und dazu die Namen verlesen. Dann lese ich das jüdische Gedenkgebet »Beim Aufgang der Sonne«, das mit den Worten endet: »Solange wir leben, werden sie auch leben, denn sie sind nun ein Teil von uns, wenn wir uns an sie erinnern.« Herbert und Bettina nahmen, wie alle Trauernden, am Ende des Gottesdienstes ihre Kerzen mit nach Hause. Dies ist das erste Ritual, das seit Jahren ein fester Bestandteil des Gottesdienstes ist. Langjährige Besucher kennen es genau.

Daran knüpften Bettina und Herbert noch ein persönliches Ritual an. Beim abschließenden Termin im Januar erzählten sie mir: »Am zweiten Weihnachtstag abends, als unsere Kinder wieder gefahren waren, haben wir den Kamin angezündet und eine Flasche guten Rotweins entkorkt, wie wir es mit Katrin und Achim auch oft getan hatten. Wir haben, während ihre beiden Kerzen brannten, auf sie angestoßen. Dann haben wir die Kerzen mitsamt ihren hölzernen Haltern in das Kaminfeuer gewor fen. Die Idee kam uns ganz spontan, und es war für uns richtig so. Danach haben wir die Flasche in Ruhe ausgetrunken und über alles noch einmal gesprochen.« Für sie beide war damit die Beziehung hinreichend geklärt.

So wie ich es verstehe, konnten die beiden sich nun die Erinnerungen an glücklichere Zeiten mit ihrem Freundespaar erhalten, aber das, was sie belastete, ihr Gefühl, nicht genügend Hilfe geleistet zu haben, an das Feuer abgeben.

Sie benötigen nicht unbedingt fremde Hilfe, um ein Ritual zu planen und durchzuführen. Da es aber schon ein sehr wirksames Mittel sein kann, einen seelischen Prozess »handgreiflich« zu machen, sollten Sie allen Einzelheiten Aufmerksamkeit widmen. Ein Ritual sollte eingangs klar machen, worum es geht, dann sollte die eigentliche symbolische Handlung durchgeführt werden, und zum Abschluss ist eine Überleitung an das normale Leben sinnvoll.

Beatrix N., eine 55-jährige Witwe, kam zu mir, um den plötzlichen Tod ihres Mannes durch Herzinfarkt vor einem Vierteljahr zu verarbeiten. Als es ihr nach einem halben Jahr deutlich besser ging, wollte sie diese Besserung durch etwas Äußerliches dokumentieren. Im Gespräch kamen wir auf die Idee, sie könnte etwas in ihrem Haus verändern. Beim nächsten Termin 14 Tage später erzählte sie mir von dem Ritual, das sie durchgeführt hatte: »Ich habe einen neuen Esszimmerteppich gekauft. Der alte gefiel mir schon lang nicht mehr. Ich habe meine Kinder zum Abendessen eingeladen und ihnen gesagt, dass es etwas Neues in meinem Haus geben würde. Als sie da waren, habe ich ihnen erklärt, dass wir jetzt den alten Teppich einrollen und den neuen Teppich ausrollen würden. Er sei ein Symbol dafür, dass ich in meinem Leben weitergehen müsse, auch ohne ihren Vater. Sie halfen mir, Tisch und Stühle beiseite zu räumen und die Teppiche auszutauschen. Danach deckten wir schön den Tisch und aßen zusammen. Wir waren zwar traurig, aber auch zufrieden, dass ich das geschafft hatte.«

Diese Beispiele sollen Ihnen ein Gefühl vermitteln, was geschehen kann, wenn Sie abseits der allgemein bekannten Rituale selbst neue Formen entwickeln.

Aber um auf die Überschrift dieses Kapitels zurückzukommen – wenn Sie sich zu überhaupt keiner Aktion mehr aufraffen können, suchen Sie Hilfe. Irgendjemand in Ihrem Umfeld, ein Verwandter oder guter Freund, Ihr Pfarrer oder Ihr Hausarzt wird Sie unterstützen, wenn Sie ihn darum bitten. Auch das kann Sie möglicherweise innere Überwindung kosten – zuzugeben, dass Sie allein nicht mehr weiter wissen. Ich nehme es immer als eine sehr bedeutsame Aussage von Ratsuchenden auf und äußere meine Anerkennung für diese Leistung, sich zu überwinden.

Teil C.
Ausblick: Neuorientierung und neuer Lebensmut

Wo sind die Wegweiser?

Dieses Kapitel handelt davon, wie ein an und für sich sinnloses Ereignis wie der Tod eines geliebten Menschen den Trauernden auf die Suche nach einem Sinn für sein weiteres Leben schickt. **Dieser Sinn kann, das ist meine Überzeugung, nicht in der deutenden Rückwärtsschau, sondern nur in der Bewegung nach vorn gefunden werden.**

Der Tod eines geliebten Menschen stellt nicht nur eine schwere Erschütterung unseres Gefühlslebens dar, sondern er wirft auch unser Verständnis von der Welt durcheinander. Vor allem bei den »Todesfällen zur Unzeit« ist das so. Wenn ein alter Mensch stirbt, ist die Ordnung der Dinge eher gewahrt. Wir betrauern und vermissen ihn, aber wir empören uns nicht innerlich dagegen. Ganz anders bei den unerwarteten und unzeitigen Toden.

Auf die Frage, warum das geschehen ist, werden wir trotz allen Grübelns keine Antwort erhalten. Unsere abendländische Weltsicht ist der Grund dafür, dass wir uns mit Schicksalsschlägen nicht abfinden wollen. Wir sind groß geworden mit dem Bewusstsein, unser Wohl und Wehe selbst in der Hand zu haben. »Jeder ist seines Glückes Schmied« ist ein Sprichwort, das diese Haltung sehr treffend ausdrückt.

Umgekehrt heißt das dann aber auch, dass wir für unser Unglück selbst verantwortlich sind. Bei Gesprächen mit Krebspatienten, denen es immer schlechter ging, ist mir dieser Satz oft aufgefallen: »Ich kämpfe offenbar nicht genug gegen die Krankheit an, ich mobilisiere meine positiven Kräfte nicht ausreichend.« Die Idee, die dahinter steht, ist ja grundsätzlich richtig. Selbstverständlich kann es helfen, die Krankheit mit einer positiven oder kämpferischen Einstellung anzugehen. Aus vielen Untersuchungen ist bekannt, dass eine zuversichtliche Haltung die Gesundheit allgemein, besonders auch die Abwehrlage des Organismus verbessert.

Nur der Umkehrschluss ist nicht zulässig: »Wenn es mir schlechter geht, bin ich selbst daran schuld.« Leider finden sich genügend Vertreter dieser unreflektierten, pseudopsychologischen Haltung, die dem Kranken zusätzlich zu seinem Leiden dann auch noch den Schwarzen Peter dafür zuschieben. Finden wir uns doch damit ab, dass es für ein so komplexes Geschehen wie die Entartung von Körperzellen keine einfache Erklärung gibt!

Merkwürdig: Früher wurde Unglück oft als Gottes Strafe für persönliche Verfehlungen aufgefasst. Und bei den angeblich aufgeklärten Abendländern kommt der Schuldvorwurf dann durch die Hintertür wieder herein! In Ken Wilbers lesenswertem Buch »Mut und Gnade«[23] über die Krebserkrankung seiner Frau Treya mit tiefen spirituellen Einsichten von beiden wird diesem platten Ursache-Wirkungs-Denken eine Absage erteilt.

Wenn der Kranke nicht selbst für sein Leiden verantwortlich ist, könnten es andere sein. Und wenn jemand stirbt, kann uns die Suche nach Ursachen dazu verführen, wiederum einen Urheber identifizieren zu wollen. Wohlgemerkt: Es geht nicht um die Fälle von offenkundigem menschlichem oder fachlichem Versagen; es geht auch nicht um die Fälle, in denen zum Beispiel alkoholisierte Autofahrer leichtfertig den Tod von anderen Verkehrsteilnehmern in Kauf genommen haben. Dies alles muss aufgeklärt und geahndet werden. Es geht um Geschichten wie die folgende:

---

23 K. Wilber: Mut und Gnade. Scherz, München 1998

Familie S. besuchte ihr jüngstes Mitglied, Anna, in der Universitätsklinik, wo sie nach einer Mandeloperation noch zwei Tage zu liegen hatte. Die Mutter und die ältere Tochter Vera beschlossen, einen Spaziergang zu machen. Auf einer Geschäftsstraße gingen sie an Läden vorbei. Plötzlich brach ein Betonvordach ab, an dem eine Markise angebracht war; die Trümmer begruben Mutter und Tochter unter sich. Der Rettungswagen war in wenigen Minuten am Unfallort. Frau S. hatte schwere Prellungen und einen Schock erlitten. Aber Vera war durch einen Betonbrocken der Brustkorb zerquetscht worden. Man konnte nichts mehr für sie tun.

Die Erschütterung war groß. Veras Kameraden und Freundinnen aus ihrer zweiten Klasse malten ihr viele Bilder. Auf allen stand in Großbuchstaben: WARUM? Die Kriminalpolizei nahm Ermittlungen wegen fahrlässiger Tötung auf. Es ergab sich folgendes: Das Haus war ein hastig hochgezogener Bau aus den Fünfziger Jahren, Zeiten, in denen der Wohnraummangel in den Städten schnell behoben werden musste und beim Beton wohl auch am Zement gespart wurde. An der Ansatzstelle des Vordaches hatte es tiefe Risse im Beton gegeben, durch die offenbar Jahre lang Regenwasser eingedrungen war und die Armierungsstangen hatte durchrosten lassen. Dies hätte man nur bei einer gründlichen Inspektion des Vordachs feststellen können; ein Blick aus den Fenstern oberhalb reichte dafür nicht aus. Am Tag des Unfalls hatte es stark geregnet, und die Kunststoffmarkisen hatten sich wie Tröge mit Wasser gefüllt. Ein böiger Wind hatte die schweren Markisen in Schwingungen versetzt, die sich auf das marode Vordach übertrugen. So war es zu dem Abbruch gekommen. Der Hausbesitzer wäre zwar nach dem Buchstaben des Gesetzes verpflichtet gewesen, die Verkehrssicherheit des Vordachs zu gewährleisten; doch wurden die Ermittlungen gegen ihn wegen geringer Schwere der Schuld eingestellt.

Die Eltern, die die Gruppe trauernder Eltern besuchten, taten sich zunächst schwer damit, diesen juristischen Ausgang zu akzeptieren. Durch Äußerungen anderer Leidensgenossen in der Gruppe kamen sie aber zu der Erkenntnis, dass eine Verurteilung des Hausbesitzers sie auch nicht entlastet hätte, dass eine Strafe – und mehr als eine Geldstrafe wäre es nicht gewesen – an der Unfassbarkeit des Geschehens nichts geändert hätte. Im Grunde ging ihr Vorwurf viel tiefer.

Frau S. sagte im Zweiergespräch zu mir: »Und wenn wir beide nicht gerade in diesem Augenblick da gegangen wären, wäre nichts passiert. Es war sehr wenig los auf dem Gehweg, der Regen hatte gerade erst aufgehört. Und ich hatte Vera an der Hand genommen und sie auf der straßenabgewandten Seite gehen lassen, wegen des Autoverkehrs. Wären wir andersherum gegangen, hätte mich der große Brocken getroffen, und sie wäre so glimpflich davongekommen wie ich jetzt. Es ist so unbegreiflich. Veras Patin hatte ihr zu ihrem siebtem Geburtstag ein schönes Engelbild geschenkt, das sie sehr mochte. Wo war denn der Schutzengel, als es passierte? Wo war Gott? Vera war ein fröhliches und liebes Mädchen, sie hatte niemandem in ihrem Leben irgend etwas zu Leide getan. Und wir sind anständige, bürgerliche Leute, die sich gut um ihre Kinder kümmern; wir haben so ein grausames Schicksal auch nicht verdient.«

Ich konnte ihr nur beipflichten und sagen, dass ich auch keine Antwort auf ihre Fragen wisse; dass ich nur ganz sicher sei, dass es keine Strafe eines allmächtigen, unbarmherzigen Gottes für irgendwelche Verfehlungen sei. Dass wir angesichts eines solchen Unglücks einfach nur sprachlos dastehen und nicht wissen, was der Sinn des Ganzen sein soll. Ich erzählte ihr von der Taufe unseres kleinen, dem Tode geweihten Sohnes auf der Kinder-Intensivstation, bei der der Pfarrer gesagt hatte: »Gott, ich weiß nicht, warum dieses gesunde, kräftige, von seinen Eltern willkommen geheißene Kind sterben muss. Ich bin genauso ratlos wie sie. Aber wir empfehlen dieses Kind, Robin Lennart, deiner Liebe und vertrauen auf deinen Frieden, der höher ist als alle Vernunft.« Das hatte meinem Mann und mir damals gutgetan.

Wenn Sie sich in einem festen Glauben geborgen fühlen und nicht daran zweifeln, dass Gott Sie zwar dieses Unglück erleiden lässt, aber Ihnen auch wieder aufhelfen wird, und dass es für alles einen tieferen Sinn gibt, den wir nur nicht erkennen können, so wollte ich Sie mit dem letzten Abschnitt nicht verletzen. Im Unglück ist es mit dem Glauben wie mit Freundschaften. Schönwetter-Beziehungen, wie ich sie nenne, nicht in Belastungen erprobt, gehen kaputt. Was wirklich tief und tragfähig ist, hält. Das sind aber zutiefst individuelle Prozesse, die auf eigenen Erfahrungen und daraus gewonnenen Überzeugungen beruhen. Die Frage, ob ein so verstörendes Ereignis einen Sinn haben könnte und worin dieser besteht, muss jeder für sich selbst klären.

Manchmal erleben Sie, dass Ihnen Mitmenschen Trost zusprechen wollen und dann solche Sätze sagen wie: »Das ist eine Lebensprüfung, an der du reifen und wachsen sollst.« Es kann gut gemeint sein, aber es steht Außenstehenden nicht zu, in dieser Weise Sinn stiften zu wollen. Was Trauernden am meisten hilft, sind nicht Erklärungen, Deutungen oder auch Relativierungen (zum Beispiel »es hätte doch alles noch schlimmer kommen können«), sondern dass sich jemand neben sie stellt und bei ihnen bleibt:

In unserem Landkreis war ein achtjähriges Mädchen vermisst. Nach einer Woche verdichteten sich die Hinweise, dass es einem Verbrechen zum Opfer gefallen war. Eine Notfallseelsorgerin suchte die Eltern auf. Der Vater öffnete die Tür und sagte ziemlich aggressiv: »Ach, Sie kommen von der Kirche und wollen uns jetzt erzählen, dass unsere Tochter im Himmel ist!« – »Nein, ich will Sie in Ihrer Hölle besuchen«, antwortete sie schlicht. Sie wurde zur Begleiterin der Familie und unterstützt sie bis heute. Als Monate später die sterblichen Überreste des Kindes gefunden wurden, hielt sie die Trauerfeier.

Dieses drängende Fragen nach dem Warum, die Suche nach Erklärungen, der wir schon im Kapitel »Ich eigne mir Wissen an« begegnet sind, ist ja eigentlich der Versuch, in noch so eingeschränkter Weise Kontrolle ausüben zu können. Und vielleicht müssen wir diesen Prozess wiederholt durchlaufen, um irgendwann den Gedanken zulassen zu können, dass wir auf die Fragen keine voll gültigen Antworten erhalten werden. Mir persönlich half sehr die Einsicht einer Leidensgenossin: »Immer wieder habe ich mich gefragt, warum muss ich das erleiden, bis ich die Frage auf einmal herumdrehen konnte: Wo so viele Menschen auf der Welt leiden müssen – *warum ich eigentlich nicht*?«

Auch Ihnen wird es so ergangen sein: Sie haben vom Leid anderer Menschen erfahren, haben diese vielleicht sogar ernsthaft bedauert und sind doch schnell wieder zur Tagesordnung übergegangen. Wahrscheinlich könnten wir gar nicht existieren, wenn wir uns fremdes Unglück so zu eigen machen würden. Eine gewisse Fähigkeit, Schlimmes aus dem Bewusstsein wegzuschieben, ist offenbar gut für das seelische Wohlbefinden.

Aber nun hat Sie das Leid direkt erreicht. Es lässt sich nicht mehr ausblenden. Wenn wir uns selbst gegenüber ganz ehrlich sind, müssen wir zugeben, dass unsere Trauer auch Selbstmitleid enthält: Wir selbst fühlen uns beraubt, vereinsamt, um glückliche Zukunftsaussichten betrogen. Wir vermissen das Zusammensein mit dem geliebten Menschen. Vielleicht sind wir auch traurig, dass er am Ende seines Lebens große Schmerzen ertragen musste oder dass er keine Gelegenheit mehr hatte, Zukunftsperspektiven zu verwirklichen. Aber jetzt bedauern wir weniger ihn als uns. Wir glauben, dass er seine Ruhe, seinen Frieden hat, dass er, um das Wenigste zu sagen, jetzt nicht mehr leiden muss. Wir Übriggebliebenen müssen mit diesem Verlust zurechtkommen.

Kein Argument der Welt kann uns unsere Gefühle ausreden. Sie sind normal und menschlich. Nur erkennen Sie sicherlich, dass dieses Grübeln: »Warum hat es gerade mich/uns getroffen?« nicht weiter führt. Die Frage nach dem Warum wird nach und nach abgelöst von der Frage: »Wie kann und will ich weiterleben?«

Hier ist aufschlussreich, dass das Wort »Sinn« von dem althochdeutschen »*sinnan*« abstammt; und das bedeutet:

»reisen, streben, gehen«. Ursprünglich bedeutet Sinn also vor allem Zweck und Ziel. Dann heißt Sinn auch »Bedeutung«. Aber die Bedeutung eines tragischen Ereignisses kann schwerlich in der Rückschau gefunden werden. Für sich selbst betrachtet, bleibt zum Beispiel der Tod der kleinen Vera durch einen Betonbrocken sinnlos, absurd. Wenn überhaupt ein Sinn gefunden werden kann, dann im Weitergehen: Wie verändere ich mich, welche Fähigkeiten muss ich entwickeln, welche Einsichten kann ich nach und nach gewinnen? Die Menschen, über deren Erfahrungen in den vorangegangenen Kapiteln berichtet wurde, haben das getan und sich auf die eine oder andere Weise in Bewegung gesetzt.

»Was ich gelernt habe durch diesen Verlust? Vieles, was mich vorher aus der Fassung gebracht hat, ist mir einfach nicht mehr so wichtig. Die Menschen regen sich über Kleinigkeiten auf, die einfach belanglos sind gegenüber etwas, das richtig schlimm ist. Ich schaffe es auch nicht immer, mich nicht zu ärgern, aber alles in allem kann ich jetzt das Wichtige vom Unwichtigen in meinem Leben besser unterscheiden.«

»Ich habe gelernt, wie schnell das Glück zu Ende gehen kann. Als mein Mann noch lebte, habe ich das als selbstverständlich hingenommen, dass er da war, für mich und die Kinder sorgte, dass wir uns, von den üblichen kleinen Streitereien abgesehen, gut verstanden haben. Jetzt merke ich erst so richtig, was ich verloren habe. Ich bin dadurch aber auch dankbarer für die kleinen Lichtblicke des Alltags geworden. Wenn es mir besser geht, wenn meine Kinder mir Freude machen, nehme ich das sehr bewusst wahr.«

»Der Gedanke an den Tod war für mich immer sehr weit weg. Tod, das war etwas für alte Leute. Jetzt habe ich gemerkt, wie schnell es gehen kann. Was mir wichtig ist, versuche ich jetzt zu verwirklichen und verschiebe es nicht mehr auf den Sankt-Nimmerleins-Tag.«

»Ich würde mir immer noch wünschen, dass unser Leben am Tag X die andere Richtung eingeschlagen hätte. Ich kann es nicht ertragen, wenn mich jemand lobt, wie gut ich den Verlust verkraftet habe. Aber ich bin tatsächlich stärker geworden dadurch.«

»Ich habe gemerkt, wer wirklich zu mir hält. Mein ganzes Umfeld ist völlig auf den Kopf gestellt worden. Menschen, die ich für gute Freunde hielt, waren unfähig, mit meiner Trauer umzugehen. Andere, die ich vorher kaum beachtet habe, waren eine große Hilfe und haben mich gut unterstützt. Das sind jetzt meine wirklichen Freunde.«

»Ich bin – das klingt jetzt doof – durch die Trauer ein besserer Mensch geworden. Weil ich weiß, wie dreckig es einem gehen kann, habe ich auch mehr Mitgefühl mit anderen. Und wo ich helfen kann, tue ich das auch. Es sind ja meistens Kleinigkeiten, aber wenn dadurch jemand lächelt, der sonst verbiestert gewesen wäre, hat es sich doch gelohnt.«

Das sind Äußerungen von Trauernden auf meine Frage, was sie durch ihren Verlust gelernt haben. Allen gemeinsam ist, dass sie ihr Leben bewusster wahrnehmen. Wir Menschen neigen ja dazu, das, was uns täglich umgibt, als »Hintergrundrauschen« einfach nicht zu beachten. Dass wir gesund sind, uns um unsere nächste Mahlzeit keine Sorgen machen müssen, in Frieden, Sicherheit und Wohlstand leben können, wodurch wir gegenüber einem Großteil der Menschheit schon bevorzugt sind – das alles ist für uns ein Neutralzustand, nicht der Erwähnung wert. Erst wenn wir einmal im tiefen Tal gewandert sind, wissen wir vieles mehr zu schätzen.

Auf der anderen Seite: Ein Schicksalsschlag macht uns auch bewusst, auf welch schwankendem Grund wir stehen. Die meisten Menschen sind in unrealistischer Weise optimistisch, solange sie nicht von einem Unglück betroffen sind. Wir hören von Unfällen, schlimmen Krankheiten und Katastrophen, aber das ist weit weg von unserer eigenen Person. Sind wir dann aber doch selbst betroffen, schlägt die Wahrnehmung oft ins Gegenteil um, wir sehen nur noch die Risiken und Gefahren. Die Angst vor einem neuerlichen Schlag kann dann der ständige Begleiter werden.

Es gibt kein Rezept, das diese Angst vertreiben kann. Man kann nicht die anderen Menschen, die man liebt, vor allen Gefahren abschirmen. Sie müssen ihr Leben weiterführen; gerade auch junge Menschen müssen sich weiter abnabeln und reagieren sehr rebellisch, wenn man ihnen dies verwehrt. Versuchen Sie mit den Menschen, die Ihnen wichtig sind, offen und konstruktiv zu reden. Erklären Sie Ihre Gefühlslage und bitten Sie um Gesten des Entgegenkommens. Im Zeitalter von Handys und Internet ist die Kontaktaufnahme viel bequemer als früher; es ist nicht zu viel verlangt vom anderen, sich gelegentlich kurz zu melden und mitzuteilen, dass es ihm gut geht.

Versuchen Sie Ihre Ängste aber auch im Zaum zu halten. In allen derartigen Lebenslagen ist es am hilfreichsten, wenn man sich der Angst auslösenden Situation stellt, die Gefühle erfährt und dann erlebt, wie sie allmählich abflauen. Über die Monate und Jahre kann dann die überbesorgte, extrem pessimistische Haltung auch wieder einem etwas ruhigeren Gefühl Platz machen. So unbedarft, wie man vorher war, wird man allerdings nie mehr – das ist klar.

Wenn Sie in späterer Zeit auf den Verlust Ihres geliebten Menschen zurückblicken, wird er Ihnen immer noch weh tun. Aber die Trauer wird nicht mehr so allumfassend sein; Sie werden besser gelernt haben, damit zu leben. Die Trauernden, deren Weg wir hier verfolgen konnten, haben für sich sehr unterschiedliche Weisen des Umgehens mit dem Schmerz gefunden. Sie haben sich, jeder auf seine Weise, auf die Suche nach einem Sinn für ihr weiteres Leben gemacht.

Es gibt eine sehr bewegende Erzählung des französischen Schriftstellers Jean Giono »Der Mann, der Bäume pflanzte«[24]. Der Ich-Erzähler begegnet auf seiner Wanderung auf kahlen, unwirtlichen Hochflächen der französischen See-Alpen einem Schäfer, den er dabei beobachtet, wie er Tausende von Eicheln wässert und im Boden versenkt. Denn dieser hat erkannt, dass die Gegend völlig veröden und verkarsten wird, wenn nicht neue Bäume wachsen. Dies ist jetzt seine selbst gewählte Lebensaufgabe. Über seinen Hintergrund erfährt der Ich-Erzähler nur, dass er ein wohlhabender Bauer war, der erst seinen einzigen Sohn, den Hoferben, dann seine Frau verloren hat. Daraufhin hat er sein bisheriges Leben hinter sich gelassen und ist als Schäfer in die Berge gegangen. In der Erzählung besucht der Ich-Erzähler in größeren zeitlichen Abständen diesen Schäfer namens Elzéard Bouffier und erlebt den Fortschritt der Idee: Eichenwälder wachsen, ihre Wurzeln speichern den Regen im Boden, so dass von neuem Quellen zu sprudeln beginnen. Die Bewohner der wenigen Dörfer dieser Gegend profitieren von der gestiegenen Fruchtbarkeit des Bodens; die Menschen werden optimistischer, sie richten ihre Häuser her, gründen neue Familien. Als Elzéard Bouffier in hohem Alter 1947 stirbt, ist sein Werk gelungen.

Was berührt Menschen an dieser (fiktiven) Geschichte so stark? Es ist der Gedanke, dass jemand trotz eines schlimmen Schicksals nicht aufgibt, sondern einen neuen Sinn für sein weiteres Leben findet. Es ist der Gedanke, mit dem der Psychotherapeut Viktor E. Frankl seinen autobiografischen Bericht aus dem Konzentrationslager betitelt hat: »… trotzdem Ja zum Leben sagen«[25].

24 J. Giono: Der Mann, der Bäume pflanzte. Sanssouci, München 2006
25 V. E. Frankl: … trotzdem Ja zum Leben sagen. Kösel, München 2009

Loslassen *und* im Herzen tragen

Dieses Kapitel behandelt ein spannungsvolles Verhältnis: einerseits die Forderung, die an Trauernde oft gerichtet wird, den Verstorbenen loszulassen, die Beziehung abzuschließen und ähnliche Formulierungen; andererseits die Tatsache, das ein Mensch, den wir geliebt haben, auch nach seinem Tode eine wichtige Person für uns bleibt. In der Forderung des »Loslassens« ist auch ein Korn Wahrheit; die Beziehung zum Verstorbenen wird sich wandeln, gewissermaßen körperloser, ideeller werden.

Sie werden es schon erlebt haben, wenn Ihr Verlust mehr als einige Wochen zurückliegt: Außenstehende sind oft ahnungslos, wie tief der Schmerz geht und wie lange die Trauer dauert. Da stoßen Sie teilweise auf wenig Verständnis. »Ist es immer noch *deswegen*?« wurde Lena, eine junge Mutter, gefragt, als sie es vier Monate nach dem Tod ihrer neugeborenen Tochter ablehnte, auf eine Karnevalsveranstaltung zu gehen. Oder man fragt Sie, wie es Ihnen geht, aber mit der offensichtlichen Hoffnung, endlich von einer Besserung zu erfahren.

Es empfiehlt sich, zumindest bei oberflächlichen Bekanntschaften, keine ehrliche Auskunft zu geben, sondern mit einer relativ nichtssagenden Floskel wie »es geht so« zu antworten. Seien Sie nachsichtig mit Ihren Mitmenschen. Sie meinen es meistens gut, aber sie sind überfordert. Sie möchten hilfreich sein, aber sie sind unvertraut mit schweren Verlusten und meinen, irgendwelche Trostworte seien das Beste, was sie formulieren könnten.

Auch ist es ratsam, wenn Sie auf den Tod Ihres geliebten Menschen angesprochen werden, klar und deutlich zu sagen, ob Sie darüber sprechen wollen oder nicht. Sie könnten eine Ablehnung vielleicht so formulieren: »Danke für Ihre Anteilnahme, aber ich möchte jetzt nicht darüber reden.« Nach einigen Wochen werden Sie nur noch sehr wenige derartige Anfragen erleben.

Wer noch nie einen schwerwiegenden Verlust erlitten hat, hat vielleicht auch die falsche Vorstellung, dass die Trauer irgendwann »abgeschlossen«, »abgetan« oder »beendet« ist. Eine intensive Beziehung wird aber durch den Tod nicht beendet. Sie soll und wird sich wandeln, aber der geliebte Tote wird immer eine wesentliche Gestalt in unserem Leben bleiben.

Leider ist hier auch von wohlwollenden Psychotherapeuten unterschiedlicher Schulen viel Unheil angerichtet worden. Nach ihren Theorien ist es das Ziel des Trauerprozesses, die Realität zu akzeptieren, dass der Verstorbene kein Teil unseres Lebens mehr ist, und dann auch die Bindung zum Verstorbenen zu lösen. Viele Abschiedsrituale sind kreiert worden, um dem Trauernden diesen Ablösungsprozess zu erleichtern. Wenn die Trauernden sich innerlich oder auch ganz dezidiert gegen die Ablösung wehrten, wurde das als Zeichen des Widerstands interpretiert – sie »seien noch nicht so weit«, es brauche noch mehr »Trauerarbeit«.

Sigmund Freud, der Urheber der Idee, dass man im Trauerprozess die Beziehung zum Verstorbenen beenden müsse, hat diese Idee in seinem persönlichen Leben nie umgesetzt. Im Gegenteil schrieb er zum Beispiel an seinen Freund Ludwig Binswanger 1929, neun Jahre nach dem Tod seiner Tochter Sophie:

»Gerade heute wäre meine verstorbene Tochter 36 Jahre alt geworden … Man weiß, dass die akute Trauer nach einem solchen Verlust ablaufen wird, aber man wird ungetröstet bleiben, nie einen Ersatz finden. Alles, was an die Stelle rückt, und wenn es sie auch ganz ausfüllen sollte, bleibt doch etwas anderes. Und eigentlich ist es recht so. Es ist die einzige Art, die Liebe fortzusetzen, die man ja nicht aufgeben will.«[26] Bedauerlicherweise haben seine Nachfolger dies nicht zur Kenntnis genommen.

Der amerikanische Psychologe Dennis Klass und seine Kollegen haben in ihrem bereits erwähnten Buch »Continuing Bonds« (Fortbestehende Bindungen) dargestellt, dass es nur eine theoretische »Mode« des 20. Jahrhunderts war, das Kappen der Beziehung zum Verstorbenen so zu betonen. Zu allen Zeiten und in allen Kulturen fühlten sich die Menschen in das Geflecht ihrer Verwandtschaft eingebunden, sie ehrten das Andenken an ihre Verstorbenen und sahen sich selbst in der Kette der Generationen. Viele Untersuchungen aus den letzten Jahren belegten zudem eindeutig, dass unsere geliebten Verstorbenen auch nach ihrem Tode für uns wichtige Personen bleiben. In Deutschland hat Roland Kachler in seinen Büchern[27] dieser Sichtweise wieder zu mehr Geltung verholfen.

James William Worden, dessen »Traueraufgaben« ich im ersten Kapitel dargestellt habe, hatte auch ursprünglich die vierte Traueraufgabe so formuliert: »Emotionale Energien vom Verstorbenen *abziehen* und in andere Bindungen investieren«. Immerhin war er bereit, aus den Protesten von Trauernden zu lernen und eine andere Formulierung zu wählen: »Dem Verstorbenen emotional einen neuen Platz zuweisen und das Leben fortsetzen«.

Aber wo genau ist dieser Platz, wie könnte er aussehen?

26 S. Freud, L. Binswanger: Briefwechsel 1908–1938, S. Fischer, Frankfurt/M. 1992

27 v. a.: R. Kachler: Meine Trauer wird dich finden, Kreuz, Stuttgart 2005

Auf die Forderung ihrer Mitmenschen, den Verstorbenen »endlich loszulassen«, reagieren Trauernde oft sehr gereizt. Aber es ist ja auch ein Korn Wahrheit darin. In diesem Sinne müssen wir loslassen: anerkennen, dass der geliebte Mensch wirklich tot ist; dass es nicht nur ein Albtraum ist, aus dem wir irgendwann wieder aufwachen; dass wir unser Leben ohne ihn weiterführen müssen; dass wir die Menschen in den Blick nehmen, die sonst noch um uns herum leben; dass wir die Beziehung zum Verstorbenen gerecht, mit ihren Licht- und Schattenseiten, würdigen.

Es ist immer wieder zu beobachten, dass der Verlust zu einer enormen Überhöhung der Gefühle führt. *»Absence makes the heart grow fonder«* (etwa: Liebe wächst mit der Entfernung) heißt ein englisches Sprichwort; und das gilt nicht nur für die räumliche Trennung von Liebespaaren, sondern für alle Beziehungen. Die Sehnsucht setzt uns eine rosarote Brille auf. Die positiven Eigenschaften der verlorenen geliebten Person werden in den Vordergrund gestellt, ihre Schattenseiten werden ausgeblendet. »Ich wusste nicht, dass es den perfekten Ehemann tatsächlich gibt«, so ein tragikomischer Stoßseufzer, »es war der verstorbene erste Mann meiner Frau.«

Diese Idealisierung des Verstorbenen kann sehr problematisch werden, wenn sie zu Unfairness gegenüber den überlebenden Menschen in unserem persönlichen Umfeld führt. Mit diesen geht unser Alltag weiter, wir müssen uns auseinandersetzen, widerstreitende Interessen ausgleichen, auch Enttäuschungen erleben. Das alles gab es wahrscheinlich auch mit dem Verstorbenen, aber unser inneres Bild von ihm muss sich ja nicht mehr dem »ganz normalen Leben« stellen.

Man könnte fast sagen, dass die Heftigkeit der Liebe in der Trauer einer unglücklichen Verliebtheit ähnelt; und genau wie diese sollte sie realistisch überprüft werden, damit wir allen unseren Beziehungen, den zu den Lebenden und den zu den Toten, gerecht werden können.

Andererseits: Oft entzünden sich Aufforderungen, der Trauernde müsse mehr »loslassen«, an Verhaltensweisen, die Außenstehende als übertrieben empfinden: wenn zum Beispiel auch nach langer Zeit das Grab noch täglich besucht wird. Wenn neben der Beziehung zum Verstorbenen auch liebevolle Kontakte zu lebenden Menschen ihren Platz haben, kann ich darin nichts Schädliches entdecken.

Eine Witwe, Ulla B., erzählte zum Beispiel: »In der Abenddämmerung gehe ich, wenn ich es einrichten kann, immer zum Grab meines Mannes. Ich spreche dann innerlich mit ihm, erzähle ihm von meinem Tag, frage ihn auch um seine Meinung. Meistens bekomme ich von innen her auch eine Antwort – so wie er die Dinge gesehen hätte. Das ist ein lieb gewordenes Ritual für mich. Wenn ich aber verreist bin oder sonst aus irgendwelchen Gründen nicht zum Grab gehen kann, verschiebe ich meinen Besuch.«

Ulla B. war klar, dass ihr Mann in diesem Leben nicht mehr an ihrer Seite sein würde. Sie hatte seine dauerhafte Abwesenheit erfahren, durchlitten und hingenommen. Aber nach dieser Phase der Einsamkeit und dem Gefühl des völligen Abgetrenntseins von ihm hatte sie erkannt, dass er ihr in Wahrheit ja nicht verloren gegangen war. Das, was er ihr bedeutet hatte, blieb ihr als inneres Bild, als psychisches Gegenüber erhalten. Aus ihrer seelischen Verbundenheit heraus wusste sie, wie er reagieren würde. Das Grab war der Ort, an dem die Verbundenheit Gestalt annahm; es hätte auch ein anderer Ort sein können.

Der argentinische Therapeut und geistliche Schriftsteller René Juan Trossero schrieb das sehr lesenswerte Buch »*No te mueras con tus muertos*«, zu deutsch wörtlich

»Stirb nicht mit deinen Toten« (treffender als der für die deutsche Ausgabe gewählte Titel »Stärker als Trauer ist die Liebe«), das diesen Prozess des Abschiednehmens und Wiederfindens als inneres Gegenüber zum Beispiel in folgender Betrachtung beschreibt:

»Wenn du trauernd darauf wartest,
dass die Person, um die du trauerst, zurückkommt,
als wäre sie nicht wirklich gestorben,
hinderst du sie daran,
einen lebendigen Platz in deinem Herzen
und in deinen Gedanken einzunehmen.
Es ist ein Gesetz des Lebens:
Die Morgenröte kannst du nicht erleben und genießen,
ohne den Abschied im Sonnenuntergang erlebt zu haben.«[28]

»Ein lebendiger Platz in deinem Herzen und in deinen Gedanken«: Das könnte der Platz sein, von dem Worden sprach. Und er ist dann lebendig, wenn sich unsere Beziehung zum Verstorbenen weiterentwickelt.

Die Traueraufgabe »Emotionale Energien vom Verstorbenen abziehen« war auch deshalb falsch gedacht, weil dahinter ein ziemlich primitives, gewissermaßen psychomechanisches Modell steht: Ich habe einen bestimmten Vorrat an »emotionaler Energie« (auch Liebe oder Zuneigung genannt) zur Verfügung, die ich nicht an unzugängliche Empfänger »verschwenden« sollte. Liebe ist aber, Gott sei Dank, mehr als ein begrenztes Reservoir psychischer Energie. Im Gegenteil wachsen uns durch die liebevolle Erinnerung an unsere Verstorbenen und durch das Handeln

---

28 R. J. Trossero, Stärker als Trauer ist die Liebe. Herder, Freiburg 2003

in ihrem Sinne neue, nicht geahnte Kräfte zu. Dies zeigen die Erfahrungen der Trauernden, die im Abschnitt B erzählt wurden, immer wieder.

Wenn sich die Liebe ausschließlich an den Verstorbenen wendet, wenn über dem Andenken an die Toten die Lebenden vergessen werden, dann kann das weitere Leben nicht gelingen. Deshalb möchte ich eine Umformulierung von Wordens vierter Traueraufgabe versuchen: Die Trauer wird dann fruchtbar ins weitere Leben eingebunden, wenn wir »emotionale Energie zum Verstorbenen *fließen lassen und* in andere Bindungen investieren.«

Poetischer drückt es die Dichterin Hilde Domin in ihrem Gedicht »Die schwersten Wege«[29] aus, in dem es zum Schluss heißt:

»Und die verlierbaren Lebenden
und die unverlierbaren Toten
dir das Brot brechen und den Wein reichen –
und du ihre Stimmen wieder hörst
ganz nahe
bei deinem Herzen.«

29 H. Domin: Gesammelte Gedichte. S. Fischer, Frankfurt/M. 2003

Handeln, Fühlen, Denken –
auf dem Weg zum Regenbogen

Dieses Kapitel bekräftigt noch einmal die Vielfalt der Trauerwege. Außerdem macht es Sie mit den »Gezeiten der Trauer« von Ruthmarijke Smeding bekannt: Januszeit®, Labyrinthzeit® und Regenbogenzeit® – bildhafte Vorstellungen, keine abstrakten Formulierungen. Viele theoretische Ansätze nehmen einen Verlauf der Trauer in Phasen an; die Gezeiten der Trauer können kommen und gehen wie Ebbe und Flut. Mit dem Fortschritt Ihres Trauerprozesses können Sie hoffen, immer mehr Regenbogenzeit zu erleben, indem aus weiter bestehender Trauer und neu erwachter Lebensfreude eine ganz neue Qualität des Befindens entsteht.

Wir sind fast am Ende der Reisebeschreibung durch die Trauer angelangt. Sie haben gesehen, dass es viele Wege gibt, mit einem Verlust umzugehen: nachdenken, Informationen einholen – das haben Sie auch getan, indem Sie dieses Buch gelesen haben – , aktiv werden, etwas tun und natürlich auch versuchen, die schmerzlichen Gefühle im Gespräch mit anderen zu bewältigen. Wie schon gesagt, treten diese Verarbeitungsweisen nicht in Ausschließlichkeit, sondern meist nebeneinander auf: Wir denken und handeln und drücken unsere Gefühle sprachlich aus, so, wie wir es auch sonst in unserem Leben tun.

In diesem Buch ging es zunächst darum, den Menschen gerechter zu werden, für die der Ausdruck und das Mitteilen ihrer Gefühle nicht der bevorzugte Weg in der Trauer ist. Es scheint so, dass die Männer unter ihnen häufiger vertreten sind. Wichtig ist aber, dass jeder Mann und jede

Frau den ihm/ihr gemäßen Weg findet, den Verlust zu verarbeiten. Das heißt umgekehrt: Da Männern in unserer Gesellschaft der gefühlsbetonte Weg eher schwer gemacht wird, kann das für Sie als Mann auch bedeuten, dass Sie sich überhaupt erst einmal einen Freiraum schaffen müssen, in dem Sie sich so geben können, wie es Ihnen wirklich zu Mute ist. Ein liebevoller und verständnisvoller Verwandter oder Freund, ein Seelsorger oder Therapeut mit Schwerpunkt Trauerbegleitung, eine Gruppe Trauernder oder auch die Gesprächstherapeuten in einem psychosomatischen Kuraufenthalt könnten hier die richtigen Ansprechpartner sein.

Abseits der Unterscheidung von »Trauertypen« bin ich sicher, dass jeder Trauernde daraus gewinnen kann, sich nicht nur den Gefühlen zu überlassen, sondern aktiv zu werden. Wo Bewegung ist, da ist Leben, da verändert sich etwas.

Ich möchte Ihnen noch ein paar Bilder vorstellen, die meine Lehrerin Ruthmarijke Smeding gefunden hat, um den Trauerprozess zu beschreiben. Auf den ersten Blick ähneln sie den Phasenmodellen der Trauer, die wir im ersten Kapitel behandelt haben. Aber Ruthmarijke geht nicht davon aus, dass die Phasen unbedingt nacheinander ablaufen; sie spricht von »Gezeiten der Trauer«, wie Ebbe und Flut. Die einzelnen Zustände können sich abwechseln, manchmal innerhalb kurzer Zeit.

Die schockhafte Ungläubigkeit nach dem Eintritt des Todes beschreibt sie als »Januszeit«. Der doppelgesichtige Gott Janus war im alten Rom der Gott des Übergangs, von Anfang und Ende. Bezogen auf den Trauernden heißt dieses Bild, dass er einerseits noch in der Vergangenheit verharrt, gar nicht erkennen will, dass sein geliebter Mensch tot ist; auf der anderen Seite kann er in Teilbereichen sehr wohl nach vorn schauen, zum Beispiel erledigen, was getan werden muss.

Die intensive Auseinandersetzung mit dem Verlust wird als »Labyrinthzeit« beschrieben: Der Trauernde macht sich auf den Weg, um seinen Verlust zu bewältigen. Aber er ist oft unbeholfen und orientierungslos im Labyrinth, scheint sich zu verirren, erkennt seine Blockaden, will wieder umkehren, kurz: Er kommt nur sehr allmählich voran zum Zentrum des Labyrinths. Wie er die Bewegung im Labyrinth gestaltet, ob er eher seine Gefühle auslebt und mitteilt, ob er nachdenkt und Informationen sucht, ob er sich neue Ziele setzt und aktiv wird, ob er verschiedene Strategien einschlägt – das ist eben sein eigener Weg, der in genau dieser Weise von keinem anderen Menschen geteilt wird.

Wenn neue Lebensfreude möglich ist, ohne dass deshalb der Verlust vergessen ist, erlebt der Trauernde die »Regenbogenzeit«. Der Regenbogen ist ein sehr altes Symbol; er versinnbildlicht die Verbindung von Himmel und Erde; aus der Geschichte von der Sintflut kennen wir ihn als Zeichen der Versöhnung Gottes mit den Menschen. In unserem Fall bedeutet er: So wie aus Regen und Sonnenschein, wenn sie gemeinsam erscheinen, etwas Neues, der farbenprächtige Regenbogen, entstehen kann, so ist es auch mit der Trauer: Der ungetrübte Sonnenschein, das strahlend schöne Wetter, ist nicht mehr zu haben. Das Dunkle ist immer noch gegenwärtig. Aber es entsteht eine neue Lebensqualität, vielleicht eine größere Tiefe und Bewusstheit des Lebens.

Wie schon gesagt, müssen die einzelnen Zustände nicht säuberlich aufeinander folgen, so wie es in den phasenartigen Beschreibungen der Trauer oft nahegelegt wird. Die Entwicklung geht eher im Kreis oder eigentlich in einer Spirale: Zu bestimmten Anlässen, zum Beispiel dem Jahrestag des Todes, geht es Ihnen wieder schlechter, auch wenn Sie sich vorher schon als gefestigt erlebt haben. Das ist kein »Rückfall« in akute Trauer, sondern einfach ein Wieder-Vergegenwärtigen des Verlustes. Und Sie werden es erleben: Mit jedem Tief wächst die Erfahrung und die Zuversicht, auch aus diesem Tal wieder herauskommen zu können.

Erinnern Sie sich an Renate, meine Gesprächspartnerin aus dem ersten Kapitel? Sie fasste ihre neuerlichen Tränen um den Tod ihres Mannes als Misserfolg auf, als »mangelhafte Trauerarbeit«. Nein, sie waren nur Zeichen ihrer fortbestehenden Bindung, und diese Erinnerung warf sie auch nicht aus der Bahn.

Der Regenbogen vereint also »Sonnen-« und »Regen«-Gefühl. Im »Kanon in D-Dur«, dem populärsten Stück des Barockkomponisten Johann Pachelbel (1653–1706), könnte man eine musikalische Darstellung dieses Gefühlszustandes erkennen: Dreistimmig, in immer neuen Variationen, singen die Streicher über einem Motiv im Bass, das 26-mal identisch wiederholt wird. Ohne diesen *Basso ostinato* klänge das Zusammenspiel der Streicher relativ flach und nichtssagend. Und umgekehrt – ohne die Oberstimmen wäre der Bass nur ein monotones Gebrumm. Erst aus dem Zusammenwirken aller entsteht die Harmonie und Spannung, die dieses Orchesterstück so bewegend und bezwingend macht.

Dass Sie immer mehr »Regenbogenzeit« erleben können, dass Ihre Lebensmelodie zu einer neuen Harmonie gelangen möge – das wünsche ich Ihnen.

Anhang

Quellennachweis

Sabine Leibholz-Bonhoeffer, Weihnachten im Hause Bonhoeffer, © 2005, Gütersloher Verlagshaus, Gütersloh, in der Verlagsgruppe Random House GmbH.

Hilde Domin, Die schwersten Wege (Auszug). In: dies., Gesammelte Gedichte. © S. Fischer Verlag GmbH, Frankfurt am Main 1987.

Ricarda Huch, Nicht alle Schmerzen sind heilbar. In: dies., Herbstfeuer. Gedichte, © Insel Verlag Leipzig 1944.

Anmerkung des Verlags:
Wir danken den Verlagen und Rechteinhabern für die Erteilung der Abdruckgenehmigungen. Bei einigen Texten war es trotz gründlicher Recherchen nicht möglich, die Inhaber der Rechte ausfindig zu machen. Honoraransprüche bleiben bestehen.

Verwendete Literatur

M. Albom: Dienstags bei Morrie. Goldmann, München 1998.

I. Allende: Paula. Suhrkamp, Frankfurt/M. 1996.

I. Bolton: Mary und Grace. Btb, München 2006.

D. Bonhoeffer: Widerstand und Ergebung. Gütersloher Verlagshaus, Gütersloh 1997.

J. Canakakis: Ich sehe deine Tränen. Trauern, Klagen, Leben können. Kreuz, Stuttgart 1996.

H. Domin: Gesammelte Gedichte. S. Fischer, Frankfurt/M. 2003.

J. Eckhardt: Ich will dich nicht vergessen. Gütersloher Verlagshaus, Gütersloh 2003.

M. Ende: Momo. Thienemann, Stuttgart 2005.

V. E. Frankl: … trotzdem Ja zum Leben sagen. Kösel, München 2009.

S. Freud & L. Binswanger: Briefwechsel 1908–1938, S. Fischer, Frankfurt/M. 1992.

J. Fritsch & S. Ilse: Unendlich ist der Schmerz … Kösel, München 1995.

J. Giono: Der Mann, der Bäume pflanzte. Sanssouci, München 2006.

R. Kachler: Meine Trauer wird dich finden, Kreuz, Stuttgart 2005.

D. Klass, P.R. Silverman & S.L Nickman (Eds.): Continuing Bonds. New Understandings of Grief. Taylor & Francis, New York 1996.

B. Lakotta & W. Schels: Noch mal leben vor dem Tod. DVA, München 2004.

H. Lothrop: Gute Hoffnung – jähes Ende. Kösel, München 1998.

T. L. Martin & K.J. Doka: Men Don't Cry ... Women Do. Transcending Gender Stereotypes of Grief. Routledge, New York 2000.

A. de Saint-Exupéry: Der Kleine Prinz. Karl Rauch Verlag, Düsseldorf 2000.

R. E. W. Smeding & M. Heitkönig-Wilp (Hg.): Trauer erschließen. Eine Tafel der Gezeiten. Hospiz-Verlag, Wuppertal 2005.

D. & L. Spiegel: »Jetzt mal Tacheles!« Die jüdischen Lieblingswitze von Paul Spiegel. Artemis & Winkler, Düsseldorf 2009.

D. Tausch-Flammer & L. Bickel: Wenn ein Mensch gestorben ist – Wie gehen wir mit den Toten um? Herder, Freiburg 1995.

W. Teichert: Die Lücke im Baum. Adventskalender »Andere Zeiten«. Verlag Andere Zeiten, Hamburg 2003.

R. J. Trossero: Stärker als Trauer ist die Liebe. Herder, Freiburg 2003.

M. Voss-Eiser (Hg.): Noch einmal sprechen von der Wärme des Lebens. Herder, Freiburg 2010.

K. Wilber: Mut und Gnade. Scherz, München 1998.

J. W. Worden: Grief Counseling and Grief Therapy. A Handbook for the Mental Health Professional. Springer, New York 2008.

C. & I. Zachert: Wir treffen uns wieder in meinem Paradies. Lübbe, Bergisch Gladbach 1995.

Deutsche Übersetzung von *Do not stand at my grave and weep*

Steh nicht an meinem Grabe und weine.
Ich bin nicht da. Ich schlafe nicht.
Ich bin das Wehen von tausend Winden.
Ich bin das Diamantgeglitzer auf Schnee.
Ich bin die Sonne auf reifem Getreide.
Ich bin der sanfte Herbstregen.
Wenn du aufwachst in der Morgenstille,
bin ich das beschwingte Aufwärtsstreben
der ruhigen Vögel in kreisendem Flug.
Ich bin die Sterne, die zur Nacht scheinen.
Steh nicht an meinem Grabe und weine.
Ich bin nicht da. Ich bin nicht gestorben.

Anmerkung: Dieses Gedicht ist in vielen ähnlichen Versionen verbreitet und wird unter Trauernden weitergegeben. Dies ist die wörtliche Übersetzung.

Hilfreiche Internetadressen (Auswahl)

www.trauernetz.de (Trauerseelsorge)
www.leben-ohne-dich.de
www.meinetrauer.de
www.trauer.org.
www.agus-selbsthilfe.de (Angehörige um Suizid)
www.veid.de (Verwaiste Eltern in Deutschland e.V.)
www.initiative-regenbogen.de (früher Verlust von Kindern)
http://www.bundesaerztekammer.de/downloads/
    WegweiserGutachter.pdf (Infos über die Arbeit der ärztlichen
    Schlichtungsstellen)
http://www.akmg.de/ (Arbeitskreis Medizingeschädigter e.V.)
www.weisser-ring.de (Weißer Ring e.V., Verein für Opfer von
    Kriminalität)
www.anuas.de (Hilfsorganisation für Gewaltopfer)

Musikempfehlungen

»Kanon in D« von J. Pachelbel
»Air« aus der Orchestersuite Nr. 3 von J.S. Bach
»Wenn ich einmal soll scheiden« aus der Matthäuspassion von J.S. Bach
»Lacrimosa« aus dem Requiem von W.A. Mozart
Klavierkonzert Nr. 21, Andante von W.A. Mozart
»Ave verum corpus« (gesungen oder instrumental) von W.A. Mozart
»Selig sind, die da Leid tragen« aus »Ein Deutsches Requiem« von
    J. Brahms
»Introitus – Kyrie« aus dem Requiem von A. Dvořák
»Der Schwan von Tuonela« von J. Sibelius
»Meditation« aus »Thais« von J. Massenet
»Ases Tod« und »Ingrids Klage« aus der Musik zu »Peer Gynt« von
    E. Grieg
»Oft denk ich, sie sind nur ausgegangen« und »In diesem Wetter, in die-
    sem Braus« aus den »Kindertotenliedern« von G. Mahler nach Tex-
    ten von F. Rückert
»Candle in the Wind« von Elton John
»My Immortal« von Evanescence
»Der Schwanenkönig« von Karat
»Tears in Heaven« von Eric Clapton
»Nur zu Besuch« von den Toten Hosen
»Der Weg« von Herbert Grönemeyer

Dank und Widmung

An einem trüben Januarabend des Jahres 1993 hörte ich in Bad Nauheim den Vortrag des Mainzer Klinikseelsorgers Hartwig von Papen zum Thema »Wenn Eltern trauern« – so beeindruckend und einfühlsam, dass ich hinterher das Gespräch mit ihm suchte. Er ermutigte mich, eine Weiterbildung in »Trauer erschließen«® bei Dr. Ruthmarijke Smeding zu machen. Für diesen entscheidenden Anstoß, an meiner Trauer weiter zu arbeiten, gebührt ihm mein tief empfundener Dank.

Sei vielen Jahren bin ich Mitglied einer Supervisionsgruppe in Mainz, die von Dr. Ruthmarijke Smeding geleitet wird. Ruthmarijke und allen anderen Kolleginnen und Kollegen dort danke ich herzlich für den langen Gedankenaustausch und die vielen wertvollen Anregungen – besonders Hubertus Busch, der das Vorwort zu diesem Buch verfasst hat.

Ich widme dieses Buch den beiden Menschen, deren Verlust mein Leben am meisten verändert hat: meinem Sohn Robin Lennart Börgens und meinem Vater im Herzen Konrad Wurr.

LISA MAR

Das neue Rohkostbuch

FRISCHKOST FÜR SCHLEMMER

 WALTER HÄDECKE VERLAG

ISBN 3-7750-0040-2

4. Auflage, 21. Tausend

Illustrationen mit freundlicher Genehmigung von KRAFT KÜCHEN
SERVICE, Eschborn/Frankfurt (Seite 32, 33, 48, 49, 96, 97).

Inhaltsverzeichnis

Abkürzungen:

Kal.	= Kalorien	g	=	Gramm
El	= Eßlöffel	kg	=	Kilogramm
Tl	= Teelöffel	l	=	Liter

Die neue Rohkost – ideal zum Schlankschlemmen

Als vor Jahrzehnten die erste Auflage dieses Buches – damals unter dem Titel »Wie man Rohkost zubereitet« erschien, war das Wort »Rohkost« dem Publikum noch sehr suspekt. Man dachte dabei an Reformen – das war schon damals verdächtig – an Diät und Hungerkur. Nur wenn man sehr krank und der Arzt fortschrittlich war, nahm man eine Ernährung mit Rohkost auf sich. Individualisten, die gesund waren und trotzdem Rohkost aßen, liefen Gefahr, sich lächerlich zu machen.

Inzwischen haben sich die Ideen des genialen Dr. Bircher-Benner durchgesetzt, wir haben heute Reformhäuser und Lebensmittelgeschäfte mit Diätabteilungen in jeder Stadt, keiner lacht mehr, wenn er von Reformkost hört, und jeder blickt im Zeitalter des Umweltschutzes neidvoll auf die Kreise, die schon immer auf biologisch angebautes Gemüse geschworen haben. Rohkost ist modern geworden, kalorienbewußte Ernährung ist Trumpf! Unter diesen günstigen Voraussetzungen erscheint jetzt die neue Ausgabe meines Buches. Sie ist wesentlich erweitert um neue Rezepte, die modernsten Küchentechniken für die Rohkostzubereitung sind berücksichtigt, bei jedem Rezept ist die Zahl der enthaltenen Kalorien angegeben. Alle Rezepte sind unter dem Gesichtspunkt der gesunden Ernährung ausgewählt. Nach Salaten, die mit scharfen Schnäpsen »verfeinert« oder mit beizenden Soßen angemacht werden, suchen Sie daher vergeblich. Sie werden jedoch beim Gebrauch des Buches feststellen, daß sich Salate und Rohkostplatten auch ohne derartige, der Gesundheit weniger dienliche Zutaten sehr reizvoll zubereiten lassen. Die Rezepte dieses Buches können Sie auch für eine Rohkostdiät zu Heil- und Kurzwecken verwenden. Eine solche Diät sollte jedoch nur unter Kontrolle eines erfahrenen Arztes durchgeführt werden. Ihre Wirkung ist tiefgreifend und sie kann bei falscher Anwendung im Körper ernste Krisen auslösen.

Bei der Darstellung der einzelnen Handgriffe und Besonderheiten, durch welche sich die Zubereitung der Rohkost wesentlich von der Zubereitung gekochter Speisen unterscheidet, gehe ich von der Voraussetzung aus, daß die Leserinnen – und hoffentlich auch Leser – dieser Anweisungen Neulinge in der Küchentechnik sind. Alle erfahrenen Hausfrauen, die dieses Buch zur Hand nehmen, bitte ich daher im voraus um Verzeihung, wenn ich auf Dinge hinweise, die ihnen selbstverständlich erscheinen.

Bewußt verzichtet wurde auf die Angabe fremdartiger, in ihrer Zusammenstellung komplizierter Rezepte. Dieses Büchlein soll lediglich jedem, der gerne Rohkost ißt – sei es mit Rücksicht auf seine Gesundheit oder einfach, weil es ihm schmeckt –, die Grundkenntnisse vermitteln, mit deren Hilfe er jede Art von Rohgemüse und -salaten, Säften und Obstkaltschalen schmackhaft und ohne Schwierigkeiten zubereiten kann.

Alle Rezeptangaben beziehen sich, wenn nicht anders angegeben, auf eine Portion.

Guten Appetit!

Ihre Lisa Mar

Was man beim Einkauf von Frischkost beachten muß

Der biologische Anbau

Nur gesundes, ausgereiftes, nicht angefaultes Obst und Gemüse sollen verwendet werden. Hinsichtlich Wohlgeschmack, Bekömmlichkeit und Wertgehalt (Mineralsalze, Eiweiß, Vitamine, Würzstoffe und Fermente) stehen an führender Stelle Obst- und Gemüsesorten, die nach den Grundsätzen des biologischen Anbaus erzeugt wurden. Die Erkenntnis, daß die Gesundheit beim Boden beginnt – eine These, die von führenden Ärzten, Wissenschaftlern, Volkswirten und Biologen verfochten wird, von Männern wie Bircher-Benner, Eichholtz, Kollath, Schweigart –, muß sich gerade derjenige zu eigen machen, der die Rohkost zu Heilzwecken, zur Organismusauffrischung anwenden will.

Pflanzen- und Vorratsschutzmittel

Obst und Gemüse, Getreide wie Hafer, Hirse, Reis, Roggen und Weizen sind, soweit wir nicht mit Sicherheit wissen, daß sie biologisch angebaut und sachgemäß gelagert worden sind, meist mit Rückständen von Pflanzen- und Vorratsschutzmitteln behaftet.

Seit 15. Mai 1972 ist auch in der Bundesrepublik Deutschland, wie schon seit längerer Zeit in Dänemark, Schweden und einigen osteuropäischen Ländern die Verwendung des gefährlichen Pflanzenschutzmittels DDT verboten worden, ihm wird eine bleibende »Verunreinigung der Natur« nachgesagt, damit behandelte Böden bleiben bis zu neun Jahren verseucht. Es kann also weiterhin in unsere Nahrungspflanzen eindringen. Da besonders die an ätherischen Stoffen reiche Möhre das fetthaltige Schutzmittel zu speichern vermag, sollten Säuglinge und Kleinkinder, Heranwachsende und Kranke nur biologisch einwandfreie Möhren bekommen, ob roh oder gekocht. Es ist das Ver-

dienst der Kinderärzte, erreicht zu haben, daß die Kindernähr-
mittel-Industrie nur garantiert von Pflanzenschutzmitteln
rückstandsfreie Erzeugnisse liefert. Prof. Dr. habil. Werner
Schuphan, Direktor der Bundesanstalt für Qualitätsforschung
pflanzlicher Erzeugnisse in Geisenheim/Rhein setzt sich seit
Jahren für den Anbau einer »Diätmöhre« ein, so daß man auch
jederzeit für Rohkostgerichte über diese blutbildende Wurzel
verfügen könnte.

Grüner Kopfsalat, Acker- und Endivien-Salat haben in jüng-
ster Zeit häufig zu hohe Rückstände von Dithiocarbamat-Fun-
giziden (Fungizide = pilztötende Mittel) aufgewiesen. Die
chemische Landesuntersuchungsanstalt Stuttgart warnt deshalb vor dem Ankauf und Verzehr von Salatköpfen, deren
Blätter erdfarbene oder rötliche Flecken haben. Sowohl
deutsche wie französische und belgische Erzeugnisse wurden
beanstandet. Der Salat muß nicht weggeworfen werden, es ist
genügend, die erdfarbenen und rosa Flecken mehrmals mit klarem Wasser abzuwaschen.

Die Beschaukontrollen für Obst und Gemüse sind zeitraubend.
Ihre Ergebnisse können daher oft nicht schnell genug den Ver-
brauchern bekannt gemacht werden. Beim Einkauf empfiehlt
sich daher besondere Wachsamkeit.

Wo bekommt man »biologisch angebautes« Gemüse und Obst?

Durch eine verstärkte Aufklärung sind die Verbraucher heute
erfreulicherweise viel »umweltbewußter« geworden. Sie erkennen mehr und mehr die Gefahren der Pflanzenschutz-Che-
mikalien und verlangen Gemüse und Obst aus biologischem
Anbau. Handel und Landwirtschaft stellen sich auf die verän-
derte Nachfrage um. Vor allem in den Reformhäusern, aber
auch in manchen Versandhäusern, die Tiefgefrierkost anbieten,
erhält man »biologisch angebaute« Produkte – allerdings zu einem höheren Preis. Die eigene Gesundheit sollte jedoch diese
Mehrausgabe wert sein.

Handelsklassen

Eine weitere Hilfe beim Einkauf bietet die Einteilung nach
Handelsklassen:

Handelsklasse Extra: Auserlesene Ware, von gleicher
                        Sorte und Größe, ohne Fehler.

Handelsklasse I:	Hochwertige Ware mit geringen Schönheitsfehlern.
Handelsklasse II:	Haushaltsware von mittlerer Qualität mit geringen Fehlern.
Handelsklasse III:	Haushaltsware von einfacher Qualität mit größeren Fehlern.

Noch besser als die Einteilung nach Handelsklassen wäre eine Klassifizierung, wie sie von Prof. Schuphan gefordert wird: Nicht die äußeren Merkmale, das Make-up von Gemüse und Obst, sollten Maßstab für Wert oder Unwert sein, sondern die ernährungsphysiologische Qualität. Wichtiger als kosmetische Glanzstücke sind krankheitsresistente Sorten mit hohem Gehalt an wertgebenden Vitaminen und Mineralien, die frei von Pestizidrückständen sind (Pestizide sind Insektenbekämpfungsmittel). Obst- und Gemüseeinfuhren aus Ostblockländern wie Tomaten aus Rumänien und Paprika aus Ungarn kommen diesen Zielen weitgehend nah.

Der Wert des eigenen Gartens

Der sicherste, kostensparendste und bestimmt gesündeste Weg, einwandfreie Rohkost zu erhalten, ist der des eigenen kleinen Gartens. Er sei jedem, der auch nur die kleinste Möglichkeit hat, sich seine Rohkost selbst anzubauen, wärmstens empfohlen.

Rohkost aus
der Gefriertruhe

Nach Empfehlung des Bundesausschusses für volkswirtschaftliche Aufklärung können tiefgefrorenes Gemüse und Obst wie Rohkost verwendet werden. Man sollte jedoch die folgenden Tips für den Einkauf und das Auftauen beachten:

Tips für den Einkauf

○ Tiefkühlkost nur aus Tiefkühlgeräten entnehmen, die Temperaturen von mindestens minus 18° C aufweisen. Steigt die Temperatur, so taut die Ware an und ihre Lagerfähigkeit wird dadurch stark begrenzt. Niemals angetaute Ware kaufen. Um die vorgeschriebene Mindest-Temperatur prüfen zu können, gehört in jedes Tiefkühlgerät ein Thermometer, das auf den Packungen liegen sollte.

○ Nichts aus Tiefkühlgeräten kaufen, in denen die Tiefkühlkost unordentlich gelagert oder zu »Wühlbergen« gehäuft ist. Wühlberge sind ein sichtbarer Beweis für die Qualitätsminderung der Ware, da durch diesen »Berg« der Kälteschleier über der Öffnung des Tiefkühlgeräts unterbrochen wird. Dadurch steigt die Temperatur im Truhenraum, die Ware taut an.

○ Tiefkühlkost nur in sauberer und unbeschädigter Verpackung kaufen. Eine zweckmäßige Verpackung schützt die Ware vor qualitätsmindernden Einflüssen während der Lagerung, vor allem vor dem Austrocknen und der Übertragung von Geruchs- und Geschmacksstoffen.

○ Keine Tiefkühlware mit Schneebildung oder Gefrierbrand kaufen. Schneebildung in der Packung deutet darauf hin, daß die Ware bereits einmal an- oder aufgetaut war. Die Zellflüssigkeit ist teilweise ausgelaufen und erscheint bei erneutem Gefrieren als »Schnee«. Weiße oder braunrötliche Verfärbung größeren Ausmaßes bezeichnet man als Gefrierbrandflecken. Sie sind – wenn sie mehr als pfenniggroß auftreten – Anzeichen für Austrocknungsschäden. Das Gewebe wird schwamm- oder moosartig, das Eiweiß verliert die Fähigkeit, Wasser zu binden. Beim Zubereiten bleibt das Produkt daher strohig und trocken. Bei Obst und Gemüse tritt der Gefrierbrand nur selten auf.

○ Tiefkühlkost für den Heimweg zusätzlich verpacken, damit die Ware nicht auftaut, lange bevor sie zubereitet werden soll. Sie muß genügend gegen die wärmere Außentemperatur geschützt werden. Eine dicke Schicht Zeitungspapier hat sich dabei als gutes Isoliermaterial bewährt. Außerdem gibt es isolierte Tragetaschen mit »Kühl-Patronen« und auch Spezial-Beutel für den Transport kleinerer Mengen Tiefkühlkost.

Auftauen

Obst und Gemüse im abgedeckten Gefäß bei Zimmertemperatur langsam auftauen lassen.
Oder Salatgemüse in einem Durchschlag kurze Zeit in kaltem Wasser antauen, gut abtropfen lassen und dann in der vorbereiteten Marinade ziehen lassen.
Nicht empfehlenswert ist das Auftauen durch Übergießen mit heißem Wasser, da sich sofort fast alle wertvollen Inhaltsstoffe (Vitamine, Mineralsalze) lösen und wegschwimmen.

Zugabe frischer Kräuter und Zwiebeln

Da auch beim Gefriervorgang eine langsame Zersetzung von Vitamin C unvermeidlich ist, sollte Salaten aus Tiefkühlgemüse stets frische Zwiebeln, Knoblauch, Schnittlauch und Petersilie und was sonst an frischem Grün noch greifbar ist, zugesetzt werden.
Zum Würzen sind besonders auch frisches Dillkraut, Borretsch und Estragon geeignet.

Wie wird Rohkost gereinigt?

Die Küchenvorschriften von einst, wonach man das Obst und die Wurzelgemüse nicht schälen sollte, wonach die Kartoffeln möglichst mit der Schale zu essen seien, haben nur noch für biologisch angebautes Obst und Gemüse und für Wildfrüchte und Wildgemüse Geltung.

○ Obst und Gemüse unbekannter Herkunft sind tunlichst zu schälen.

○ Kartoffeln sollen nicht mit der Schale gegessen werden.

○ Die äußeren großen Salat- und Krautblätter sind – allem Sparwillen entgegen – wegzuwerfen, weil sie beim Spritzen mit Schutzmitteln am meisten abbekommen haben.

Salate, Gemüse und Kohlarten werden zweckmäßigerweise in eine kalte Lösung mit einem geringen Zusatz von Biosmon gelegt. Biosmon ist ein Mineralsalzgemisch, das dem Leitungswasser die ihm fehlenden Stoffe zuführt. In Biosmon-Lösung eingelegte Gemüse und Salatblätter werden nach wenigen Minuten wie in einer Nährlösung fest und frisch und stoßen Schmutzteile ab. Bei stark mit Erde versetzten Salaten muß das Spülwasser mehrmals erneuert werden, wobei immer wieder eine knappe Messerspitze Biosmon auf eine große Schüssel Wasser zugesetzt werden soll, weil gewöhnliches mineralsalzarmes, chloriertes Leitungswasser die eingelegten Gemüse und Salate auslaugt. Mit Biosmon behandelte Salate bleiben nach dem Abtropfen stundenlang frisch.

In Kochsalzlösung sollten Salate und Gemüse nur ausnahmsweise eingelegt werden, weil bei längerem Einlegen das Kochsalz in die Salatblätter und das Gemüse eindringt, und weil Salat, in Salzwasser eingelegt, schnell unansehnlich wird. Er bekommt Wasserstreifen. Die weitverbreitete Meinung, Kochsalzlösungen könnten Wurmeier zerstören, ist irrig. Die Wurmeier werden nur abgestoßen, schwimmen aber auf der Wasserfläche. Selbst beim vorsichtigen Abgießen der oberen Wasserschicht werden nie alle Wurmeier entfernt. Darum ist wiederholtes Nachspülen wichtig.

Obst (Äpfel, Birnen, Aprikosen und Pfirsiche) sollte fürsorglich geschält werden. Weintrauben, die bekanntlich häufigen Spritzungen unterworfen werden, können auch nach mehrmaligem Waschen noch Vergiftungen auslösen, die sich meistens als Hautschäden bemerkbar machen.

Wie macht man Rohkost keimfrei?

Normalerweise ist die folgende Behandlungsweise der Frischkost nicht notwendig. Es gibt jedoch Fälle, z. B. während einer Typhusepidemie, in denen man sich vor Krankheitserregern besonders schützen sollte.

Nach Angaben der Medizinal-Untersuchungsanstalt des Hygienischen Instituts der Hansestadt Hamburg kann die Übertragung von Typhus und Paratyphus durch Rohkost wie folgt verhindert werden: 20 Minuten in tief himbeerrote Lösung von übermangansaurem Kali (Kaliumpermanganat 2 %) einlegen, in klarem Wasser nachspülen, falls Verfärbungen, die harmlos sind, eingetreten sein sollten. Wurzelgemüse kann durch Eintauchen (30 Sekunden lang) in kochendes Wasser keimfrei gemacht werden. Dabei wird nur die äußerste Gewebsschicht in ihrem Fermentgehalt geschädigt, dagegen bleibt das Innere völlig roh und fermentwirksam.

Wie alle Säuren, sind Milch-, Zitronen- und Essigsäure starke Bakteriengifte; Salatsoßen unter Verwendung von Sauermilch, Buttermilch usw. mit Zugabe von Zitronensaft oder des besonders bakterienfeindlichen Essigs sind also aus diesem Grunde empfehlenswert.

Rohkost im Urlaub

Trink- und Badewasser, Gemüse und Obst können in südlichen Ländern mit Eiern verschiedener Wurmarten verunreinigt sein. Sie verursachen unter Umständen ruhrartige Beschwerden. Ferner haften Gemüse und Salaten häufig die Eier der Amöben an, den Verursachern der Amöbenruhr. Daher gelten folgende Regeln:

○ Nur abgekochtes Wasser für die Reinigung der Rohkost verwenden.
○ Nicht schälbares Obst, Gemüse und Salate, die roh verzehrt werden sollen, kurz vor der Zubereitung mindestens eine halbe Minute in kochendes Wasser eintauchen.
○ Obst und Gemüse vor Fliegen schützen, damit keine Krankheiten übertragen werden können.
○ Rohen Säften immer einen Schuß Zitronensaft zusetzen, der bakterienfeindlich ist.

Zerkleinerung der Rohkost

Wenn das Gemüse oder Obst gereinigt ist, muß es in der Regel zerkleinert werden. Die Art der Zerkleinerung richtet sich nach der Art der Frischkost, dem gewünschten Gericht und dem persönlichen Geschmack. Je härter das Zellgewebe ist, um so feiner muß es zerkleinert werden, besonders für kleine Kinder, ältere Menschen und Kaubehinderte. Letztere können eventuell Rohkost vorübergehend nur in Form von Säften genießen. Zu grobe Teile werden nur schlecht gekaut und entsprechend schlecht verdaut.
Auf der anderen Seite soll Rohkost auch nicht breiweich sein. Sie muß noch »einen Biß« haben, damit sie schmeckt.
Wer über ein gesundes Gebiß und einen gesunden Verdauungsapparat verfügt, hat mehr Genuß, wenn die Wurzeln und Knollen nur geraspelt, d. h. flockig oder in dünne Scheiben gehobelt auf den Tisch kommen. Durch verschiedenartige Zerkleinerung erreicht man sogar eine gewisse Geschmacksänderung, so schmecken z. B. Möhren oder Sellerie in breiiger Form anders als geraspelt oder in Stifte geschnitzelt.

Bunte Salatteller finden Sie ab Seite 77. ▷

Bei Magen- und Darmgeschwüren ist der Genuß geriebener Rohkost nicht erlaubt. In solchem Falle kommen nur Säfte in Frage. Ihre Bekömmlichkeit wird erhöht, wenn man auf 1/3 frischen Obst- oder Gemüsesaft 2/3 Leinsamenschleim gibt. Das gilt besonders für alle sauren Obstsäfte.

Die richtigen Geräte

Alle Messer, Reiben und Maschinenteile, die mit der Rohkost in Berührung kommen, müssen aus nichtrostendem Material hergestellt sein. Das Vitamin C, das besonders gut in der Rohkost erhalten bleibt, wird bei der Berührung mit rostigen Metallteilen augenblicklich zerstört. Darum kann auch niemals der Fleischwolf, dessen Messer und Gewinde nicht rostfrei sind, als Ersatz für eine Rohkostmaschine dienen.

Küchenmaschine

Die modernen *Küchenmaschinen* sind alle nach diesen Grundsätzen hergestellt. Sie sind mit verschiedenen Messerscheiben zum Reiben, Raspeln, Schnitzeln, Scheibenschneiden ausgestattet, und das Reibegut fällt sogleich in die unzerbrechliche Schüssel aus lebensmittelbeständigem Material. Meist haben sie auch ein Rührwerk, mit dem Quarkspeisen, Sahne und natürlich auch Teige in Minuten luftig gerührt werden.

Mixer

Der *Mixbecher* aus Glas erlaubt das breifeine Zerkleinern von Rohkost für Magen-Darm- und Leber-Galle-Kranke. Außerdem werden darin Soßen und Mayonnaisen, kleine Quarkspeisen sekundenschnell glatt gerührt, und alle Arten von Mixgetränken können ebenfalls in Sekunden hergestellt werden.

Passierstab Elektroquirl

Diese elektrischen Handapparate zum Mixen, Rühren, Hacken und Pürieren sind sehr zweckmäßig. Sie sind handlicher als die großen Küchenmaschinen und beanspruchen weniger Platz. Für den normalen Haushalt sind diese kleineren Geräte zur Rohkostzubereitung völlig ausreichend.

Rohkostreibe

Für den kleinen Haushalt genügt eine nichtrostende *Cromarganreibe,* die zwei verschiedene Körnungen hat. Man kann damit ganz fein reiben und locker raspeln.

◁   Rohkost, bunt und lecker angerichtet.

Gemüsehobel	Er muß sehr scharf sein und gut schneiden. Man erhält dann millimeterdünne Stäbchen, ohne sie zu quetschen. Dadurch wird das Vitamin C geschont. Zwiebeln lassen sich damit in Sekunden in feinste Stäbchen aufteilen, die sich fast unsichtbar unter Salate und Rohkost mischen lassen. Gut bewährt hat sich der aus zwei Teilen bestehende Gemüsehobel des Ritterwerkes, der sehr einfach zu handhaben ist.
Schneidboy	ist die Bezeichnung für ein sehr praktisches Gerät mit fünf messerscharfen Stahlrollen. Man verwendet es anstelle des Wiegemessers für die Zerkleinerung von Zwiebeln, Petersilie, Spinat etc.
Schäler	Es gibt spezielle Schälmesser zum sparsamen Schälen von Gurken, Äpfeln, Möhren usw.
Zitronenpresse	Auch sie soll wie die anderen Küchengeräte aus neutralem Material sein.
Knoblauchpresse	Ein sehr praktisches Gerät zum Auspressen der Knoblauchzehen. Der Saft träufelt durch ein Sieb, die unverwertbaren Häutchen bleiben zurück. Da Knoblauch eine sehr wichtige Würze bei der Frischkostzubereitung ist, sollte dieses Gerät nicht fehlen.
Schüsseln **Siebe** **Löffel**	In der Rohkostküche dürfen diese Geräte nicht aus Aluminium sein. Es ist säureempfindlich und löst sich bei der Berührung mit sauren Soßen, Obst und sauren Säften. Cromargan, Glas, Porzellan und Steingut verhalten sich dagegen völlig neutral und wirken vitamin-C-erhaltend. In beschädigten Emaillegefäßen wird das Vitamin C durch rostende Stellen zerstört.
Kunststoff **Keramik**	Schüsseln aus Kunststoff sind für die Salatbereitung nicht geeignet, da die Weichmacher durch das Öl aufgelöst werden. Gefäße aus Keramik, die keine erstklassige Glasur haben, sind geradezu gefährlich: die Säuren in Soßen und Säften lösen aus solchen minderwertigen Glasuren Blei, was zu einer chronischen Bleivergiftung führen kann. Man leidet dann unter Blutarmut, Erbrechen und Magen-Darmstörungen. Herzversagen kann die Folge sein.

Auf die Würze kommt es an

So wichtig auch die eben geschilderten Vorbereitungen sein mögen, ein wahrhaft köstliches Rohkostgericht muß vor allem mit Liebe und gutem Geschmack gewürzt sein. Wichtigster Träger der Gewürze ist meistens die Salatsoße. Das richtige Abschmecken der Salatsoße oder -mayonnaise ist das A und O bei der Rohkostzubereitung.

Mit Zitronensaft, Tomatenmark, Zwiebeln, Lauch, Knoblauch und den zahlreichen Würzkräutern, die in der folgenden Tabelle näher beschrieben werden, läßt sich fürstlich würzen. Wer sich an den Knoblauchgeschmack nicht gewöhnen kann, träufelt nur etwas Knoblauchsaft auf eine Brotkruste. Diese wird in den Salat gelegt und kurz vor dem Auftragen herausgenommen. Es genügt auch, die Salatschüssel mit einer Knoblauchzehe auszureiben.

Da die rohen Gemüse reich an mineralischen Salzen, an Geschmacks- und Duftstoffen sind, sollte man nur wenig oder gar kein Kochsalz zum Würzen nehmen.

Essig, Senf, Zitrone

Der nervös strapazierte Kulturmensch ist chronisch aromahungrig. Seine überlasteten Nerven rufen nach den erfrischenden Wirkungen der säuernden Würzstoffe des Essigs, des Senfs (Senfkörner und Tafelsenf) und der Zitrone.

Aus einem zuweilen übersteigerten »Gesundheitsbewußtsein« glauben viele, daß Essig und Senf schädlich seien. Dem ist entgegenzuhalten, daß nach Ansicht zahlreicher Ernährungsphysiologen weder Essig noch Senf unerwünschte Wirkungen auslösen, sondern daß sie im Gegenteil die Verdauungsvorgänge begünstigen. Essigsäure wird im Stoffwechsel des Körpers täglich in weit größerer Menge produziert, als bei normalem Gebrauch jemals mit der Würzung von Soßen und Salaten zugeführt wird. Besonders günstige Wirkungen werden neben dem Weinessig dem Obstessig und zwar speziell dem Apfelessig zugeschrieben. Selbst bei Nierenleiden ist Essig erlaubt.

Senfkörner gelten von altersher als unschuldiges Mittel zur Regelung der Darmtätigkeit, zur Linderung von Gallensteinbeschwerden und Blähungen. Gegen den maßvollen Gebrauch von Tafelsenf, der aus Senfpulver und Essig mit Gewürzzutaten hergestellt wird, ist nichts einzuwenden.

Die Zitrone, bzw. der Saft der Zitrone weist wieder andere Vorzüge auf. Neben der erfrischenden Säurewirkung spendet der Zitronensaft gleichzeitig nicht unwesentliche Mengen von Vitamin C, sofern er frisch gepreßt verwendet wird. Darüber hinaus ist die Zitrone durch ihren Pektingehalt – Pektine sind die Stoffe, welche das Gelieren von Säften bewirken – hilfreich zur Herabsetzung des Fettgehaltes im Blut.

Der Physiologe Dr. Ancel Keys in Minneapolis rät deshalb bei Koronarerkrankungen (der Kranzgefäße des Herzens) zum reichlichen Gebrauch der Zitrone.

Bei Mangel an Magensäure gilt Essig wirksamer als Zitrone, bei starker Magensaftabsonderung dagegen ist Zitrone besser.

WÜRZKRÄUTER-ÜBERSICHT

GEWÜRZ	VERWENDUNG, WIRKUNG	KÜCHEN-TECHNISCHES	GESCHMACK
Anis	Zu Möhren, blähungs-, wurmwidrig	Pulverisiert oder die ganzen Körner	Süßlich–aromatisch
Basilikum	Mit anderen Kräutern zu Salatsoßen. Magenmittel, blähungswidrig	Wenig nehmen, da stark. Getrocknet pfefferartig	Süßlich, pfefferartig

GEWÜRZ	VERWENDUNG, WIRKUNG	KÜCHEN-TECHNISCHES	GESCHMACK
Bohnenkraut	Zu grünen Bohnen (diese nie roh essen), zu Sauerkraut (in dieser Verbindung wurmwidrig), zu Möhren	Frisch und getrocknet	Würzig-aromatisch
Borretsch	Soßen für grüne Blattsalate, an Gurkensalat, allein mit Öl und Zitrone zu harten Eiern: blutreinigend und herzstärkend	Zu Kräuteressig. Mit den Blüten läßt sich Essig blau färben. Blüten auch an den Salat geben	Gurken-ähnlich, würzig
Chillies	Sparsam zu Salatsoßen. Haben den gleichen günstigen Effekt auf das Blut wie die Zwiebel. Nicht nierenschädlich	Sehr scharfe Paprikaart; in Pulverform als brennendscharfes, tiefrotes Gewürz in Handel	Brennend-scharf
Curry	Zu Quark und würzigen Salatsoßen	Gewürzmischung aus mindestens 7 Gewürzen: Ingwer, Kardamom, Kurkuma, Kümmel, Muskatblüte, Zimt, Nelken, Pfeffer, Koriander, Piment, Paprika	Würzig-scharf
Dillkraut	Zu Möhren, Gurken, allen grünen Salaten, zu Quark, auf's Butterbrot. Blähungswidrig	Zu Kräuteressig; frisch und getrocknet	Mild, frisch, würzig
Estragon	Salatsoßen, Mayonnaisen. Appetitanregend	Zu Kräuteressig; auch getrocknet verwertbar	Aromatisch, leicht bitterlich

GEWÜRZ	VERWENDUNG, WIRKUNG	KÜCHEN- TECHNISCHES	GESCHMACK
Fenchel	Das Kraut zu Salatsoßen, zu Möhren und Rettich	Die Spaltfrüchtchen an Essiggurken	Leicht süßlich
Ingwer	Wurzelstock von Zingiber officinale, kommt kandiert in Stücken und pulverisiert in den Handel. Gut zu Kürbis	Sparsam angewendet als Magenmittel. In Indien zu Liebestränken gemischt	Würzig-scharf-brennend
Kerbel	Roh auf's Butterbrot, zum Quark, als Salatwürze, allein oder mit anderen Kräutern zu Kräuterbutter. Blutreinigend	Nicht zum Trocknen	Süßlich-aromatisch
Knoblauch	Mayonnaise Aioli, zu Endivien und Chicorée, zum Ausreiben der Salatschüssel. Unterstützt die Fettverdauung, gegen Darmschmarotzer; senkt den hohen Blutdruck; hält das Blut dünnflüssig – Schutz vor Blutgerinnseln – daher Schutz vor vorzeitigen Alterserscheinungen	Gleichzeitiger Genuß von Petersilie soll den Geruch mildern. Mit Öl kleingehackt, werden Geruch und Geschmack gebunden.	Starker, durchdringender Geruch und Geschmack
Koriander	Die gemahlenen Körner zu Soßen für Kohlsalate. Blähungswidrig	Ganze Körner zu marinierten Roten Rüben	Würzig

GEWÜRZ	VERWENDUNG, WIRKUNG	KÜCHEN-TECHNISCHES	GESCHMACK
Kümmel	Zu Sauerkraut, Quark, Kartoffeln. Blähungswidrig, magenstärkend	Bei Reizzuständen des Darmes Kümmel-Pulver	Scharf, bitterlich, streng
Liebstöckel	Sparsam zu Salatsoßen, für salzlose Diät, da sehr würzig. Harntreibend	Hauptsächlich ein Suppengewürz	Sehr würzig, ähnlich wie Speisewürze
Majoran	Zu Bratkartoffeln, für Kräuterbutter; salzlos, delikat. Blähungswidrig	Allein verwahren, da sonst alle Gewürze übertönt werden	Starker Eigengeschmack
Meerrettich	In kleinen Mengen an Stelle von Kochsalz bei salzloser Kost, zu Salaten und Gemüsen. Rohe Meerrettichsoße mit Sahne und Apfel verfeinern. Blähungswidrig, günstig bei Zuckerkrankheit. Antibiotisch wirksam auf Nieren und Harnwege	Beim Reiben gleich mit ein paar Tropfen Zitrone mischen, damit die helle Farbe bleibt	Sehr scharf und beißend
Melisse	Salatsoßen, Mayonnaisen, Kräuterbutter, Quark. Blähungswidrig; krampfstillend, herzstärkend. Von Pfarrer Kneipp empfohlen!	Das hocharomatische Kraut gibt auch einen erfrischenden Teeaufguß. Frisch oder getrocknet	Frisch
Oregano	Wildwachsender Majoran. Zu Salatsoßen; besonders gut zu Tomaten und Paprika	Blätter können frisch oder getrocknet verwendet werden	Im Geschmack intensiver als Majoran

GEWÜRZ	VERWENDUNG, WIRKUNG	KÜCHEN-TECHNISCHES	GESCHMACK
Paprika	Als Pulver aus den trockenen Früchten zu Quark, aus den reifen roten Schoten äußerst würziges Mark, ähnlich wie Tomatenmark. Hält das Blut dünn-flüssig; erleichtert die Herztätigkeit	Harntreibend, regt die Bildung von Magensaft an. Mark vitaminreich	Würzig-scharf
Petersilie	Soßen, Mayonnaisen, Kräuterbutter, Quark, Petersilienkartoffel. Magenstärkend, appetit- und ver-dauungsfördernd, harntreibend	Stets roh anwenden; wird beim Kochen bitter	Glatte Petersilie ist würziger als krause Petersilie
Pimpinelle	Salatsoßen, Kräuter-butter in Mischung mit anderen Kräutern	Der feine Duft ent-wickelt sich erst in Essig oder Zitronen-saft	Frisch
Pfeffer	Würzige Salatsoßen, Rote Beete, Kartoffel-salat	Schwarzer Pfeffer – unreif gepflückte getrocknete Beeren; weißer Pfeffer – reife Beeren, von denen die äußere Haut abgerieben wird und der Kern getrocknet wird	Weißer Pfeffer schmeckt milder als schwarzer Pfeffer
Rosmarin	Sparsam angewendet zu Kräutersoßen, an Gemüsesäfte. Erleichtert die Ver-dauung	Frisch und getrocknet sparsam verwenden, da stark würzend	Scharf und bitter, starke Würzkraft

GEWÜRZ	VERWENDUNG, WIRKUNG	KÜCHEN-TECHNISCHES	GESCHMACK
Salbei	Sparsam an Salat-soßen; zu grünem Salat	Wirkt in großen Mengen schädlich	Würzig-bitterer Geschmack
Schnittlauch	Zwiebelgewächs – zu vielen Salaten geeig-net – bringt im Winter einen Hauch Frühling in die Küche	Frisch besser als getrocknet	Würzig, nach Zwiebel
Thymian	Zu Salatsoßen mit „südlicher" Ge-schmacksnote, zu Tomaten, Paprika-schoten, Bohnen	Frisch oder getrocknet verwenden	Stark aromatisch, starke Würzkraft
Zwiebel	An grüne Salate, zu Quark, zu Tomaten-salat. Magen- und darmstärkend, des-infizierend. Rohe Zwiebeln gegen Schlaflosigkeit. Sie halten das Blut dünn-flüssig und verhüten die Bildung von Gerinnseln. Ein Gewürz zum Jung-bleiben	Getrocknete Zwiebeln gut brauchbar	Scharf, auch süßlich

Handelsübliche fertige Salatgewürze

Ein garantiert kochsalzfreies, sehr aromatisches Salatgewürz ist »Brechts-Salat-Gewürz« (Reformhaus) in Pulverform. Die fertigen Gewürzmischungen mit Kochsalz (Maggi, Knorr) enthalten außer den Kräutern 60 % Kochsalz. Wer glaubt, nicht ganz ohne Kochsalz würzen zu können, sollte einmal versuchen, kleine Mengen von Reform-Sellerie-Salz und Reform-Kräutersalz zu verwenden. Bei sehr eiliger Zubereitung der Salate können diese Zusätze zeitsparend wirken. Auch eine Spur Fondor ist zu empfehlen oder ein paar Tropfen Maggiwürze flüssig.

Nicht zu ängstlich sei man auch mit dem gelegentlichen Gebrauch von ein wenig Pfeffer, z. B. zum Gurkensalat, zu empfehlen ist auch für die spezielle Herz-Kreislaufdiät und die Altersdiät, den Salatsoßen etwas Paprikagewürz zuzusetzen. Dafür eignet sich am besten der Edelsüß- oder Delikateß-Paprika. Liebhaber schärferer Gewürze mögen sich des Rosenpaprika bedienen. Nicht zuletzt kann ein sparsamer Zusatz von Curry, einer Gewürzmischung aus mindestens 7 Gewürzen (Kurkuma oder Gelbwurzel, Zimt, Paprika, Pfeffer, Koriander, Kardamon, Ingwer, Muskatblüte) die Salatsoße beleben. Der Phantasie der Salatliebhaber sind hier keine Grenzen gesetzt. Ganz einfach macht es sich die Hausfrau, wenn sie die im Handel erhältlichen fertigen Salatsoßen (Kraft) verwendet. Sie sind in mehreren Geschmacksvarianten hervorragend abgeschmeckt erhältlich.

Welches Fett macht fit?

Zur Rohkost soll nach Möglichkeit nur kalt geschlagenes Pflanzenöl verwendet werden. Raffinierte, d. h. gereinigte Speiseöle sind zwar geruch- und geschmacksfrei, sie haben aber auch ihre wertvollsten Bestandteile eingebüßt: vitaminartig wirkende Stoffe, die sogenannten hochungesättigten Fette. Diese sind *lebenswichtig* – daher auch die Bezeichnung *essentielle* (= lebenswichtige) Fettsäuren –, weil sie in unserem Organismus nicht selbst gebildet werden können. Die bedeutendste dieser Fettsäuren ist die Linolsäure. Ihre volle Wirksamkeit erreicht sie aber nur, wenn gleichzeitig Vitamin E vorhanden ist. Raffinierte Öle enthalten keine Vitamine mehr.

Kaltpreßöle mit hohem Gehalt an Linolsäure und entsprechend

viel Vitamin E sind erhältlich als *Sonnenblumenöl, Vitaminöl, Kürbiskernöl* und *Leinsamenöl.*

Die Pflanzenöle mit hohem Gehalt an hochungesättigten Fettsäuren werden besonders für die Herz- und Kreislaufdiät sowie für die Leber-Galle- und Magen-Darm-Schonkost bevorzugt. Olivenöl hat nur einen geringen Gehalt an hochungesättigten Fettsäuren. Manche Salate schmecken aber mit Olivenöl besser.

Weitere pflanzliche Fettspender haben wir im Leinsamen. Er sollte nicht sehr fein vermahlen werden, weil er dabei große Vitaminverluste erleidet und ranzig wird. In gequetschter Form ist er haltbarer, z. B. unter der Bezeichnung »Linusit« im Reformhaus, in Drogerien und Apotheken erhältlich. Leinsamen regt in milder Form die Darmtätigkeit an, besonders wenn er mit reichlich Flüssigkeit genommen wird, z. B. mit Joghurt, Buttermilch oder Fruchtsäften.

Nüsse passen zu allen rohen Salaten, besonders zu Obst und Obst-Getreidespeisen. Sie müssen aber gut gekaut werden. Zweckmäßig ist es, Nüsse in der Schale aufzubewahren und jeweils nur einen kleinen Vorrat aufzuknacken und mit der Mandelmühle zu reiben. In einem mit Schraubdeckel verschlossenen Glase bleiben sie längere Zeit frisch. Man ist dann ganz sicher, daß man unter ihnen keine Erdnüsse hat, die zwar so fett sind wie die echten Nüsse, aber, botanisch gesehen, Hülsenfrüchte sind und als solche Purinstoffe (Vorstufe der Harnsäure) enthalten.

Die am meisten gebräuchlichen Nußarten sind: Haselnuß, Walnuß, Paranuß, Pinienkerne; die zartgrüne Pistazie, meist nur aus Konditoreiwaren bekannt, und die Kokosraspel können beide zur Rohkost sehr empfohlen werden. Das gleiche gilt von den Mandeln, die auch zur Herstellung von Mandelmilch verwendet werden (zu Saftkuren, als Muttermilchersatz bei Milchschorf).

Milch, Rahm und Quark

Für fettarme Salatsoßen und zu Getreide-Rohkost wird Frischmilch oder Dosenmilch verwendet.

Rahm hat ganz unterschiedlichen Fettgehalt, er schwankt zwischen 10 und 30 %. Mit einem Fettgehalt bis zu 15 % gilt er als »Kaffeesahne«. Saurer Rahm (30 % Fettgehalt) eignet sich besonders gut zu Salatsoßen.

Für bestimmte Rohkostgerichte braucht man steif geschlagene Sahne, die am besten mit gekühltem Rahm gelingt.

Zu Beginn genügt es, langsam zu schlagen, erst wenn die Sahne anfängt fest zu werden, ist schnelles Schlagen notwendig, um recht viel Luft unterzuziehen. Zucker (4–5 El je Liter) erst ganz am Schluß zufügen, da sonst die Schlagfähigkeit stark herabgesetzt wird. In den meisten Fällen genügt für Rohkostgerichte jedoch ungezuckerte Schlagsahne.

Für den täglichen Gebrauch und besonders für weniger fettreiche Salate kann auch Quark an Stelle von Sahne verwendet werden. Mit Milch glattgerührt und sahnig geschlagen, paßt er besonders zu Wurzelgemüsen.

Buttermilch, Sauermilch, Bioghurt und Joghurt dienen ebenfalls zur Herstellung von Salattunken.

Die in den Sauermilcharten und im Quark reichlich enthaltene natürliche Milchsäure hat einen hohen diätetischen Wert. Man kann sie als den Großreinemacher für den Darm bezeichnen. Auch fördert die Milchsäure die Zellatmung, das ist der Sauerstoffaustausch zwischen den einzelnen Körperzellen. Eine gute Zellatmung gilt als biologischer Krebsschutz.*)

Das Ei

Für Rohkostgerichte kommt vor allem das Eigelb zum Binden von Soßen in Frage. Ein Eigelb enthält ungefähr 7 Gramm lezithinreiches, für die Nerven wertvolles Fett. Sein Cholesteringehalt wird durch den Lezithinanteil weitgehend ausgeglichen. Im

---

*) Siehe Lisa Mar – Prof. Dr. H. O. Kleine: »Krebsdiät«, Walter Hädecke Verlag, Weil der Stadt.

Eigelb sind außer Vitamin C alle bekannten Vitamine enthalten, auch das in Pflanzennahrung fehlende Vitamin B_{12}. Darum ist bei ausschließlich vegetarischer Kost der Gebrauch von rohem Eigelb sogar wichtig. Ferner sind die Spurenelemente Kupfer und Eisen im Eigelb enthalten, die für die Blutbildung wertvoll sind.

Das Eigelb ist selbst schon eine Emulsion, eine feine Mayonnaise. Darum eignet es sich sehr gut zur Herstellung von Mayonnaise.

Für manche Diätformen wie Magen-Darm- und Leber-Galleschonkost ist die Eier-Mayonnaise ungeeignet. In solchen Fällen empfiehlt sich die Soja-Mayonnaise, die auch für Diabetiker nützlich ist. Ein gehäufter Eßlöffel Voll-Sojamehl entspricht dem Nährwert eines Hühnereis. Vollsojamehl enthält Fett, Lezithin und Eiweiß ähnlich wie das Ei.

Für fettarme Zubereitungsweise gibt es auch ein schonend teilentfettetes Sojamehl (Henselwerk, Reformhaus). Sojamehle sind besonders reich an dem Nerven-Vitamin B_1.

Rohes Eiereiweiß enthält Avidin, einen Hemmstoff gegen das Wirksamwerden von Biotin. Biotin ist ein Hautschutz-Vitamin und gehört zu der Gruppe der B-Vitamine. Häufiger Genuß von rohem Eiereiweiß ist also bei Neigung zu Hautkrankheiten (Akne, unreine Haut) zu meiden.

Zucker und Honig

Zum Süßen von Obstsalaten ist Honig ohne Zweifel am besten. Reiner, ungefälschter Bienenhonig ist nicht allein sehr nahrhaft, sondern auch heilkräftig. Außer den einheimischen wertvollen Imker-Honigen sind auch die preisgünstigen Import-Honige vertrauenswürdig. Der weiße Industriezucker ist kein Ersatz für Honig, er kann sogar, in großen Mengen genossen, im Körper schädlich wirken und soll nur sparsam angewendet werden.

Für die Herz- und Leber-Diät und für Zuckerkranke eignet sich besonders der leberstärkende Fruchtzucker. Zuckerkranke*) dürfen davon 60 g über den Tag verteilt ohne Anrechnung auf die Kohlenhydrate verwenden.

Vitamine:
Wo und wie?

Nachstehend folgt eine Auswahl der für die Rohkostzubereitung in Frage kommenden Vitamine und Tips für die werterhaltende Behandlung in der Küche.

Naturgemäß werden die meisten tierischen Nahrungsmittel als Vitaminträger nicht aufgeführt. Von den pflanzlichen Vitaminspendern werden nur die ergiebigsten genannt.

Vitamin A

Als fertiges Vitamin in Milch, Sahne, Butter, Vollwertmargarine, Doppelrahmfrischkäse (Typ Gervais), Hüttenkäse, Jocca, Eigelb.

Als Vorstufe: Karotin in allen grünen Pflanzenteilen, in Karotten, Möhren, Tomaten, Grünkohl, Aprikosen, Blutorangen, roten Paprikaschoten, Sanddornbeeren. Karotin wird in der Leber zu Vitamin A aufgebaut, vorausgesetzt, daß gleichzeitig Fett aufgenommen wird (Karotten-Milch, Sanddorn-Milch, Tomaten in Ölsoße usw.).

Küchentip: Rohkost vor Luftzutritt schützen, da Vitamin A sauerstoffempfindlich ist, also nicht viel rühren, nicht zerkleinert stehen lassen.

---

*) Siehe Lisa Mar »Leckerbissen für Diabetiker«, »Leckerbissen für Gallen- und Leberkranke«, »Leckerbissen für Herzkranke«, Walter Hädecke Verlag, Weil der Stadt.

Vitamin B₁

Im Eigelb, im Getreidekeim, also in Vollkornerzeugnissen (Hafer, Hirse, Weizen, Naturreis, Roggen), Leinsamen, Nüssen, Vollsojamehl, Hefeflocken, Hefepulver.

Küchentip: Wasserlöslich, daher nicht lange wässern, zerstörbar durch Alkalien (Backpulver, Natron, Bicarbonat), dagegen in saurer Lösung (Salatsoße) haltbar.

Vitamin B₂

In Vollmilch, Bioghurt, Joghurt, Molke, Frischrahmkäse, Eigelb und Eiklar, Hefeflocken, Hefepulver, Vollkorngetreide, Vollkornflocken, Vollsojamehl, Leinsamen.

Küchentip: Wasserlöslich, daher nicht lange wässern, bei gleichzeitigem Verzehr von Quark wird durch die darin enthaltene Eiweißart Methionin die Wirkung des Vitamins erhöht.

Vitamin C

In allen grünen Pflanzenteilen, besonders reichlich in Petersilie, Dillkraut und Paprikaschoten, in schwarzen Johannisbeeren, Orangen, Zitronen, Hagebutten, Sanddornbeeren (Spitzenträger des C-Vitamins), in Kartoffeln.

Küchentip: Das empfindlichste aller Vitamine, rasch zerstörbar durch Berührung mit rostenden Messern (Fleischwolf!), rostenden Reiben, Kupfer, durch langes Warmhalten und starkes Erhitzen; wasserlöslich, also Salate nicht unnötig lange wässern, sauerstoffempfindlich. Verluste treten schon bei eintägigem Lagern ein. Zerkleinerte Rohkost bietet dem Luftsauerstoff eine besonders große Angriffsfläche, das C-Vitamin zersetzt sich dann rasch. Da C-Vitamin in saurem Milieu gut haltbar ist und Fett vor Luftzutritt schützt, sollen zerkleinerte Salate immer in die vorbereitete Soße gegeben werden, nicht umgekehrt.

Vitamin D

In Eigelb, Sommerbutter, Vollwertmargarine, rohen Champignons, Getreidekeimen. Wird im Organismus durch Sonnenbestrahlung gebildet.

Küchentip: Wer viel Sonnenbäder nimmt, soll gleichzeitig reichlich Kalk in der Nahrung aufnehmen (Quark, Käse), weil sonst die Bildung von Vitamin D nicht möglich ist.

Vitamin E

In Eigelb, Milch, Sahne, Butter, Vollwert-Margarine, Getreidekeimen, Vollkornerzeugnissen, Leinsamen, Getreidekeim-

ölen, Leinöl, Kürbiskernöl, Sonnenblumenöl und in Olivenöl.
Küchentip: Sauerstoffempfindlich, Öle und Fette gut verschlossen aufbewahren, lichtempfindlich, also in dunklen Gefäßen aufbewahren, hitzebeständig.

Kalorien im Salat

In der Soße

1 El Buttermilch	ca. 10 g	ca. 4 Kal
1 Ei mittelgroß		ca. 85 Kal
1 Eigelb		ca. 55 Kal
1 Tl Fruchtzucker	ca. 5 g	ca. 20 Kal
1 El Fruchtzucker	ca. 10 g	ca. 40 Kal
1 Tl Honig	ca. 5 g	ca. 15 Kal
1 El Honig	ca. 10 g	ca. 30 Kal
1 El Joghurt (Magermilch)	ca. 10 g	ca. 4 Kal
1 El Joghurt (Vollmilch)	ca. 10 g	ca. 7 Kal
1 Tl Kondensmilch 7,5 % F	ca. 5 g	ca. 7 Kal
1 Tl Kondensmilch 10 % F	ca. 5 g	ca. 9 Kal
1 geh. El Magerquark	ca. 30 g	ca. 30 Kal
1 Tl Mayonnaise	ca. 5 g	ca. 30 Kal
1 El Mayonnaise	ca. 12 g	ca. 70 Kal
1 geh. El Quark 20 % F.i.Tr.	ca. 30 g	ca. 37 Kal
1 El Sahne 28 % F	ca. 10 g	ca. 30 Kal
1 Tl Salatöl	ca. 5 g	ca. 45 Kal
1 El Salatöl	ca. 10 g	ca. 90 Kal
1 Tl Tomatenketchup	ca. 10 g	ca. 10 Kal
1 El Tomatenketchup	ca. 25 g	ca. 25 Kal
1 Tl Tomatenmark	ca. 10 g	ca. 5 Kal
1 El Tomatenmark	ca. 25 g	ca. 12 Kal
1 El Trinkmilch 3,5 % F	ca. 10 g	ca. 7 Kal
1 El Zitronensaft	ca. 10 g	ca. 3 Kal
1 Tl Zucker	ca. 5 g	ca. 20 Kal
1 El Zucker	ca. 10 g	ca. 40 Kal

Im Nu zubereitet: Kopfsalatherzen mit Quarkmayonnaise   ▷
(Seite 39) und frischen Kräutern.

Eine Spezialität, die nicht nur die Frankfurter mögen: „Grüne Soße" (vgl. Kräuter-Mayonnaise Rezept Seite 37) mit Mayonnaise aus dem Glas oder nach Grundrezept und vielen frischen Kräutern. Zur echten „Grünen Soße" gehören mindestens sieben Kräuter!

Kalorien in der Frischkost

1 kleiner Apfel	ca. 100 g	ca. 50 Kal
1 kleine Banane	ca. 100 g	ca. 90 Kal
1 Portion Gartenkresse	ca. 25 g	ca. 5 Kal
1 Grapefruit	ca. 150 g	ca. 50 Kal
1 Portion Kopfsalat	ca. 50 g	ca. 5 Kal
1 mittelgroße Möhre	ca. 50 g	ca. 15 Kal
1 Tl gemahlene Nüsse	ca. 5 g	ca. 35 Kal
1 El gemahlene Nüsse	ca. 10 g	ca. 70 Kal
1 grüne Olive	ca. 5 g	ca. 10 Kal
1 schwarze Olive	ca. 5 g	ca. 25 Kal
1 kleine Orange	ca. 100 g	ca. 60 Kal
Radieschen	ca. 100 g	ca. 20 Kal
Rettich	ca. 100 g	ca. 32 Kal
1 mittelgroße Salatgurke	ca. 500 g	ca. 35 Kal
1 mittelgroße Tomate	ca. 50 g	ca. 10 Kal
1 kleine Zitrone	ca. 100 g	ca. 30 Kal
1 kleine Zwiebel	ca. 20 g	ca. 10 Kal

Der Kaloriengehalt der Gewürze und Kräuter ist so gering, daß er nicht veranschlagt werden muß.

Zur Berechnung des Nährwertes dienten:

S. W. Souci, H. Bosch »Lebensmitteltabellen für die Nährwertberechnung«, Wissenschaftl. Verlagsgesellschaft mbH, Stuttgart 1967
Lexikon der tropischen, subtropischen und mediterranen Nahrungs- und Genußmittel, Nicolaische Verlagsbuchhandlung Herford 1966

Salatsoßen, Mayonnaisen, Dips

Die Soßen werden zweckmäßigerweise in einer kleinen Schüssel mit dem Tassenschneebesen oder der Gabel so lange geschlagen, bis sie milchig-trübe sind. So verteilt sich das Fett gleichmäßig. Arbeits- und zeitsparend ist die Zubereitung im Mixbecher der elektrischen Küchenmaschine.
Um eine Verwässerung der Soßen zu vermeiden, müssen Blatt- und Krautsalate gut abgetropft sein. Am besten ist vorsichtiges Trocknen in einer Serviette oder einem Küchentuch.

Salatsoßen

Salatsoße (Grundrezept)
ca. 50 Kal.

1 Tl (5 g) Kaltpreßöl,
1 Tl Zitronensaft oder 1/2 Tl Essig

Die Zutaten mit dem Tassenschneebesen oder der Gabel schlagen, bis die Mischung milchig-trüb wird.

Frühjahrskräutersoße
ca. 50 Kal.

Salatsoße nach Grundrezept,
2 Blätter Borretsch, 1 Dillkrautstengel,
1 kleines Bündel Schnittlauch
oder 3 Stengelchen Schafgarbe, 3 Blatt Sauerampfer,
1 Stengel Dillkraut.

Kräuter fein schneiden und mit der Grundsoße vermischen.

Kerbelsoße
ca. 55 Kal.

Salatsoße nach Grundrezept,
1 Handvoll Kerbel, 1 Sträußchen Petersilie,
1 El Sauermilch oder Joghurt

Die Kräuter fein schneiden und mit der Grundsoße, Sauermilch oder Joghurt gut verrühren.

Sommerkräuter-soße I
ca. 50 Kal.

Salatsoße nach Grundrezept,
1 El Estragon, 1 El Dill,
1 Tl Zitronenmelisse, 1 Tl Tripmadam,
nach Wahl Fenchelkraut und Thymian, Salbei und Rosmarin

Die Kräuter fein hacken und gründlich mit der Grundsoße vermischen.

Pikante Sommer-kräutersoße
ca. 60 Kal.

Salatsoße nach Grundrezept,
etwas Senf, 1 Prise Zucker, 1/2 Tl Streuwürze (Cenofix),
2 El gehackte Kräuter (Petersilie, Kerbel, Schnittlauch, Dill usw.) evtl. 1 El Joghurt

Grundsoße, Gewürze und Kräuter gut vermischen und mit Joghurt abrunden.

Salatsoße griechische Art
ca. 110 Kal.

Salatsoße nach Grundrezept,
1/4 Zwiebel, fein gewürfelt,
1/2 feinpürierte Knoblauchzehe,
1 Prise Thymian, zwischen den Fingern verrieben,
1 El gehackte Petersilie,
1 Prise frischgemahlenen Pfeffer, etwas Streuwürze oder wenig Salz, 50 g Schafskäse

Grundsoße, Gewürze und Kräuter gut verrühren, den Schafskäse fein zerkrümeln und unter die Soße heben. Diese Soße eignet sich gut für südliche Rohkost wie Paprika, Auberginen und Zucchini, aber auch für Tomaten, Gurken und Blattsalat. Nach Geschmack und Salatsorte passen einige kleingeschnittene Oliven dazu.

Salatsoße auf italienisch
ca. 55 Kal.

Salatsoße nach Grundrezept,
1 Prise Salz und Pfeffer,
etwas Senf, Thymian, Rosmarin und Basilikum,
1/2 feinpürierte Knoblauchzehe

Alle Zutaten gut vermischen. Die Knoblauchzehe gibt dieser Soße, die besonders gut zu grünem Salat, Radicchio, Tomatensalat und Paprika schmeckt, den richtigen Pfiff.

Winterkräutersoße
ca. 50 Kal.

Salatsoße nach Grundrezpt,
1/2 Zwiebel,
1 El getrocknete Kräuter (z. B. Estragon, Zitronenmelisse und Basilikum, gemischt)
oder 1 El getrocknetes Dillkraut

Die Zwiebel feinwürfelig schneiden und mit den getrockneten Kräutern unter die Grundsoße mischen.
Getrocknete Kräuter werden heute in reicher Vielfalt angeboten. Man kann also auch im Winter abwechslungsreich würzen. Im übrigen: frische Kräuter gibt es zu jeder Jahreszeit. Am einfachsten ist es, Schnittlauch im Blumentopf am Küchenfenster »anzubauen« – dann hat man immer etwas Frisches. Fortgeschrittene und zugleich Besitzer einer Gefriertruhe können sich alle Kräuter im Sommer einfrieren: Die Kräuter waschen, abtropfen und gut trocknen lassen, fein schneiden, Kleinstportionen in Aluminiumfolie packen und einfrieren.

Tomatenkräutersoße
ca. 60 Kal.

Salatsoße nach Grundrezpt,
1 Tl Tomatenmark,
2 El kleingeschnittene Kräuter nach Jahreszeit,
evtl. 1 Kräutergurke

Tomatenmark unter die Grundsoße mischen und die Kräuter dazugeben. Eine besondere Note gewinnt die Soße, wenn eine Kräutergurke grob geraspelt und daruntergemischt wird.
Diese Soße paßt vor allem zu Salaten, die von Natur aus fade schmecken, z. B. Spinat, Weißkraut, Topinambur etc.

Salatmayonnaisen

Mayonnaise – Grundrezept auf Vorrat
1235 Kal.
1 Tl (5 g) = 30 Kal.
1 El (12 g) = 70 Kal.

1/8 l (125 g) Sonnenblumenöl,
1 Tl Zitronensaft, Essig oder Senf, 1 Eigelb

Wichtig: Alle Zutaten sowie das Gefäß, in dem die Mayonnaise gerührt wird, müssen dieselbe Temperatur haben, sonst gerinnt die Mayonnaise.

Eigelb und Zitronensaft (Essig oder Senf) glatt verquirlen und unter ständigem Rühren mit dem Tassenschneebesen das Öl zugeben. Mit dem Elektroquirl kann alles auf einmal verrührt werden.

Diese Grundmayonnaise hält sich – gut zugedeckt – im Kühlschrank mehrere Tage. Vor Gebrauch wird sie nach Belieben gewürzt und evtl. verdünnt (mit Zitronensaft, Essig, Buttermilch usw.). Die zusätzlichen Kalorien für die Verdünnung fallen nicht ins Gewicht. Wer jedoch die Mayonnaise mit Quark verlängert, muß für 1 El Magerquark (ca. 30 g) rund 25 Kalorien rechnen. Die Eiweißkalorien des Quarks machen aber nicht dick!

Kräuter-Mayonnaise
ca. 40 Kal.

1 Tl Mayonnaise nach Grundrezept,
1 El feingehackte Kräuter, etwas Buttermilch und Estragonessig

Die Kräuter – Kerbel, Estragon, Dill, Zitronenmelisse – mit der Mayonnaise gut vermischen, mit Buttermilch leicht verdünnen und mit Estragonessig nachwürzen.

Provenzalische Mayonnaise
ca. 50 Kal.

1 Tl Mayonnaise nach Grundrezept,
1 Knoblauchzehe, feingerieben,
6 Mandeln, feingerieben

Den Knoblauch und die Mandeln unter die Mayonnaise mischen und gut miteinander verrühren. Der Knoblauch begünstigt die Fettverdauung, und deshalb ist diese Mayonnaise besonders bekömmlich.

Sherry-Mayonnaise
ca. 100 Kal.

1 Tl Mayonnaise nach Grundrezept,
1 El Quark (20 %),
1 El geriebener Emmentaler,
1 Prise Salz oder Streuwürze,
1 Schuß Sherry

Alle Zutaten gut miteinander vermischen; die Sherry-Mayonnaise eignet sich gut zum Anrichten von Gurken, Salatherzen und Artischocken.

Senf-Mayonnaise
ca. 55 Kal.

1 Tl Grundmayonnaise, 1 Tl Senf

Die Zutaten gut miteinander verrühren und eventuell mit Milch oder Rahm verdünnen.

Meerrettich-Mayonnaise
ca. 60 Kal.

1 Tl Grundmayonnaise,
1–2 Tl Meerrettich, fein gerieben

Meerrettich ist sehr vitamin-C-reich, und um Vitaminverluste zu vermeiden, darf er erst kurz vor dem Essen gerieben und zugegeben werden. Um die Schärfe des Meerrettichs etwas zu mildern, kann die Mayonnaise mit etwas Milch verdünnt werden. Man serviert sie zu Möhren und Schalkartoffeln.

Pilz-Kräuter-Mayonnaise
ca. 50 Kal.

1 Tl Grundmayonnaise,
2 El Champignons, feingehackt (aus dem Glas oder aus der Dose),
1 Prise Zwiebelsalz, Pfeffer,
1 Tl Petersilie, feingehackt,
1 kleine, enthäutete, entkernte, kleingeschnittene Tomate

Der Grundmayonnaise die feingehackten Champignons beigeben und mit etwas Zwiebelsalz und Pfeffer würzen. Dann die Petersilie und die kleingeschnittene Tomate darunterheben und alles gut miteinander vermischen.

Quark-Mayonnaise *1 Tl Grundmayonnaise, 1 El Quark*

ca. 60 Kal.

Den Quark durch ein Sieb streichen und unter die Mayonnaise mischen; das ergibt einen sehr guten Brotaufstrich oder eine pikante Soße zum Anrichten von allerlei Wurzelgemüsen.

Soja-Mayonnaise
I. Art
(für cholesterin-
freie Diät)
ca. 85 Kal.

1 Tl (5 g) Vollsojamehl,
2 El Wasser, 1 El Zitronensaft,
1 Tl Kaltpreßöl (5 g),
1 Tl Tomatenmark, gestrichen (10 g),
1 Prise Curry, 1 El Bioghurt oder Joghurt (25 g)

Vollsojamehl mit Wasser zu einem klümpchenfreien Brei anrühren, Zitronensaft dazugeben, dann Öl untermischen, mit Tomatenmark und Curry würzen; wenn alles glatt verrührt ist, Joghurt dazugeben.

Soja-Mayonnaise
II. Art
ca. 75 Kal.

1 Tl halbentfettetes Sojamehl, sonst wie bei I. Art

Diese würzige Mayonnaise eignet sich für Wurzelsalate ebenso wie für Blatt-Salate.

Rahm-Soße
I. Art
ca. 60 Kal.

2 El (20 g) süßer Rahm (28 % Fett),
1 El Zitronensaft,
Würzkräuter, Curry oder Paprika

Rahm und Zitronensaft cremig schlagen und würzen.

Rahm-Soße
II. Art
ca. 75 Kal.

1 El (10 g) süßer Rahm (28 % Fett),
1 Tl Kaltpreßöl,
1 El Zitronensaft, Gewürze wie I. Art

Rahm, Öl und Zitronensaft cremig schlagen, würzen. Rahmsoßen schmecken köstlich zu Wurzelsalaten, zu Blumenkohl, Tomaten etc.

Quark-Dip
ca. 60 Kal.

Alle Soßen lassen sich mit 1 Tl Magerquark mischen, nach Belieben auch mit einer größeren Menge. Die Quarkzugabe ist unbedenklich für die Linie, da es sich um Eiweißkalorien handelt, die nicht dick machen. Quarkzugabe verleiht den einfachen Soßen eine mayonnaisenartige Beschaffenheit, so daß sie als „Dip" serviert werden können, in den man die Salatblätter eintunkt.

Meerrettich-Dip
(8 Portionen)
ca. 50 Kal. pro Portion

Diese Soße läßt sich nur mit einer größeren Rahmmenge zubereiten, sie ist also geeignet für die Bewirtung von Gästen und als „Dip". Sie hält sich (wenn die Sahne wirklich frisch ist) 2–3 Tage im Kühlschrank.

1/8 l süßer Rahm (28 % Fett),
1 El frisch geriebener Meerrettich,
1/2 Tl Zucker, 1 Prise Salz,
1 Blatt Dünnblattgelatine

Gelatine in wenig Wasser einweichen. Die eisgekühlte, steif geschlagene Sahne mit Meerrettich, Zucker und Salz vermischen. Die gut abgetropfte Gelatine in eine Tasse geben, diese in heißes Wasser stellen und die Gelatine so auflösen; Gelatine in eine größere Schüssel geben und nun die Meerrettich-Sahne nach und nach hineinrühren. Kühl stellen.
So zubereitet kann die Meerrettich-Rahmsoße zum Garnieren von Salaten, zum Füllen von Tomatenhälften etc. verwendet werden, ohne gleich zusammenzufallen.

Nuß-Mayonnaise mit Kräutern (ohne Ei)
ca. 60 Kal.

1 Tl Nuß- oder Mandelmus,
1 El Zitronensaft, 3 El Milch,
1 El feine Kräuter

Nuß- oder Mandelmus mit dem tropfenweise zugefügten Zitronensaft glattrühren, Milch in vollem Strahl darunter mischen, zuletzt die feingeschnittenen Kräuter dazugeben.
Anstelle von frischen oder getrockneten Kräutern kann je nach Verwendungsart auch Paprika, Curry, Pfeffer usw. zum Würzen verwendet werden.
Nuß-Mayonnaise ist im Gegensatz zu Ei-Mayonnaise cholesterinfrei (wichtig für Herz- und Kreislaufdiät).

Nuß-Mayonnaise mit Honig
ca. 75 Kal.

1 Tl Nuß- oder Mandelmus,
1 El Zitronensaft,
3 El Milch, 1 Tl Honig

Nuß- oder Mandelmus mit dem tropfenweise zugefügten Zitronensaft glattrühren, Honig dazugeben und Milch in vollem Strahl einrühren. Diese Mayonnaise paßt besonders gut für Obstsalate, Kaltschalen usw.
Zum Würzen eignen sich Ingwer, Zimt und Anis.
Nuß-Mayonnaise ist cholesterinfrei (wichtig für Herz- und Kreislaufdiät).

Fettarme Soßen

Sauermilch- oder Joghurtsoße
ca. 10 Kal.

1 El Sauermilch oder 1 El Joghurt,
1 Tl Zitronensaft,
gehackte frische Kräuter oder kleingeschnittene Zwiebel

Alle Zutaten gründlich zusammenrühren. Wenn anstelle von Joghurt Bioghurt verwendet wird, so kommt das besonders der Magen-Darm- und Leber-Galle-Diät zugute.

Tomatensoße
ca. 20 Kal.

2 El Joghurt,
1 Tl Tomatenmark, etwas Zitronensaft

Alle Zutaten gut vermischen; diese Soße ist eine köstliche Würze für fade Salate, wie Spinat, Weißkohl.

Meerrettichsoße
ca. 20 Kal.

2 El Joghurt,
1/2 bis 1 Tl geriebener Meerrettich,
etwas Zitronensaft

Alle Zutaten gut verrühren. Diese Soße paßt gut zu Möhren, roten Rüben oder Tomaten.

Senfsoße
ca. 25 Kal.

2 El Joghurt,
1/2 Tl milder Senf, etwas Borretsch

Joghurt mit Senf glattrühren und mit Borretsch würzen. Empfohlen zu Gurken- und Kopfsalat und zu geriebenen Möhren.

Joghurtsoße pikant
ca. 30 Kal.

2 El Joghurt,
1/2 Tl milder Senf,
je 1 Prise Streuwürze, Pfeffer und Edelsüß-Parika,
1 Prise Zucker,
1 Tl Zitronensaft, eventuell 1 Tl Tomatenketchup

Alle Zutaten gut miteinander vermischen, statt Zitronensaft kann auch Obstessig zum Säuern genommen werden.

Quarksoße
ca. 55 Kal.

1 El Quark, gehäuft,
2–3 El Milch,
1 El würfelig geschnittene Zwiebel oder feingeschnittene Kräuter

Den Quark mit der Milch glattrühren, die Kräuter zufügen.

Die appetitlockende Rohkost

Grundregel für die Zubereitung

○ Es empfiehlt sich, immer zuerst die Soße herzustellen und dann erst die gesäuberten, zerkleinerten Wurzeln, Blätter oder Gemüsefrüchte hineinzugeben. Nur so bleiben die gegen den Luftsauerstoff empfindlichen Vitamine, die Duft- und Aromastoffe und die Farbstoffe weitgehend unversehrt.

○ Die Rohkost sollte nicht stärker zerkleinert werden, als unbedingt notwendig, also nur bei Gebißschwäche oder entzündlichen Zuständen des Verdauungsapparates die feine Raffel benützen!

○ Zur Anregung der Kaulust und dadurch vertieften Geschmacksempfindung empfiehlt es sich, Wurzeln teilweise locker geraspelt, teilweise fein gerieben zu mischen.

○ Die angerichtete Rohkost sollte möglichst bald verzehrt werden.

○ Übriggebliebene Rohkost nicht bis zum anderen Tag aufbewahren, auch nicht im Kühlschrank. Es können Gärungsvorgänge eintreten, die zu Darmstörungen führen.

Alle Rezepte sind für eine Person berechnet.

Wurzelgemüse

Möhren (Karotten) darmfreundlich

Die frühen Möhren heißen gemeinhin Karotten; sie entliehen ihren Namen dem Karotin, einem Halbfertigfabrikat der Natur, das die Vorstufe von Vitamin A bildet. Die Möhre und die Karotten zeichnen sich nicht nur durch ihren Karotinreichtum aus, sie zählen auch zu den besonders magen- und darmfreundlichen Gemüsepflanzen.

Möhren-Rohkost
ca. 70 Kal.

Salatsoße aus 1 Tl Öl und 1 Tl Zitronensaft
2 mittelgroße Möhren (60 g), geschabt

Die geschabten Möhren in die Salatsoße nicht allzu grob hineinreiben und gut durchmischen. Trockene, kaum süß schmeckende Möhren oder Karotten mit etwas Honigzusatz aromatisieren. Trockene, alte Möhren haben einen erhöhten Karotingehalt!

Möhren in Kerbelsoße
ca. 75 Kal.

2 mittelgroße Möhren,
Kerbelsoße S. 35

Die jungen Möhren fein reiben und in der Kerbelsoße anrichten.
Zitronensaft als Beigabe kann evtl. entfallen.

Karotten-Rohkost tiefgekühlt (für 3 Portionen)
ca. 50 Kal. pro Portion

1 Packung (300 g) tiefgekühlte Karotten,
Marinade aus 1 Tl Öl und 1 Tl Zitronensaft,
eventuell 2 El feingehackte Petersilie

Karotten bei Zimmertemperatur kurz antauen lassen, dann mit der Marinade bedecken, bis alles völlig aufgetaut ist, dann gründlich mischen.
Mit Petersilie bestreuen.

Möhrencreme
ca. 140 Kal.

10 g Hasel- oder Walnüsse, gerieben,
1 El süße Sahne,
2 El Trinkmilch (3,5 % Fett),
2 mittelgroße Möhren (60 g)

Die geriebenen Nüsse mit der süßen Sahne und der Milch verrühren. In diese Soße die geschälten Möhren sehr fein reiben. Alten Möhren etwas Honig zusetzen, das erhöht den Vitamin-A-Gehalt.

Möhren-Mix
ca. 160 Kal.

1 El gemahlene Haselnüsse,
1 El Zitronensaft,
1 Tl Honig, 2 El Joghurt,
2 mittelgroße Möhren, gerieben, 1/4 Apfel, gerieben,
1 El Rosinen, 1/4 Apfelsine in kleinen Stückchen

Aus Haselnüssen, Zitronensaft, Honig und Joghurt eine Soße rühren und die Rohkost darin anrichten.

Rote Rüben
(Rote Bete)

Rote Bete (bot. Beta vulgaris), in Südbaden und in der Schweiz auch als »Randen«, im Französischen »Betteraves« bezeichnet, haben eine hohe diätetische Bedeutung. Von alters her rühmt man den Saft der rohen Rote Bete gegen Bleichsucht, Blutarmut und gegen Stoffwechselerkrankungen. Sie gelten auch als wirksam gegen die Virusgrippe. Außerdem stehen sie auf der Liste der tumorfeindlichen Nahrungsmittel und eignen sich zur Bekämpfung der Leukämie. Es wird angenommen, daß der natürliche Pflanzenfarbstoff – es handelt sich nicht um Karotin sondern um Anthozyanfarbstoff (Blumenblau) – einen biologischen Effekt hat. Die Rote Rübe ist kohlenhydratreich, weshalb Zuckerkranke dieses Gemüse nur im Rahmen der erlaubten Kohlenhydratmenge (Brot-Einheiten = BE) in ihren Speiseplan einbauen dürfen.
Der etwas erdige Geschmack der roten Rübe kann durch Salatsoßen mit Quark, Joghurt oder Sahne und durch Mischen mit Äpfeln oder Meerrettich überdeckt werden.

Rote Rüben-Rohkost
a. 70 Kal.

60 g Rote Rüben, geschält,
Zitronensaft,
Sauermilch- oder Joghurtsoße, S. 41

Die geschälten Roten Rüben fein reiben und laufend Zitronensaft einträufeln, damit die rote Farbe erhalten bleibt. Die Sauermilch- oder Joghurtsoße mit einem Holz- oder Plastiklöffel unter die Rohkost mischen.

Rote Rüben mit Rahm
ca. 90 Kal.

60 g junge Rote Rüben, gereinigt,
2 El dicke Sahne, eventuell etwas Honig

Die möglichst jungen, zarten Roten Rüben reinigen, fein reiben und dabei mit Zitronensaft vermischen. Mit der dicken, süßen Sahne anrichten und nach Bedarf mit Honig süßen.

Rote Rüben mit Apfel
ca. 160 Kal.

60 g Rote Rüben,
1 kleiner, säuerlicher Apfel,
Marinade aus 1 Tl Öl und 1 Tl Zitronensaft,
1 El saure Sahne

Rote Rüben und den Apfel in die Salatsoße hineinraspeln, zuletzt 1 El saure Sahne zugeben.

Rote Rüben mit Meerrettich
ca. 130 Kal.

60 g Rote Rüben, gesäubert, fein gerieben,
mit 1 El Zitrone vermischt,
1 Tl Meerrettich, frisch gerieben,
Quarksoße fettarm S. 42, 1 El Sauerrahm

Die Roten Rüben feingerieben in die Quarksoße geben und kurz vor dem Auftragen den frischgeriebenen Meerrettich und den Sauerrahm darunterziehen. Anstatt Sauerrahm kann man auch 1 Tl Sonnenblumenöl nehmen.

Rote Rüben mit Kümmel
ca. 70 Kal.

60 g Rote Rüben, geschält,
Sauermilch- oder Joghurtsoße S. 41
1 Tl Kümmel, etwas Zitronensaft

Die Roten Rüben fein reiben und dabei laufend Zitronensaft einträufeln. Mit der Soße locker vermischen und mit Kümmel würzen.

Rettich und Radieschen

Unter den Gemüsen, mit denen die Arbeiter beim Bau der Pyramide von Gizeh mit der berühmten Sphinx beköstigt wurden, befanden sich auch Rettiche. Der Rettich wirkt durch seinen Gehalt an Senföl stark auf Leber und Galle ein, er behebt Verdauungsbeschwerden, Blähsucht und Verstopfung. Bei Neigung zu Gallensteinbildung sollte Rettich das ganze Jahr über verzehrt werden, besonders auch in Form des Saftes. Auch eine harntreibende Wirkung wird dem Rettich nachgerühmt. Die stärkste Wirkung geht vom Gebrauch des im Winter vorkommenden schwarzen Rettichs aus.

Das Radieschen ist keine Zwergform des Rettichs, wie vielfach angenommen wird, sondern eine eigene Rettich-Art. Es ist erst seit dem 16. Jahrhundert bekannt.

Bei empfindlichem Magen oder gereizter Leber ist es ratsam, Rettich in Saftform zu genießen. Da sich das Senföl schnell verflüchtigt, kann der Saft nicht auf Vorrat ausgepreßt werden, sondern ist likörglasweise möglichst sofort nach dem Pressen zu trinken.

Rettich und Radieschen sollen nicht pelzig sein. Sie müssen frisch verzehrt werden, auch im Kühlschrank werden sie schnell pelzig.

Mit dem Rettichschneider spiralförmig aufgeschnitten, ist der Rettich eine aparte Garnitur für jede Salatschüssel oder für eine Käseplatte.

Rettich (Grundrezept)
ca. 60 Kal.

60 g Rettich,
1 Tl Öl, 1 Tl Zitronensaft,
Petersilie oder Schnittlauch,
etwas Salz

Den geriebenen oder auf dem Gurkenhobel in feine Scheiben geschnittenen Rettich mit einer Salatsoße aus Öl und Zitronensaft anrichten. Fein geschnittene Petersilie oder Schnittlauchringe passen gut dazu. Ein wenig Salz mildert die Schärfe des Rettichs. Falsch ist es, den Rettich zu salzen und den Saft abzugießen, da die im Rettich enthaltenen Vitamine wasserlöslich sind und mit dem Saft verloren gehen.

Rettich mit Apfel
ca. 65 Kal.

60 g Rettich,
1 kleiner, säuerlicher Apfel,
Marinade aus 1 Tl Öl und 1 Tl Zitronensaft,
einige Tropfen Friate

Den Rettich mit dem Apfel in die vorbereitete Marinade reiben und gut durchmischen. Eine Verfeinerung erfährt die Rohkost, wenn man einige Tropfen Friate (Fruchtwürze) zugibt.

Radieschen
ca. 60 Kal.

60 g gereinigte Radieschen,
Salatsoße aus 1 Tl Öl und 1 Tl Zitronensaft

Die Radieschen auf dem Gurkenhobel schneiden oder mit einer Reibe fein zerkleinern. Sofort mit der Salatsoße anrichten. Zu Rosenform geschnitten sind Radieschen beliebt als Garnitur für Salatplatten.

Meerrettich – natürliches Antibiotikum

Der Meerrettich enthält antibiotisch wirksame Stoffe, ähnlich dem Penicillin und ist geeignet für die Nierendiät, überhaupt zur positiven Beeinflussung der Harnwege. Kurmäßig kann er einfach mit etwas Sahne, Joghurt oder Quark vermischt täglich genommen werden.

Meerrettich
ca. 90 Kal.

1 Tl frisch geriebener Meerrettich,
Rahmsoße 2. Art S. 39
oder Quarkmayonnaise S. 39 (nur 75 Kal.)

Den frisch geriebenen Meerrettich in die bereitgehaltene Rahmsoße oder Quarkmayonnaise gut einrühren.

Radieschen als rote Farbtupfer in der grünen Salatplatte sind   ▷
eine beliebte Garnitur und verlocken zum Zugreifen.

Meerrettich mit Apfel
ca. 125 Kal.

1 Tl frisch geriebener Meerrettich,
1 kleiner, säuerlicher Apfel,
Quarkmayonnaise S. 39

Das vorstehende Rezept um den Apfel bereichern und mit Quarkmayonnaise binden. Durch Zugabe von 1/2 Tl Friate erfährt die Rohkost eine Verfeinerung.

Meerrettich mit Orangensaft
ca. 140 Kal.

1 Tl Meerrettich, feingerieben,
Saft einer süßen Orange,
1 Tl Zitronensaft,
1 kleiner Apfel, geraffelt,
1 El Schlagsahne

Den feingeriebenen, frischen Meerrettich mit dem Saft der Orange, dem Zitronensaft und dem geraffelten Apfel vermischen. Zuletzt die leicht gesüßte Schlagsahne darunterziehen.

Kohlrabi

Zur Rohkost eignen sich nur junge Kohlrabi. Treibkohlrabi, zumeist weißlich grün, ist zarter im Fleisch als die blau-violette Freilandware, die jedoch kräftiger im Geschmack ist.
Die Blätter haben weit höhere Vitamin- und Mineralwerte als die Knolle. Deshalb sollte man die zartesten Teile der Blätter fein geschnitten unter die Knolle mischen. Man sollte darauf achten, daß keine holzige Ware verwendet wird.

Kohlrabi in Rahmsoße
ca. 105 Kal.

60 g Kohlrabi, gereinigt, geschält,
etwas Zitronensaft,
Rahmsoße S. 39,
gehackte Petersilie

Den vorbereiteten Kohlrabi fein reiben und während des Reibens Zitronensaft untermischen. Mit der Rahmsoße anrichten und mit gehackter Petersilie würzen. Feingeschnittene Kohlrabiblätter unter die Soße mischen.

◁ Karotten-Rohkost (Seite 44) und Tomatensalat (Seite 65).

Kohlrabi in Quark-
mayonnaise
ca. 90 Kal.

Zutaten wie im vorstehenden Rezept,
jedoch Quarkmayonnaise S. 39

Vorbereiten wie im vorstehenden Rezept. In Quarkmayonnaise anrichten, mit gehackter Petersilie und feingeschnittenen Kohlrabiblättern vermischen.

Schwarzwurzeln –
für Zuckerkranke
wertvoll

Die Schwarzwurzel, der »Spargel des Winters«, hat unter ihrer schwarzen Haut zartes, weiches Fleisch. Sie enthält als Kohlehydrat Inulin, eine Zuckerart, die ohne Insulin verdaut wird, daher ist sie auch für Diabetiker wertvoll. Die geschabte Wurzel wird in Essigwasser gelegt, dem etwas Mehl beigegeben wird, damit die weiße Farbe erhalten bleibt.

Schwarzwurzel-
Rohkost
ca. 45 Kal.
ohne Soße

60 g Schwarzwurzeln, einfache Soße S. 34,
oder Rahmsoße 1. Art mit grünen Kräutern S. 39
oder Quarksoße S. 42

Die Salatsoße vorbereiten und die Schwarzwurzeln sehr fein direkt in die Soße reiben.

Sellerieknolle –
nierenfreundlich

Die Sellerieknolle wird wegen ihrer stoffwechselanregenden, nierenfreundlichen Wirkung, ihres erfrischenden Aromas und nicht zuletzt wegen ihres Gehaltes an Vitamin E (dem man sexualhormonartige Kräfte zuschreibt) hoch geschätzt. Der gewürzhafte Geschmack der Sellerieknolle (auch bei Stangen- oder Bleichsellerie) rührt von dem Gehalt an ätherischem Öl (Apiin) her.

Sellerie-Rohkost
ca. 110 Kal.

100 g Sellerieknolle,
1 El Mayonnaise S. 37

Die geschälte Sellerieknolle in die vorbereitete Mayonnaise mittelgrob hineinreiben. Während des Reibens ständig mischen, um die weiße Farbe zu schützen.
Gibt man die Knolle in die Küchenmaschine, kann man gewaschene Petersilie beigeben. Das ergibt eine zarte Grünfärbung.

Apfel-Sellerie
ca. 160 Kal.

100 g Sellerieknolle,
1 kleiner, säuerlicher Apfel,
Salatmayonnaise S. 37

Die Sellerieknolle und den Apfel schälen – letzteren vom Kernhaus befreien – und mittelgrob in die vorbereitete Mayonnaise reiben.

Sellerieknolle mit Orange
ca. 110 Kal.

60 g Sellerieknolle, Zitronensaft,
100 g Orangenwürfel, 1 El süße Sahne

Die Sellerieknolle reiben und mit Zitronensaft und Orangenwürfeln mischen. Die süße Sahne verfeinert den Geschmack.

Sellerie – Ananas
ca. 230 Kal.

60 g Sellerieknolle, 1 El Zitronensaft,
1 kleiner Apfel, geschält, in Stückchen,
1 Scheibe Ananas, in kleinen Stückchen,
4 halbe Walnußkerne, fein gehackt,
1 El Dosenmilch (7,5 %), 1 Prise Zucker

Die Sellerieknolle raspeln, Zitronensaft zugeben, um die Farbe zu erhalten. Den Apfel und die kleingeschnittene Ananas untermischen und die Rohkost mit den feingehackten Walnußkernen, der Dosenmilch und nach Belieben mit einer Prise Zucker abschmecken.

Topinambur –
die Kartoffel für Diabetiker

Die Topinambur ist eine kartoffelähnliche Knolle, die ihrer Form wegen auch Erdbirne, Erdapfel oder Erdschocke genannt wird. Botanisch gesehen ist sie allerdings mehr mit der Tomate als der Kartoffel verwandt. Infolge ihres Gehaltes an Fruchtzucker und Inulin ist sie vor allem für Zuckerkranke wertvoll, da diese Zuckerarten den Blutzuckerspiegel nicht erhöhen. Der milde, süßliche Eigengeschmack dieser Frucht verbindet sich gut mit anderen Gemüsen oder Obst.

Die Topinambur ist winterhart. Bei der Einlagerung im Keller wird sie leider schnell runzelig und trocken. Sie hält sich nur in der Erde frisch.

Es ist ratsam, die rohe Knolle mit Zitronensaft zu beträufeln und sie einige Stunden durchziehen zu lassen. Dadurch erhöht sich ihre Verdaulichkeit erheblich und die Blähwirkung wird verhindert.

Topinambur-Rohkost
ca. 125 Kal.

1 Tasse geschälte, fein geriebene Topinambur,
Salatsoße aus 1 Tl Öl und 1 Tl Zitronensaft,
1 El gehackte Petersilie, 2 El Sauermilch oder Joghurt

Die feingeriebene Rohkost mit der Salatsoße vermischen, Petersilie und Sauermilch darunterziehen.

Topinambur-Platte
ca. 200 Kal.

1/2 Tasse geschälte, fein geriebene Topinambur,
1/2 Tasse feingeriebene Möhren oder Rote Bete,
1/2 Tasse feingeriebene Sellerie,
einige Kopfsalatblätter,
Salatsoße aus 1 Tl Öl und 1 Tl Zitronensaft,
2 El Salatmayonnaise S. 37

Die feingeriebene Rohkost mit der Salatsoße vermischen und auf Kopfsalatblättern anrichten. Mit Salatmayonnaise dünn überziehen.

Topinambur-Obstsalat
ca. 150 Kal.

1/2 Tasse geraspelte Topinambur,
etwas Zitronensaft,
1 grob geraffelter Apfel,
1 El gemahlene Nüsse

Topinambur- und Apfelraspel getrennt mit Zitronensaft beträufeln und ziehen lassen. Erst kurz vor dem Servieren vermischen und mit gemahlenen Nüssen bestreuen.

Grüne Blattsalate das ganze Jahr

Unter den grünen Blattgemüsen nimmt der Kopfsalat (Lattich) eine führende Rolle als Salatpflanze ein. Schon im Altertum war er beliebt, die Dichter rühmten ihn, und die Kaiser waren seine größten Liebhaber. Augustus (63–14 n. Chr.) wurde von seinem Leibarzt, Antonius Musa, mit Hilfe des Lattichs von einer Lebererkrankung geheilt. In unsere nach Kalorienarmut strebende neuzeitliche Ernährung fügt sich diese Pflanze hervorragend ein, die Gaumen und Auge gleichermaßen erfreut und als beruhigend gilt.

Zubereitung

Vor dem Anrichten müssen die Blattsalate möglichst frei von Tropfwasser sein, um die Soße nicht zu verwässern. Ausschütteln in einem Salatkörbchen oder dem Salatsieb entfernt das Tropfwasser schnell. Einschlagen des gewaschenen Salates in eine Serviette, die an 4 Enden zusammengefaßt wird, erlaubt auch ein schonendes, schnelles Trockenschütteln.
Die Salatsoße sollte möglichst außer frischen grünen Kräutern auch fein geschnittene Zwiebel oder Knoblauch, der mit der Knoblauchpresse püriert wurde, enthalten.

Kopfsalat – nervenberuhigend

Kopfsalat galt in der altgriechischen Mythologie neben Nektar und Ambrosia als dritte Götterspeise. Er war sogar der Liebesgöttin heilig. Auf der Abendtafel des Geschichtsschreibers Tacitus durfte der Salat nie fehlen, weil der Römer an Schlaflosigkeit litt. Diese beruhigende Wirkung wird durch die moderne Chemie bestätigt: im Lattich ist ein dem Opium nahestehender Wirkstoff enthalten, der bis heute in dem französischen Beruhigungsmittel Thridase (Salat bei Dioskurides: Thridax!) enthalten ist.
Abarten des Kopfsalats haben wir im Schnittsalat, auch Stechsalat genannt, im Pflücksalat, auch Rupfsalat genannt, und im Römischen Salat. Diese haben keine Köpfe, sondern zeigen einen trichterförmigen bzw. schalenförmigen Aufbau. Zu nennen

bleibt noch der Eissalat, ein grobblättriger, grobadriger, krauser Typ, kohlartig geschlossen und von glänzendem, milchigem Gelbgrün.

Kopfsalat
ca. 60 Kal.

1/2 Kopfsalat (ca. 100 g),
Salatsoße aus 1 Tl Öl und 1 Tl Zitronensaft,
1/2 Zwiebel oder 1 Knoblauchzehe

Den Salat wässern, von den harten Rippen lösen und abtropfen lassen. Die Salatsoße mit einer feingeschnittenen Zwiebel oder einer ausgepreßten Knoblauchzehe würzen und mit den Salatblättern locker vermischen.

Kopfsalat in Joghurt-Senfsoße
ca. 40 Kal.

1/2 Kopfsalat (ca. 100 g),
Joghurt-Senfsoße S. 42,
1/2 Zwiebel

Den Salat waschen, von den harten Rippen befreien, abtropfen lassen und mit der Joghurt-Senfsoße vermischen. Ein Rezept für die Schlankheitsdiät, verglichen mit normalem Kopfsalat spart man ein Drittel Kalorien!

Endivie (Eskarol)

Die Endivie ist eine Schwester der Zichorie. Der Arzt Galenos (131–210 n. Chr.) nannte sie »die Freundin in der Leber«, und die Heilige Hildegard von Bingen, heilkundige Äbtissin des Klosters Ruppertsberg bei Bingen (1098–1179), rühmte ihr Besserung träger Verdauung nach.
Die wirksamen Bitterstoffe der Zichorie finden sich auch in der Endivie wieder. Man sollte sie nicht durch Einlegen in lauwarmes Wasser, wie es leider vielerorts geschieht, »entbittern«. Denn die Bitterstoffe gerade sind es, welche die Gallentätigkeit anfeuern, Milz und Darm anregen und der Schönheit der Haut dienen.
Die Winterendivie ist kraus- und schlitzblättrig, d. h. ihr Blatt ist korallig gekraust wie ein Lockenkopf.

Der Eskarol ist glatt- und breitblättrig. Durch Zusammenbinden der Blätter erreicht der Anbauer ein Ausbleichen und Zartbleiben der inneren Blätter.

Endivien-Salat
ca. 70 Kal.

1/2 kleiner Kopf Endiviensalat (ca. 100 g),
Salatsoße aus 1 Tl Öl und 1/2 Tl Essig,
1 Knoblauchzehe

Den Endiviensalat wie Kopfsalat reinigen und abtropfen lassen. Die Blätter zusammenrollen und in feine Streifen schneiden. Kurz vor dem Servieren in Salatsoße anrichten, die mit Knoblauch gewürzt ist.

Chicorée

Auch die Chicorée ist mit der Zichorie verwandt. Daher begegnen wir auch hier wieder den charakteristischen, galle-leberwirksamen Bitterstoffen wie bei der Endivie. Die belgische oder Brüsseler Chicorée, von den Flamen »Witloof« (Weißlaub), bezeichnet, wird völlig abgeschirmt gegen Luftzug und Tageslicht unter Wellblechdächern, in Holland und Frankreich teilweise auch unter Glas gezogen, nachdem sie zuvor 5–6 Monate im Freiland war.
Diese Salatpflanze ist sehr mineralreich (Kalk und Phosphor), durch Basenüberschuß säurebindend. Sie enthält Inulin (Zuckerart, die ohne Insulin verwertet wird), ist daher für Diabetiker wertvoll und gilt als leicht harntreibend.
Da es sich um ein Bleichgemüse handelt, beträgt der Gehalt an Vitamin C nur 10 mg%. Sie enthält aber Vitamin A und B.

Reinigung

Auch bei der Chicorée sollte jeglicher Versuch des Entbitterns durch langes oder gar warmes Wässern vermieden werden, denn die Bitterstoffe sind nicht giftig, im Gegenteil sie regen noch den Appetit an.
Nach Entfernung der äußeren, meist verschmutzten Blätter genügt es, die Kolben unter dem fließenden Strahl zu waschen. Die Kolben werden dann in Streifen geschnitten, nach Belieben schmale oder breite, und diese nochmals kurz durchs Wasser gezogen, um eventuell anhaftende Sandkörner zu entfernen.

Chicorée-Salat

ca. 70 Kal.

1 Tasse (125 g) Chicorée, gereinigt und in Streifen geschnitten,
1 Tl Öl, 1/2 Tl Weinessig,
1 Knoblauchzehe

Die gut abgetropften Chicorée-Streifen unverzüglich in die aus Essig und Öl hergestellte Salatsoße betten. Mit einer ausgepreßten Knoblauchzehe würzen und vermischen. Es genügt eventuell, nur die Schüssel mit Knoblauch auszureiben.

Chicorée in Tomaten-Kräuter-Soße

ca. 90 Kal.

1 Tasse (125 g) Chicorée, in Streifen geschnitten,
Tomaten-Kräutersoße S. 36

Die Chicorée-Streifen kurz vor dem Servieren in der Tomaten-Kräutersoße anrichten.

Chicorée in Senf-Mayonnaise

ca. 100 Kal.

1 Tasse (125 g) Chicorée, in Streifen geschnitten,
Senf-Mayonnaise S. 38

Die Chicorée-Streifen in der Senf-Mayonnaise marinieren. Die säuerliche Schärfe des Senfes und der Bittergeschmack des Chicorée harmonieren sehr gut zusammen.

Radicchio – Augenweide aus dem Süden

Der Radicchio-Salat, in Blattbündeln von flammendem Rot aus einer rettichartigen Wurzel hervorsprossend, kommt in zwei Arten vor: mit krausen Blättern ähnlich einer Papageien-Nelkenblüte und mit glatten leuchtendroten Blättern von lanzettlicher Form, die mit weißen Streifen durchzogen sind. Es handelt sich um eine in Italien (Provinz Treviso) angebaute Endivien- bzw. Zichorienart, daher der leicht würzige Bittergeschmack. Für sich allein angerichtet oder gemischt mit anderen Salaten ist er Augen- und Gaumenweide zugleich.

In der Schweiz nennt man ihn »roten Zichoriensalat«. Übrigens gibt es in Italien noch eine weitere Sorte: die großen Blätter grün mit dunkelrotem Rand (radicchio verde), oder völlig rote Blätter mit grünen Streifen (cicorino rosso).

| Radicchio-Salat
ca. 60 Kal. | *60 g große Radicchioblätter,*
Salatsoße aus 1 Tl Öl und 1 Tl Zitronensaft,
1/2 Zwiebel, 1 Knoblauchzehe |

Die Radicchioblätter waschen und unzerteilt lassen. Die Zwiebel in Ringe schneiden, eine Schüssel mit Knoblauch ausreiben und den Salat mit der Soße darin anrichten.

Kressearten – antibiotisch wirksam

Wir kennen die Gartenkresse, die Brunnenkresse und die Kapuzinerkresse. Letztere wird hierzulande allerdings nur als Zierpflanze in Gärten benutzt. Ihre Blätter wären es aber wert, als Salat verzehrt zu werden.

Alle Kressepflanzen enthalten antibiotisch wirksame ätherische Öle, hauptsächlich Senföl, Urheber ihres scharfen Aromas. Dieser senfölartige Stoff von einer dem Penicillin nahestehenden Abwehrkraft ist auch in den Blättern der Kapuzinerkresse enthalten.

Reinigung

Die Brunnenkresse ist besonders reich an Vitamin A und dem blutbildenden Eisen, sie enthält ferner Jod. Aber bei Gebrauch der Brunnenkresse muß größte Sorgfalt auf die Reinigung gelegt werden, wenn sie aus Wildgewässern kommt, die von gewissen Schnecken bevölkert sind. Diese können die Larven des Leberegels an den Blättern der Brunnenkresse ablegen. Beim Genuß solcher Brunnenkresse kann sich der Leberegel im menschlichen Organismus entwickeln, was zu lebensgefährlichen Störungen führen kann.

Für den Rohgenuß müssen die Brunnenkressezweige in eine sehr starke Kochsalzlösung für mindestens 30 Minuten eingelegt werden. Dann ist mehrmals kalt nachzuspülen.

Kresse in Mayonnaise auf Tomaten
ca. 65 Kal.

30 g Gartenkresse,
provenzalische Mayonnaise S. 37

Die sauber gewaschene und gut abgetropfte Gartenkresse wird in die provenzalische Mayonnaise gebettet. Dieser Salat eignet sich zum Einfüllen in ausgehöhlte Tomaten.

Brunnenkresse

ca. 70 Kal.

30 g Brunnenkresse,
Salatsoße aus 1 Tl Öl und 1 Tl Zitronensaft,
2 El Sauermilch oder Joghurt

Die Brunnenkresse muß besonders sorgfältig gereinigt werden, da ihr die Larven des Leberegels anhaften können. Als Faustregel gilt, 30 Minuten in Salzlösung ziehen lassen und danach mehrmals in viel klarem Wasser nachspülen. Ihres Senfölgehaltes wegen sollte man Brunnenkresse nur in kleinen Mengen auf einmal genießen. Am besten als Zugabe zu anderen Salaten. Die Stiele sind als Rohkost nicht genießbar.
Die Brunnenkresse unzerschnitten mit der Salatsoße anrichten. Wer die Schärfe des Salates mildern will, gibt etwas Rahm oder Sauermilch zur Soße. Brunnenkresse eignet sich gut als Umrandung von Kartoffelsalat.

Der vitaminreiche Feldsalat

Der Feldsalat, Ackersalat oder Rapunzel wächst in Blattrosetten. Sein Vitamin-A- und C-Gehalt übersteigt bei weitem den des Kopfsalats und des Endiviensalats. Nach der Petersilie ist er außerdem der beste Eisenspender. Seine Blätter enthalten das nervenstärkende Baldrianöl – ein Grund mehr, häufig Feldsalat auf den Tisch zu bringen.

Reinigung

Die meist stark mit Erde behafteten Blattbündel müssen mehrmals sorgfältig in kaltem Wasser mit Biosmon- oder Weinessigzusatz gespült werden.

Feldsalat – Grundrezept

ca. 60 Kal.

30 g Feldsalat,
1 Tl Öl, 1 Tl Zitronensaft,
1/2 Zwiebel

Den gut abgetropften Salat in der Salatsoße aus Öl und Zitronensaft anrichten und mit reichlich fein oder in Ringe geschnittenen Zwiebeln vermischen.
Sehr gut, aber etwas kalorienreicher, ist der Salat, wenn er mit Rahmsoße zubereitet wird.

Spinat –
gut fürs Blut

Der Reichtum des Spinats an Mineralien, vor allem Kupfer, Eisen und Kobalt, und sein Gehalt an Chlorophyll (Blattgrün) machen ihn zum Blutspender Nummer 1 unter den Gemüsesorten. Er bildet Blutfarbstoff, außerdem wirkt sein Gehalt an Sekretin verdauungsfördernd. Als Rohkost genossen ist Spinat besonders wertvoll.

Spinat-Salat
ca. 60 Kal.

30 g Spinat, verlesen und gewaschen,
Tomatenkräutersoße S. 36
1 kleine Gewürzgurke, geraspelt

Den Spinat durch Zusammenrollen mehrerer Blätter nudelig schneiden. Anrichten mit Tomatenkräutersoße, der man die grob geraspelte Gewürzkräutergurke zusetzt.

Spinat – Kopfsalat
ca. 60 Kal.

30 g Spinat, verlesen, gewaschen,
einige Blätter Kopfsalat, gewaschen, fein gezupft,
2 El Petersilie, gehackt,
2 El Schnittlauch, in Röllchen,
1 El Öl, 1 El Essig,
je 1 Prise Salz, Pfeffer, Muskat

Den Spinat in feine Streifen schneiden, mit Kopfsalat, Petersilie und Schnittlauch mischen und mit einer Soße aus Öl, Essig und Gewürzen vermengen.

Löwenzahn

Selbst der schlechteste Appetit wird durch den Löwenzahn wieder erweckt. Diese nützliche Pflanze regt alle Verdauungsdrüsen an. Sie hat Beziehungen zur Leber, vor allem läßt sie die Galle fließen. Auch auf die Nierenfunktion wirkt sie anregend. Ihre im Volke wohlbekannten Wirkungen haben ihr zu manchen nicht gerade salonfähigen Bezeichnungen verholfen. Der Franzose nennt sie dezent »Pisse en lit«.

Friedrich der Große gebrauchte den Löwenzahnsalat mit Erfolg gegen seine Brustwassersucht. Der Löwenzahn (Blätter) ist sehr reich an Vitamin A und Vitamin E.

Die jungen Blattrosetten werden vor der Blütezeit mit scharfem Messer gestochen; während und nach der Blüte sind sie sehr bitter und hart.

Löwenzahnsalat
ca. 75 Kal.

50 g junger Löwenzahn,
Salatsoße aus 1 Tl Öl und 1 Tl Zitronensaft,
1/2 Zwiebel

Die Salatblätter sorgfältig waschen und abtropfen lassen. Wem die Blätter zu hart sind, der kann sie zusammenrollen und wie Endiviensalat in feine Streifen schneiden. Die Zwiebel fein hacken und den Salat in der Salatsoße anrichten.

Der Kohl – weltweit im Dienste der Gesundheit

Die verschiedenen Kopfkohlarten machen etwa 40 % der gesamten Gemüseproduktion in der Bundesrepublik Deutschland aus. Als Salatgrundlage eignen sich folgende Kohlarten:

Weißkohl

mundartlich auch als Kappes bezeichnet, in der Schweiz Kabis, in England cabbage genannt. Zur Herstellung von Sauerkraut werden große Köpfe gebraucht.

Rotkohl

auch Rotkraut genannt, zuweilen auch als Blaukraut bezeichnet, wohl begründet durch den Gehalt an dem Pflanzenfarbstoff Anthozyan (Blumenblau).

Wirsing

grün oder gelb, auch Welschkohl genannt, auch als Savoyerkohl bezeichnet. Frühwirsing ist grün, dagegen Herbstwirsing normalerweise gelb.

Sauerkraut, Sauerkohl

Seine Beliebtheit im deutschen Haushalt hat dazu geführt, daß wir als »Sauerkrautesser« bezeichnet werden. Sauerkraut wird aus Kopfkohl hergestellt, der einem Gärungsvorgang unterzogen wird. Dabei entsteht die darmanregende und darmreinigende Milchsäure. Ein Teil des im Weißkohl reichlich enthaltenen Vitamins C bleibt bei diesem Vorgang unter der Schutzwirkung der Milchsäure erhalten, rund 18–19 %. Sauerkraut ist kalorienarm und daher auch beliebt in der Schlankheitsdiät.

Alle Kohlarten haben eine anregende Wirkung auf die Gallenfunktion. Sie sind daher nützlich bei Stuhlträgheit, besonders wenn sie roh verzehrt werden.

Roh verzehrte Kohlarten blähen nicht, dagegen löst gekochter Kohl bei manchen Menschen eine lästige Blähwirkung aus. Durch das Kochen werden Fermente, das sind Verdauungshelfer, unwirksam gemacht.

Chinakohl

Der Chinakohl, Pekingkohl, Blätterkohl oder Pe-tsai ist eine der Kohlarten, die in China mit großer Liebe gezogen werden. Er ist auch in ganz Japan und Indochina verbreitet. Neuerdings wird er auch hierzulande angeboten.

Die inneren Blätter des Chinakohls sind zart und weiß und können als Rohkost verwendet werden.

Blumenkohl

siehe unter »Gemüsefrüchte« Seite 69.

Weißkrautsalat Hausfrauenart
ca. 75 Kal.

100 g Weißkraut (etwa eine Spalte),
Marinade aus 1 Tl Öl und 1/2 Tl Essig,
Salz, feingeriebene Zwiebel

Von einem Kopf Weißkraut, den man von den äußeren Blättern befreit hat, eine Spalte herausschneiden. Mit einem scharfen Messer sodann papierdünne Streifen schneiden – das ist die beste Methode, um einen Delikatess-Salat zu erhalten. Einfacher ist die Zerkleinerung mittels einer Küchenmaschine oder eines Gemüsehobels. Um das holzfaserreiche Gemüse zu erweichen, muß man es leicht einsalzen und in einem tiefen Teller mit einer Schüssel oder dergleichen beschweren. Der Salatsoße reichlich fein geriebene Zwiebel zugeben und den angerichteten Salat noch einige Zeit durchziehen lassen.

Weißkrautsalat jugoslawische Art

ca. 90 Kal.

Zutaten wie vorhergehendes Rezept,
2 El eingesäuerte Paprikastreifen, Paprikapulver

Dem zuvor beschriebenen Salat werden noch Streifen von eingesäuertem Paprika zugefügt und mit Paprikapulver kräftig gewürzt.

Rotkrautsalat

ca. 130 Kal.

Die Zubereitung ist die gleiche wie beim Weißkraut. Die Mischung kann durch Zugabe eines geriebenen Apfels verfeinert werden.

Rotkrautsalat mit Walnüssen

ca. 215 Kal.

100 g Rotkraut, feingehobelt,
1 El Öl,
1 El Zitronensaft oder Essig,
etwas Zwiebelsalz, 1 Prise Zucker,
2 feingehackte Walnüsse (10 g)

Das Rotkraut mit einer Holzkeule gut durchstampfen, damit es mürbe wird. Die Salatsoße zubereiten und unter den Kohl mischen, abschmecken und eventuell mit Eivierteln garnieren.

Sauerkraut-Salat

ca. 125 Kal.

150 g rohes Sauerkraut,
Salatsoße aus 1 Tl Öl und 1/2 Tl Zitronensaft
1 kleiner, säuerlicher Apfel,
1–2 Kräutergürkchen

Das Sauerkraut auf einem Brett mit einem scharfen, großen Messer kreuz und quer durchschneiden, damit keine langen Streifen verbleiben. Dann mit der Grundsoße anrichten, gründlich mischen, den geschälten, vom Kernhaus befreiten Apfel hineinraffeln, wieder durchmischen, zuletzt die gewürfelten oder grob geraffelten Kräutergürkchen darunter mischen. Zur Soße keinen Essig verwenden! Den Salat eine Stunde vor dem Verzehr durchziehen lassen.

Sauerkraut –
spanisch
ca. 220 Kal.

150 g rohes Sauerkraut, zerzupft und zerkleinert,
1 Zwiebel gewürfelt, 1 Tomate,
einige schwarze Oliven, entkernt, halbiert,
1 El Essig, etwas Senf,
Streuwürze, Pfeffer, 1 Prise Zucker,
1 Tl Öl,
1 Tl Petersilie, feingehackt

Das zerkleinerte Sauerkraut mit den Zwiebelwürfeln und geschälten, in Scheiben geschnittenen Tomaten und den halbierten Oliven vermischen. Aus Essig, Öl und den Gewürzen rührt
man eine Marinade und vermengt diese mit dem Gemüse. Zum
Schluß wird feingehackte Petersilie darübergestreut.

Sauerkraut in
Rahmsoße
ca. 100 Kal.

150 g rohes Sauerkraut,
Rahmsoße 1. Art (S. 39)

Um Abwechslung in den Genuß dieses überaus gesundheits-
fördernden Gemüses zu bringen, kann man statt der normalen
Salatsoße die Rahmtunke daran geben. Die Gürkchen bleiben
dann weg.

Sauerkraut in
Tomatensoße
ca. 60 Kal.

150 g rohes Sauerkraut,
einige Kapern, Tomatensoße S. 41

Das Sauerkraut wird mit der Salatsoße vermischt und mit Kapern bestreut.

Bunte Sauerkraut-
Schüssel
ca. 300 Kal.

150 g rohes Sauerkraut, zerrupft und zerkleinert,
1/2 Apfelsine, in Würfel,
100 g Weintrauben, gewaschen, halbiert,
1/2 roter Apfel, gewaschen, in dünnen Schnitzen,
1 El Zitronensaft, 1 Prise Zucker,
2 El Haselnüsse, blättrig geschnitten

Das Sauerkraut mit allen übrigen Zutaten gut vermischen.

Tomate, Magazin von Vitaminen und Mineralien

Dieses Fruchtgemüse, das sich meist im königlichen Purpurmantel zeigt, bald ganz glatt, bald gerippt, das aber ebenso in leuchtendes Gelb gekleidet erscheinen kann, ja auch in der Farbe der Bischöfe violett eingehüllt, hat sich von der einstigen Wildfrucht zur Volksnahrung gewandelt.

Vielfach trägt sie die Bezeichnung Liebesapfel, Paradiesapfel, in Österreich Paradeiser, jugoslavisch paradajs und italienisch pomodore.

Sie enthält mindestens 13 Vitamine, 7 Mineralstoffe, 10 Spurenelemente und 3 Fruchtsäuren. Unter den Vitaminen steht das Augenkräftigungs- und Schönheits-Vitamin A an der Spitze, das die Abwehrkräfte stärkende C-Vitamin allerdings ist nur mit durchschnittlich 25 mg/100 g enthalten: die bulgarischen Tomaten erreichen aber bis zu 70 mg% Vitamin C. Dem Vorhandensein des Fruchtbarkeitsvitamin E ist wohl die Bezeichnung »Liebesapfel« zuzuschreiben.

Keine Tomaten essen, die innen grün sind!

Als Nachtschattengewächs enthält die Tomate wie die Kartoffel das unbekömmliche Alkaloid Solanin. Dieser schädliche Stoff wird neutralisiert, also unwirksam, wenn die Tomate reif geworden ist. Die Nachreife kann in der Sonne beschleunigt werden, wenn man einen Bogen Papier lose über die Früchte breitet: das Papier muß angefeuchtet werden, damit die darunter entstehende Hitze nicht den Wassergehalt der Tomate angreift.

Vor dem Gebrauch immer schälen

Durch kurzes Einlegen in nahezu kochendes Wasser läßt sich die feine Haut leicht abziehen. Etwa vorhandene Rückstände von Pflanzenschutzmitteln lassen sich so wenigstens teilweise entfernen.

Helfer in der Schlankheitsdiät

Mit nur 19 Kalorien für 100 g kann die Tomate unbesorgt in die Reduktionskost eingesetzt werden. Der vorbeugende und heilende Wert der Tomate ist weit gespannt: sie ist dem Rheumatiker nützlich (sie enthält nicht, wie irrtümlich oft noch behauptet wird, Oxalsäure), sie ist gut gegen Hämorrhoiden, da sie die Verdauung mild anregt, der Kliniker von Noorden empfahl sie gegen Magengeschwüre.

Tomaten-Salat
ca. 80 Kal.

ca. 150 g Tomaten, enthäutet,
1 mittelgroße Zwiebel, in Ringen oder Würfeln,
Salatsoße aus 1 Tl Öl und 1 Tl Zitronensaft

Die Tomaten kurz abbrühen, damit sich die Haut besser entfernen läßt, in Scheiben oder Achtel aufteilen, mit reichlich Zwiebelringen oder feingeschnittener Zwiebel bedecken und mit Salatsoße anrichten.

Tomaten-Salat mit Paprika
ca. 160 Kal.

150 g Tomaten, enthäutet,
1 mittelgroße Zwiebel in Ringen,
1 kleine grüne Paprikaschote;
zur Soße:
je 1 Prise Salz, Pfeffer, Paprika,
1 El Öl, 1 El Essig, 1 Prise Zucker

Die enthäuteten Tomaten in Scheiben oder Achtel aufteilen und mit der von den Samenleisten befreiten und in kleine Schnitze zerteilten Paprikaschote und den Zwiebelringen vermengen, mit der Salatsoße anrichten, in der sie 1 Stunde am kühlen Ort durchziehen.

Tomaten mit Provenzalischer Mayonnaise
ca. 70 Kal.

2–3 mittelgroße Tomaten, enthäutet,
1 El Provenzalische Mayonnaise S. 37
1 Bund Petersilie

Die enthäuteten Tomaten in Scheiben schneiden, schuppenförmig auf einer Platte anordnen, mit Provenzalischer Mayonnaise betupfen und mit fein geschnittener Petersilie umrahmen.

Tomaten für die Linie
ca. 40 Kal.

200 g Tomaten,
1 Bund Petersilie

Die enthäuteten Tomaten in Scheiben schneiden, schuppenförmig auf einem Tellerchen anordnen, reichlich mit feingeschnittener Petersilie bedecken.

Feingemüse für Anspruchsvolle | 65

Tomaten-Champignonsalat

ca. 140 Kal.

2 mittelgroße Tomaten, enthäutet,
2 El Champignons, blättrig geschnitten;
zur Soße:
Pfeffer, frisch gemahlen, nach Geschmack,
1 Prise Zucker, Basilikum,
1 El Öl, 1 Tl Zitronensaft, 1 El gehackte Petersilie

Die enthäuteten Tomaten in Scheiben oder Viertel schneiden, mit den Champignons und der Salatsoße vermischen. Mit gehackter Petersilie überstreuen.

Tomaten-Cocktail (3 Portionen)

ca. 90 Kal. pro Portion

3/8 l Milch, 150 g Tomatenmark oder Tomaten,
2 El Sahne, 1 Tl Zitronensaft, 1 Prise Selleriesalz,
1 Tl Zucker, 1/4 Tl Curry

Milch und eingefrorenes Tomatenmark oder abgezogene Tomaten im Mixer eine Minute mischen, dann die übrigen Zutaten zusetzen, nochmals mischen. Ergibt 1/2 l Cocktail, der in 2–3 Portionen aufgeteilt als Vorspeise gereicht werden kann.

Artischocken

Zum Rohgenuß ist die Artischocke nicht geeignet; man befreit sie von den äußeren Blättern und dem Stiel und gart sie in kochendem Zitronen-Salzwasser 40 bis 45 Minuten. Nach dem Abkühlen zieht man die Blätter nacheinander heraus und befreit den Artischockenboden vom sogenannten »Heu«. Der Artischockenboden ist der feinste Teil der Artischocke. Artischocken gelten als heilsam für die Leber!

Auberginen (Eierfrucht)

Die Aubergine, ein Nachtschattengewächs, ist verwandt mit der Tomate. Dennoch ist sie nicht zum Rohgenuß geeignet. Die violetten und weißen Sorten der Eierfrucht müssen gut ausgereift sein und wegen eines narkotischen Giftes mit kochendem Wasser ausgelaugt werden. Sie eignen sich also dann nicht mehr als Rohkost. In der Türkei salzt man die in Scheiben geschnittenen Früchte eine Stunde lang und wäscht sie danach noch gründlich aus, um den bitter schmeckenden Giftstoff zu entfernen.

Paprika: Vitamin-Superstar

Der Gemüsepaprika kommt in zahlreichen Formen vor, meist ist er vierkantig und unten stumpf, doch gibt es auch länglichrunde, spitz auslaufende Schoten. Häufig ist er grün, doch wechselt er auch zu gelb und rot. Manche Sorten leuchten in einem feurigen tiefen Rot. Er heißt auch Piemento, türkischer und spanischer Pfeffer, und nach seiner botanischen Bezeichnung Capsicum annum, Beißbeere. Die natürliche Schärfe beruht auf dem Gehalt an dem Alkaloid Capsaicin. Es befindet sich vorwiegend in den Scheidewänden, sogenannten weißen »Adern« im Innern und im Samengehäuse. Diese Teile werden vor dem Verzehr entfernt.

Tomaten-Paprika

Sie ist ein Mittelding – aber keine Kreuzung – zwischen Gemüse-Paprika und gerippter Tomate.
Diese Paprikafrucht ähnelt einer großen, gerippten, etwas plattgedrückten hochroten Tomate. Sie enthält ebenfalls das scharfschmeckende Capsaicin, schmeckt aber gleichzeitig süß.

Paprika schützt den Kreislauf

Frischer Gemüse-Paprika ist hinsichtlich seines Gehaltes an den Vitaminen C und P das Spitzengemüse und Tomatenpaprika sogar eine wahre Vitaminbombe. Der ungarische Nobelpreisträger Prof. Dr. Szent-Györgyi entdeckte 1936 das eigens nach dem Paprika benannte Vitamin P, das die Durchlässigkeit der Blutgefäße normalisiert, den Blutdruck steuert und den Blutkreislauf anregt. Auch das C-Vitamin ist in unwahrscheinlich hoher Menge in dieser Gemüsefrucht enthalten.

International gelten folgende Vitaminwerte

je 100 g	Vit. C mg	Durchschnitt
Gemüsepaprika, grün	100 bis 150	125
Gemüsepaprika, rot	175 bis 300	250
Tomatenpaprika, rot	270 bis 400	350

Im Gewürzpaprika ist Vitamin C nicht mehr enthalten.
Beim Einkauf darauf achten, daß die Schoten prall und keinesfalls runzelig und welk sind.

Paprika-Quark-creme

ca. 150 Kal.
ohne Garnitur

60 g Paprikaschote,
10 g (1 El) Zwiebelwürfel,
6 El Trinkmilch 3,5 g Fett,
60 g Speisequark, Magerstufe,
1 Prise Kräutersalz, 1 Hauch Paprikagewürz,
1 Blatt Dünnblatt-Gelatine,
etwas Öl zum Ausstreichen der Schale

Die Paprikaschote in papierdünne Streifen schneiden und mit den Zwiebelwürfeln vermischen. Milch, Quark und Gewürze sahnig schlagen und die Paprikastreifen darunter mischen. Die Gelatine in etwas kaltem Wasser vorweichen, abtropfen lassen und im Wasserbad flüssig rühren. In die Quarkmischung einrühren und mit dem Schneebesen gründlich schlagen. In eine mit Öl ausgestrichene Schale füllen und kühl stellen.
Vor dem Auftragen mit Petersiliensträußchen oder Eischeiben garnieren.

Paprika-Salat

ca. 40 Kal.

je 1 mittelgroße Paprikaschote grün und rot,
1 mittelgroße Zwiebel, in Ringen,
Salatsoße aus 1 Tl Öl und 1/2 Tl Essig

Die vom Samengehäuse und den pelzigen Adern befreiten Schoten schnell kalt überspülen, mit scharfem Messer in möglichst dünne Streifen schneiden. Wenn die Schoten noch frisch und prall sind, können sie mit dem Hobel fein geschnitten werden. Zweckmäßigerweise wird die Schote vor dem Streifenschneiden in mehrere Teile – und zwar der Länge nach – zerlegt. Sofort mit der vorbereiteten Salatsoße vermischen, um keinen Vitamin C-Verlust zu erleiden. Zwiebelringe unter den Salat mischen.

Grüne Bohnen

Wie in den meisten Bohnenarten, so findet sich auch in unserer Gemüsebohne der 1957 entdeckte Eiweißstoff »Phasin«, der Spuren von Blausäure enthält. Deren Wirkung wird jedoch durch übliches Kochen der Bohnen vollständig zerstört. Daher sind grüne Bohnen als Rohkost ungeeignet. Auch tiefgefrorene Bohnen müssen gekocht werden.

Blumenkohl – leicht verdaulich!

Die »Blume«, als Feingemüse geschätzt, ist der fleischig verdickte Blütenstand. Blumenkohl gilt als das am leichtesten verdauliche Gemüse. Er soll von weißer oder Cremefarbe sein. Zur Rohkost werden nur die zarten Blütenteile verwendet. Die Stiele und den Strunk bewahrt man zur Herstellung von Gemüsebrühe auf.
Der Blumenkohl muß zur Reinigung 20 Minuten in kaltes Salzwasser eingelegt werden, um etwa anhaftende Schnecken zu entfernen. Roh schmeckt er haselnußartig.

Blumenkohl-Rohkost

ca. 100 Kal.
oder 85 Kal.
oder 50 Kal.

100 g Blumenkohlröschen,
Rahmsoße S. 39
oder Quarksoße S. 42
oder Tomaten-Joghurtsoße S. 41

Die Blumenkohlröschen fein reiben und in einer der angegebenen Soßen anrichten.

Blumenkohl-Kohlrabi-Rohkost

ca. 175 Kal.

100 g Blumenkohl,
1 mittelgroße Kohlrabiknolle (ca. 60 g), geschält und geraspelt,
1 El Rote Bete, aus dem Glas oder frisch;
zur Soße:
1 El Öl, 1 El saure Sahne,
1 Tl Tomatenmark, 1 Tl Zitronensaft,
1 Tl feingeriebene Zwiebel,
je 1 Prise Paprika und Salz,
Kerbel, Borretsch, zusammen 1 Tl, feingehackt

Die Röschen kurz in Salzwasser tauchen, um eventuelle Maden zu entfernen, fein schneiden, mit der geraspelten Kohlrabiknolle und der Roten Bete vermengen, mit der Salatsoße anrichten.

Feingemüse für Anspruchsvolle | 69

Fenchelknolle (Gemüsefenchel)

Der Gemüsefenchel (finocchio) heißt auch »Römischer Fenchel«, er kommt aus Sizilien und wird um Neapel und in der Toskana angebaut. Es gibt zwei Sorten, den kleinen zarten Florentiner und den größeren und kräftigeren Neapolitaner. In Italien wird Fenchel sehr viel roh gegessen als Nachtisch wie Obst. Dann ersetzt er die Zahnbürste und der Organismus kann den gesamten Vitamin-C-Gehalt (31 mg/100 g) ungeschmälert verwerten.

Die äußeren harten Blätter und der markartige Stiel mit dem grünen Kraut werden mit scharfem Messer entfernt, ebenso schneidet man den Strunk etwas aus für den Rohverzehr. Sind die grünen, sehr aromatischen Krautanteile noch frisch, so gibt man sie an die Salatsoße.

Fenchelsalat
ca. 100 Kal.

1 kleine Knolle (ca. 100 g),
2 El Essig, 1 El Öl,
eventuell 1 kleine Zwiebel, in Ringen

Die Fenchelknolle säubern, der Länge nach durchschneiden und in Viertel zerlegen. Diese Viertel mit einem langstieligen Messer in sehr dünne Streifen schneiden, mit einer Soße aus Essig und Öl anrichten. Wer Zwiebel schätzt, mag auch Zwiebelringe unter diesen aparten Salat mischen.

Fenchel mit Radieschen
ca. 140 Kal.

1 kleine Fenchelknolle (ca. 100 g),
4 Radieschen, fein gehobelt;
zur Soße:
1 El Öl, 1 El Zitronensaft,
je 1 Prise Pfeffer und Streuwürze

Die Fenchelknolle säubern, der Länge nach durchschneiden und in Viertel zerlegen. Diese Viertel in sehr dünne Streifen schneiden, mit den fein gehobelten Radieschen mischen und in der Salatsoße anrichten.

Fenchel-Salat, pikant

ca. 100 Kal.

1 kleine zarte Fenchelknolle (ca. 60 g),
3 El (30 g) eingelegte Tomatenpaprika,
1 El feingehackte Petersilie,
Salatsoße aus 1 Tl Öl und 1/2 Tl Weinessig

Den Fenchel in dünne Scheiben hobeln, Tomatenpaprika in Streifen und dann in kleine Stücke schneiden, mit der Salatsoße vermischen und mit Petersilie überstreuen. Eventuell noch etwas Essigmarinade aus dem Glas zugeben.

Bleichsellerie (Stangen- oder Staudensellerie), nervenfreundlich

Die Bleichsellerie ist ein Stengelgemüse mit magerer Wurzel, doch fleischigen Blattstielen und Blattscheiden. Die verdickten, zu einem Bündel zusammengeschlossenen *Blattstiele* werden als Salat roh genossen. Das Bleichen geschieht durch Abschirmen mit Tonröhren vom Sonnenlicht. Die Pflanze hat eine ähnliche Zusammensetzung wie die Sellerieknolle, sie zeichnet sich durch Phosphorgehalt aus, der das Nervensystem stärkt. Die Blattstiele müssen wie Rhabarber abgezogen werden. Die gelbgrünen zarten Blättchen können mitverwendet werden. Sie eignen sich auch zum Mischen mit Radicchio.

Bleichsellerie-Salat

ca. 90 Kal.

100 g Bleichsellerie-Stangen,
1 El Mayonnaise nach Grundrezept S. 37

Die geschälten Stangen quer mit scharfem Messer in etwa 1 cm breite Stücke schneiden, Anrichten mit Mayonnaise.

Bleichsellerie in Meerrettich-Rahmsoße

ca. 70 Kal.

100 g Bleichsellerie-Stangen,
Zitronenwasser,
1 El Meerrettich-Dip S. 40

Die geschälten Stangen quer in etwa 1 cm große Stücke schneiden, mit Zitronenwasser befeuchten, die Meerrettich-Rahmsoße (mit Gelatine) mit dem Elektroquirl oder dem Tassenschneebesen cremig schlagen und den Salat damit anrichten.

Spargel –
Gaumenschmeichler

Spargel ist äußerst kalorienarm (100 g = ca. 20 Kalorien) und daher in der Schlankheitsdiät beliebt. Zum Rohgenuß ist er nur begrenzt geeignet. Wer ihn absolut roh essen will, schneide eine zarte, dick geschälte Stange sehr dünn und mische ihn unter den grünen Salat.

Spargel-Rohkost
ca. 80 Kal.

50 g zarte Spargelstangen, geschält,
1 El Mayonnaise S. 37

Den Spargel in hauchdünne Scheiben schneiden und sofort in die Mayonnaise geben.

Gurke, Dienerin
der Schönheit

Als die Juden durstgequält die Sinaiwüste durchzogen, dachten sie voll Sehnsucht an die saftreichen Gurken, die sie in Ägypten zur Labe hatten. Diese von Säften strotzende Pflanze kann aber mehr, als nur den brennenden Durst stillen. Eine Fülle von Mineralstoffen ist in dieser Gemüsepflanze angehäuft, die sie zu einer Diätfrucht machen. Niere und Darm werden günstig beeinflußt, und die Bauchspeicheldrüse wird in ihrer Funktion gefördert. Im Gurkensaft ist ein Stoff enthalten, welcher die Durchblutung der Haut fördert. Der kühlende und heilende Saft ist gut gegen Sonnenbrand. In der Griechen- und Römerzeit war die Gurke in der Schönheitspflege beliebt.

Gurken sollten möglichst geschält verwendet werden, wenn man nicht sicher ist, daß sie frei von Pflanzenschutzmitteln oder Desinfektions-Stoffen sind.

Das Einsalzen der Gurken und nachherige Auspressen des Saftes ist grundfalsch. Die wertvollsten Stoffe gehen dabei verloren, zurück bleibt nur die Holzfaser.

Gutes Kauen ist wichtig. Dies wird am besten erreicht, wenn die Gurke nicht gehobelt oder geraffelt, sondern würfelig geschnitten wird.

Wer einen empfindlichen Magen hat, probiere die Gurke ohne Marinade zu essen, nur mit etwas Zucker bestreut.

Kalorienmäßig ist die Gurke fast ein Nichts, 100 g enthalten knapp 10 Kalorien. So dient sie auch der Schönheit, zumal sie stark entwässernd wirkt.

Gurkensalat in Kräutersoße

ca. 60 Kal.

100 g Gurke,
Estragon, Dillkraut, fein gehackt,
eventuell etwas Borretsch;
Kräutersoße S. 34

Die geschälte Gurke in kleine Würfel zerlegen oder in nicht zu dünne Scheiben hobeln. Mit der Kräutersoße anrichten. Estragon und Dillkraut passen besonders gut zum Gurkensalat, ein wenig Borretsch hebt noch das Aroma.

Gurkensalat in Quarksoße

ca. 65 Kal.

100 g Gurke, geschält und zerkleinert,
1 kleine Zwiebel, fein geschnitten,
1 Hauch frischer Pfeffer;
Quarksoße S. 42

Die Gurke nach der Zerkleinerung in die Quarksoße betten, der etwas feingeschnittene Zwiebel und ein Hauch Pfeffer beigemischt ist.

Gurkensalat in Senfsoße (fettarm)

ca. 35 Kal.

100 g Gurke, geschält und zerkleinert,
etwas Borretsch;
Joghurt-Senfsoße S. 42

Die Gurke nach der Zerkleinerung in die Joghurt-Senfsoße betten, mit Borretsch würzen.

Kürbis – ein Schlankmacher

Schon der berühmte Feinschmecker Lukull, ein General, pflegte Kürbisgerichte auf die Tafel zu bringen. Diese kühlenden Gerichte sollten den üppigen und erhitzenden Speisen jener Schlemmerzeit entgegenwirken. Roh genommen, regt der Kürbis in milder Form den trägen Darm an und zwingt durch seinen Mineralsalzreichtum die Nieren zu vermehrter Ausscheidung. Zwei Dinge also, die allen Übergewichtigen zu denken geben sollten. Gelbfleischiger Kürbis eignet sich am besten.

Kürbis-Salat
ca. 130 Kal.

100 g Kürbis, geraspelt,
50 g Apfel, geraspelt, Zitronensaft,
1 Kräutergurke, fein geschnitten,
Salatsoße aus 1 Tl Öl, 1 Tl Zitronensaft

Den geraspelten Kürbis, am besten Melonenkürbis, mit dem Apfel mischen, gleich mit Zitronensaft beträufeln, die feinge-schnittene Kräutergurke dazugeben und das Gemisch in ver-dünnter Mayonnaise oder der einfachen Salatsoße anrichten.

Kürbis-Orangen-Salat
ca. 290 Kal.

100 g Kürbis, geraspelt,
1 kleiner Apfel, in feine Würfel geschnitten,
1 kleine Orange, in kleinen Stückchen, 1 El Walnüsse;
zur Soße:
1 El Öl, 1 Tl Zitronensaft,
je 1 Prise Salz und Zucker

Den geraspelten Kürbis mit dem Apfel, der in Stückchen ge-schnittenen Orange und den Walnüssen mischen und mit der Salatsoße anrichten.

Zucchini (Courgettes)

Die länglichen, gurkenähnlichen, grünen Zucchini sind eine italienische Kürbisart. Sie können genau wie Kürbis zubereitet werden. Die Früchte sollen halbweich sein; werden sie sehr groß, so sind sie hart.

Pilze

Vorzügliche Speisepilze zum Rohgenuß sind Brätling, Brotpilz, Goldbrätling, Maronenröhrling, Steinpilz, Herrenpilz, Schaf-Champignon, Anis-Egerling, Feld-Champignon und Zucht-Champignons.
Nur ganz junge und frische Pilze sind zum Rohgenuß brauch-bar, sie werden dann mit dem Futter oder den Lamellen fein zerschnitten, nachdem man sie mehrmals gewaschen hat, damit sie sandfrei sind. Gerade das Futter (die Lamellen und Röhren) enthält besonders viel Eiweiß und Mineralsalze. Da die Pilze selbst sehr würzig sind, braucht man nur Schnittlauch, Zwiebeln

oder Petersilie, um ihre Eigenart noch zu unterstreichen. Rohe Pilze sind nur in kleinen Mengen als Würzzutat, als Belag fürs Butterbrot, zu empfehlen. Folgende Speisepilze sind im Rohzustand giftig und dürfen daher nicht verwendet werden: Hallimasch, Kahler, Krempling, Schusterpilz (Schuppenstieliger Hexenröhrling), Frühjahrslorchel und Riesenlorchel. Die beiden letztgenannten Pilze sind nur nach Abkochen von 8 Minuten Dauer und Weggießen des Kochwassers bekömmlich. Nur so kann die stark giftige Helvellasäure entfernt werden.

Kürbis mit Pilzen
ca. 100 Kal.

1 Tasse Kürbis, fein geraffelt,
1 Tomate, enthäutet, in Scheiben,
1/2 Tasse junge Steinpilze oder Maronenröhrlinge, fein zerschnitten;
Salatsoße aus 1 Tl Öl und 1 Tl Essig

Kürbis, Tomate und Pilze vermischen. Mit Salatsoße oder mit Mayonnaise (ergibt 40 Kalorien mehr), die mit etwas Sauermilch verdünnt ist, anrichten.

Tomaten mit Pilzen
ca. 100 Kal.

2 mittelgroße Tomaten, enthäutet, in Scheiben,
einige, sehr junge, frische Champignons oder Brätlinge,
2 El gehackte Petersilie;
Salatsoße aus 1 Tl Öl und 1 Tl Zitronensaft

Tomaten in Scheiben zerlegen, Pilze darunter mischen, mit Salatsoße, der reichlich gehackte Petersilie zugefügt wird, anrichten.

Champignon-Quarkcreme
ca. 150 Kal.

30 g frische, rohe Champignons,
1 El Zitronensaft, 6 El Trinkmilch 3,5 % F, 1 Prise Kräutersalz,
60 g Speisequark 20 % F. i. Tr.,
1 Blatt Gelita-Dünnblatt-Gelatine

Die Stiele an den Pilzen herausbrechen, die Haut von den Köpfchen abziehen, die braunen Lamellen nicht entfernen, da sie besonders wertvoll sind. Die Pilze blättrig oder in sehr kleine

Würfel schneiden, sogleich mit Zitronensaft beträufeln, damit sie hellfarbig bleiben. Den Quark salzen und mit der Milch sahnig schlagen, die Champignons darunter mischen. Die eingeweichte Gelatine in 2 El heißem Wasser völlig auflösen und allmählich in die Quarkmasse einrühren, gut durchschlagen, in eine kalt ausgespülte Form geben, kaltstellen.

Beim Anrichten mit Petersilie oder Tomatenscheiben garnieren oder gestürzt auf grünen Salatblättern hübsch anrichten.

Der bunte Salatteller

Zunächst folgen hier einige Rezepte von Salatmischungen, die zusammen angerichtet werden können.

Artischocken mit Pilzen
ca. 180 Kal.

2 Artischockenböden,
2 El Champignons oder Steinpilzköpfe,
Zitronensaft,
2 mittelgroße Tomaten, in Scheiben geschnitten;
1 El Mayonnaise nach Grundrezept S. 37

Die vom »Heu« befreiten, ganz jungen Artischockenböden werden in feine Streifen geschnitten, die Champignons oder Steinpilze in dünne Scheiben zerlegt, beide getrennt mit Zitronensaft beträufelt und eine Stunde zum Durchziehen kühlgestellt. Dann wird jeder Teil für sich mit Mayonnaise angerichtet und mit den Tomatenscheiben hübsch angeordnet. Die Tomaten werden ebenfalls mit Mayonnaise betupft.
Anstelle von Mayonnaise kann man die Artischocken auch mit einer einfachen Salatsoße nach Grundrezept anrichten. Der Salatteller enthält dann nur ca. 160 Kalorien.

Tomaten-Gurken-Salat
ca. 100 Kal.

1 Tasse Tomaten, enthäutet, in Scheiben,
1 Tasse Gurken, gewaschen, fein gehobelt,
1 El gehackte Petersilie;
Salatsoße aus 1 Tl Öl und 1 Tl Zitronensaft

Tomaten und Gurken werden mit Salatsoße kurz vor dem Essen angerichtet und mit Petersilie überstreut. Den Saft nicht stehenlassen, sondern mitgenießen, da in ihm wertvolle Mineralsalze enthalten sind.

Spinat mit Gurken
ca. 70 Kal.

1 Tasse Spinat, gewaschen,
1/2 bis 1 Tasse Gurke, fein gehobelt;
Salatsoße aus 1 Tl Öl und 1 Tl Zitronensaft oder
Tomatensoße (10 Kalorien mehr) S. 36

Spinat wird in feine Streifen geschnitten, mit den Gurken vermengt und mit Salatsoße vermischt. Es ist vorteilhaft, den Spinat einige Stunden früher anzumachen, da er dann zarter wird, und die Gurken erst etwa 1/2 Stunde vor dem Essen darunter zu mischen. Spinat und Gurken zu gleichen Mengen ergibt eine gute Mischung.
Mit Tomatensoße schmeckt dieser Salat ebenfalls vorzüglich.

Tomaten-Rettich-Salat
ca. 200 Kal.

2 mittelgroße Tomaten, gewaschen, in Scheiben,
1 mittelgroßer Rettich, geschält und gerieben,
1 mittelgroße Zwiebel, gerieben,
1 El gehackte Petersilie;
zur Soße:
1 El Öl, 2 El Joghurt, 1 Tl Tomatenketchup,
2 El Petersilie, Dill, Schnittlauch, gehackt,
1 Messerspitze Salz

Tomaten, Rettich und Zwiebel mischen, mit der Salatsoße anrichten und mit Petersilie bestreuen.

Frühlingssalat
ca. 80 Kal.

je 1/2 Tasse Sauerampfer und Löwenzahn, gewaschen, fein geschnitten,
1 Tasse Kopfsalat, gewaschen, fein zerzupft;
Salatsoße aus 1 Tl Öl und 1 Tl Zitronensaft,
etwas Schnittlauch

Sauerampfer und zarter Löwenzahn mit Kopfsalat vermischt, ergeben einen pikanten, erfrischenden Salat. Sauerampfer aus dem Garten kann in größerer Menge mitverwendet werden als der auf dem freien Felde gesuchte, da letzterer ziemlich herb im Geschmack ist. Nur die ganz zarten Blätter des Löwenzahns verwenden, die vor der Blüte gepflückt werden. Den Salat mit einfacher Salatsoße anmachen und mit Schnittlauch würzen.

Möhren-Lauch-Apfel-Salat

ca. 190 Kal.

1 Mohrrübe, geschabt, geraspelt,
1 Stückchen Sellerieknolle, gesäubert, reraspelt,
1 kleiner Apfel, geschält, entkernt, grob geraffelt,
1 kleine saure Gurke, in kleinen Stückchen,
1 dünne Stange Lauch, gewaschen, in Scheibchen;
zur Soße:
3 El Joghurt, 1 Eigelb, 2 El Zitronensaft,
je 1 Prise Salz und Pfeffer

Mohrrübe, Sellerie, Apfel, saure Gurkenstückchen und Lauch miteinander vermengen und mit der Salatsoße anrichten.

Salat niçoise

ca. 240 Kal.

2 mittelgroße Tomaten, enthäutet, in Scheiben,
1 Stück Salatgurke, in Scheiben,
einige Kopfsalatblätter, gewaschen, zerzupft,
1 kleine grüne Paprikaschote, gewaschen, in Streifen,
einige schwarze Oliven, 1 kleine Zwiebel, in Scheibchen;
zur Soße:
1 El Öl, 1 El Essig,
frischgemahlener Pfeffer nach Geschmack,
etwas Streuwürze, 1 Messerspitze Senf,
1/2 Tl Oregano, 2 El Dill, Schnittlauch, Petersilie, gehackt

Tomaten, Salatblätter, Gurke und die von Samen und pelzigen Adern befreite Paprikaschote sowie Oliven und Zwiebelscheibchen miteinander vermischen und mit der Salatsoße anrichten.

Blumenkohl mit Kopfsalat

ca. 100 Kal.

100 g Blumenkohl, gesäubert, geraspelt,
einige Blätter Kopfsalat, gewaschen, zerzupft,
ein paar Radieschen;
Tomaten-Kräutersoße S. 36

Die feingeraspelten Blumenkohlröschen in die Mitte der Schüssel schichten und mit einem dichten Kranz von mit Salatsoße angemachtem Kopfsalat umgeben, in den man Radieschen setzen kann. Statt Radieschen können auch Tomatenscheiben verwendet werden.

Spargel mit Kopfsalat

ca. 90 Kal.

2 Stangen dünner Spargel, geschält, in dünnen Scheiben,
einige Blätter Kopfsalat, gewaschen, zerzupft,
Schnittlauch, in Röllchen;
Rahmsoße 2. Art, S. 39

Die dünnen Spargelscheiben unter den Kopfsalat mischen und mit Salatsoße und viel Schnittlauch anrichten.

Spargel mit Tomaten

ca. 120 Kal.

2 Stangen dünner Spargel, geschält, in dünnen Scheiben,
1 El Mayonnaise nach Grundrezept S. 37,
2 mittelgroße Tomaten, 2 El gehackte Petersilie

Den Spargel mit verdünnter Mayonnaise vermischen und entweder in ausgehöhlte Tomaten füllen oder auf Tomatenscheiben in kleinen Häufchen anrichten. Darüber streut man reichlich Petersilie.

Chicorée mit Roten Rüben

ca. 115 Kal.

1 kleine Rote Rübe, Kochbrühe,
1 Prise Zucker, 1 Lorbeerblatt, 2 Nelken,
1 Zwiebel, in Scheiben, 1 Stange Chicorée;
Salatsoße aus 1 Tl Öl und 1 Tl Essig

Dieses Rezept enthält ausnahmsweise eine gekochte Zutat, nämlich die Rote Rübe.

Rote Rüben sorgfältig waschen und bürsten, jedoch sehe man sich vor, daß man sie nicht verletzt, da sie sonst die schöne rote Farbe beim Kochen verlieren. In wenig kochendem Wasser dämpfen, bis sie weich sind (2 bis 3 Stunden). Dann vorsichtig häuten (nicht mit der Gabel einstechen!). Holzige Rüben sind zu entfernen, die zarten werden fein gehobelt.

Die feingehobelte Rote Rübe mit der Salatsoße anmachen, der man etwas von der Kochbrühe sowie etwas Zucker, Lorbeerblatt, Nelken und eine in Scheiben geschnittene Zwiebel zusetzt.

Diesen Salat einige Stunden durchziehen lassen und dann unter die mit Salatsoße angemachte Chicorée mischen. In einer Glasschüssel aufgetragen, erfreut der Salat schon durch sein appetitliches Aussehen. Der bittere Geschmack der Chicorée und die Süße der Roten Rübe ergeben eine angenehme Geschmacksmischung.

Chicorée mit Tomaten
ca. 75 Kal.

1 Stange Chicorée, gewaschen, fein geschnitten,
1/2 Knoblauchzehe, gerieben,
1 mittelgroße Tomate, enthäutet, in Scheiben;
Salatsoße aus 1 Tl Öl und 1 Tl Zitronensaft

Chicorée wird genauso zubereitet wie Endiviensalat. Etwas geriebene Knoblauchzehe schmeckt sehr gut daran. Unter den fein geschnittenen Chicorée mischt man die in Scheiben geschnittene, mit Salatsoße angerichtete Tomate. Sehr hübsch sieht es auch aus, wenn man die Tomaten kranzförmig am Rande der Schüssel um den Salat herum anordnet und dann mit der Marinade beträufelt.

Gefüllte Tomaten mit Hüttenkäse
ca. 250 Kal.

2 mittelgroße Tomaten,
4 El Hüttenkäse, 1 El saurer Rahm,
2 El Schnittlauch, in Röllchen, oder 1 Tl geriebener Meerrettich

Den Hüttenkäse mit Rahm gut verrühren und mit dem Schnittlauch bzw. Meerrettich vermischen. Die gewaschenen und wieder getrockneten Tomaten oben in Form eines Deckelchens aufschneiden und mit einem Löffelchen vorsichtig von den Kernen befreien. Dann den vorbereiteten Hüttenkäse hineinfüllen und so darin anhäufeln, daß der Tomatendeckel, der an einem Ende noch mit der Frucht zusammenhängt, nicht ganz schließt und so etwas von dem Inhalt hervorschauen läßt.

Gefüllte Tomaten, englische Art
ca. 175 Kal.

1 Tasse Bleichsellerie, Kopfsalat, Gurke, gemischt,
Mayonnaise nach Grundrezept S. 37,
2 Tomaten;
Salatsoße aus 1 Tl Öl und 1 Tl Zitronensaft,
Salatblätter zum Anrichten

Bleichsellerie, Kopfsalat und Gurken in Streifen schneiden und mit Mayonnaise anmachen. Inzwischen ausgehöhlte Tomaten in Salatsoße legen, etwas ziehen lassen und nachdem sie herausgenommen und abgetropft sind, den mit Mayonnaise vermischten Salat hineinfüllen. Auf Salatblättern anrichten.

Türkischer Gurkensalat

ca. 150 Kal.

1/2 grüne Gurke, geschält, in feinen Scheiben,
3 El Quark, 1 El saure Sahne,
1/2 Knoblauchzehe, gerieben, 1 Prise Salz

Die in feine Scheiben geschnittene Gurke kaltstellen. Quark mit saurer Sahne zu einer dicken Soße anrühren, mit der geriebenen Knoblauchzehe würzen und leicht salzen; mit den Gurkenscheiben vermischen.

Römischer Salat mit Roten Rüben

ca. 100 Kal.

1 Tasse römischer Salat,
2 El Rote Rüben, geraspelt;
Frühjahrskräutersoße S. 34
1 El saurer Rahm

Der römische Salat, eine Abart des Kopfsalats, mit langen, großen Blättern, wird mit der Frühjahrskräutersoße angemacht und mit den geraspelten Roten Rüben und saurem Rahm vermischt. Man kann die Roten Rüben auch ganz fein hobeln und den Rand der Schüssel damit zieren, muß sie dann aber vorher einige Zeit in einer einfachen Salatsoße ziehen lassen.

Spanischer Salat

ca. 200 Kal.

1 Scheibe Weißbrot, würflig geschnitten,
1 Tl Olivenöl,
1 Stück Gurke, 1 Tomate, jeweils in Scheiben,
1 mittelgroße spanische Zwiebel, in Ringen,
1 Salatherz, in Vierteln,
1/2 Knoblauchzehe, fein gerieben, etwas Kümmel;
Salatsoße aus 1 Tl Öl und 1 Tl Zitronensaft

Das würflig geschnittene Weißbrot in Öl goldgelb rösten, und in die Salatschüssel geben. Dann die in Scheiben geschnittene Gurke, Tomate, die Zwiebelringe und das in Viertel geschnittene Salatherz darauf legen. Das Ganze mit einer Salatsoße, der etwas feingeriebener Knoblauch und Kümmel zugesetzt sind, anmachen und zum Durchziehen kaltstellen.

Kürbis-Sellerie-Salat
ca. 130 Kal.

2 Tassen roher Kürbis, geraspelt,
2 Tassen Sellerieknolle, geputzt, geraspelt;
1 Tl Öl, 1/2 Tl Essig, 1 El Rahm

Kürbis und Sellerie mischen, sofort mit der vorbereiteten Salatsoße aus Öl und Essig, der etwas Rahm zugefügt wird, oder mit verdünnter Mayonnaise anrichten.

Kürbis-Sellerie-Apfel-Salat
ca. 190 Kal.

je 1 Tasse Kürbis, Sellerie, Apfel, grob gerieben,
1 Kräutergurke, fein geschnitten;
1 El Mayonnaise S. 37, 1 El Milch

Kürbis, Sellerie, Apfel, grob gerieben, mit der Kräutergurke vermischen und mit verdünnter Mayonnaise anrichten.

Kürbis-Tomaten-Salat
ca. 130 Kal.

2 Tassen Tomaten, enthäutet, in Scheiben,
1 Tasse Kürbis, geraspelt,
1 Tl Öl, 1 Tl Essig,
1 mittelgroße Zwiebel, fein geschnitten,
2 El Petersilie, gehackt

Tomaten und Kürbis mischen, mit Salatsoße aus Öl und Essig, Zwiebeln und Petersilie anrichten.

Tomaten-Pfirsich-Salat
ca. 200 Kal.

2 mittelgroße Tomaten, enthäutet, in Scheiben,
1 großer Pfirsich, enthäutet, entsteint, in Stückchen;
zur Soße:
1 El Öl, 1 El Zitronensaft,
je 1 Prise Salz und Zucker

Tomaten und Pfirsiche mischen und mit der Salatsoße anrichten.

Rohkost-Salate in Sülze

Rohkostsalate lassen sich für einige Stunden im Kühlschrank sehr schön frisch halten, wenn man sie in die folgende leichte Sülze einlegt. Eine einfache Salatsoße oder eine leichte Mayonnaise wird erst bei Tisch zugegeben.

Sülze
ca. 2 Kal.

1 Blatt Dünnblattgelatine,
1/4 l abgekochtes Wasser,
3 El Weinessig,
1/2 Tl Kräutersalz

Die Gelatine in ganz wenig kaltem Wasser einweichen. Das abgekochte Wasser mit Weinessig und Kräutersalz würzen und die ausgedrückte Gelatine dazugeben. Während die Gelatine sich völlig auflöst, kühlt die Sülze ab. Dann in die abgekühlte Sülze die gut gemischte, mit Zitrone befeuchtete Rohkost einrühren. In eine mit Öl ausgestrichene Salatschüssel füllen und kühlstellen. Die Sülze ist in diesem Falle nicht steif, sondern sie wirkt wie eine dünne Marinade. Mit grünen Salatblättern umrandet servieren.

Zusammenstellung von Salat-Platten

Einen einfachen Salat herzustellen, ist meist nicht schwierig. Verschiedene Salate jedoch farblich und geschmacklich so aufeinander abzustimmen, daß sie zusammen eine wohlausgewogene Salatplatte ergeben, das gehört schon zu den gehobenen Fähigkeiten der Hausfrau. Hier folgen nun einige Vorschläge, die sich natürlich mit etwas Phantasie jederzeit ergänzen und variieren lassen. Wichtig ist, daß jedesmal Salate aus Wurzeln bzw. Wurzelgebilden, Blattsalate und Gemüsesalate zusammen auf einer Platte serviert werden, z. B.:

a) Sellerie – Spinat – Tomaten
b) Karotten – Weißkraut – Gurken
c) Rettich – Feldsalat – Blumenkohl
d) Kohlrabi – Rotkraut – Gurken

Jede Salatart wird für sich angerichtet, entweder mit einer gemeinsamen Soße, z. B. verdünnter Mayonnaise, oder nur eine Art mit Mayonnaise, die anderen mit Rahm- oder Kräutersoße oder einfacher Salatsoße. Aus Sparsamkeitsgründen wird es nicht überall das ganze Jahr hindurch möglich sein, sich an die oben angegebene Dreiteilung zu halten, weil gerade Gurken und Tomaten in manchen Monaten nur zu hohen Preisen und aus dem Gewächshaus erhältlich sind. Dann behilft man sich mit zwei Arten von Salat. Grüne Blattsalate sollten täglich auf jeden Tisch kommen, da die grünen Blätter hochwertige Vitamin- und Eiweißspender sind.

Wer der Einfachheit und Billigkeit halber nur eine Sorte Rohkost auf den Tisch bringt, kann trotzdem für Abwechslung sorgen, da fast das ganze Jahr über mehrere Wurzel- und Blattgemüsearten preiswert zu erstehen sind. Als besonders preisgünstig bietet sich dabei die Möhre an.

Wer eine bestimmte Diät einhalten muß, kann sich leicht darüber orientieren, welche Gemüse und Salate für seine persönliche Diät wertvoll sind: darüber ist bei den einzelnen Nahrungspflanzen hier ausführlich berichtet.

Für die schnelle Küche sind die milchsauren Gemüse in Gläsern (Reformhaus) eine empfehlenswerte Lösung. Aber auch die im Lebensmittelhandel befindlichen Gemüsesalate, z. B. aus Paprikaschoten, sind eine wünschenswerte Salatzulage. Zwar sind sie nicht roh, jedoch wird nur kurz pasteurisiert, da die Haltbarkeit auch durch den Essig gesichert ist. Die Vitamine sind besonders in den fertigen Paprikasalaten weitgehend erhalten.

Obst – bekömmlich und erfrischend

Obstsalat
(für 4 Personen)
ca. 150 Kal.
pro Portion

200 g Äpfel, 200 g Birnen, 200 g Trauben,
Saft einer halben Zitrone,
1 Tl Zucker oder Honig, 4–6 El Rahm

Das sehr sorgfältig gewaschene, ungeschälte Obst mit rostfreiem Messer in Viertel und dann in ganz feine Scheiben zerschneiden, mit Zucker bestreuen. Die schon vorbereitete Soße aus Zitrone und Rahm sogleich darübergießen, damit das Obst seine helle Färbung behält, zuletzt die abgezupften Trauben daruntermischen oder als Kranz rundherum setzen.

Anstelle der oben genannten Obstarten können auch andere Mischungen zusammengestellt werden, z. B. Äpfel, Bananen und Orangen oder Äpfel, Aprikosen und Birnen; der Phantasie sind hierbei keine Grenzen gesetzt. Durch Zugabe von Feigenstreifen und grob gehackten Nüssen kann der Obstsalat noch verfeinert werden.
Eine aparte Mischung: Dem Obst können reife, in Scheiben geschnittene Tomaten beigefügt werden.

Sehr gut schmecken auch die folgenden Variationen:

ca. 170 Kal.
pro Portion

Zubereitung mit Nußmayonnaise, S. 41 (vierfache Menge) anstelle von Zitronensaft, Zucker und Rahm, gewürzt mit einer Prise Ingwerpulver.

ca. 150 Kal.
pro Portion

Das zerkleinerte Obst mit Zitronensaft beträufeln und mit 6 El leicht gesüßter Schlagsahne anrichten.

Obstkaltschalen mit Milch und Quark

Obstkaltschalen mit Milch sind nicht nur ein köstlich erfrischendes Getränk an heißen Sommertagen; wegen ihres niedrigen Kaloriengehalts sind sie auch für Schlankheitskuren und Obsttage bestens geeignet.

Noch ein wichtiger Hinweis: Zuckerkranke verwenden statt des gewöhnlichen Küchenzuckers Sanddorn-Vollfrucht (Donath) mit Fruchtzucker oder nur Fruchtzucker.

Wenn nicht anders angegeben, sind die folgenden Rezepte für eine Person berechnet.

Beeren-Kaltschale mit Milch
ca. 200 Kal.

150 g Beeren, nach Saison,
1/8 l frische Milch,
1 El Honig oder Sanddorn-Vollfrucht

Die Beeren, sauber verlesen und gewaschen, in einen tiefen Teller schichten und mit der Milch übergießen, in der Honig oder Sanddorn, gesüßt, aufgelöst wurde.

Auf diese Weise können Heidelbeeren, weiße und rote Johannisbeeren, Erdbeeren und Himbeeren zubereitet werden.

Beeren-Kaltschale mit Sauermilch
ca. 140 Kal.
mit Zucker ca. 200 Kal.

150 g Beeren,
1/8 l frische Milch,
evtl. 1 El Zucker

Die Beeren ohne Zucker in eine Glasschale schichten und mit der Frischmilch übergießen. An heißen Tagen wird die Milch rund um die Früchte nach kurzer Zeit dick. Nach Belieben kann man etwas Zucker darüber streuen.

Schweden-Kaltschale
ca. 200 Kal.

je 50 g Erdbeeren, Himbeeren und Johannisbeeren,
1 EL Sanddorn-Vollfrucht,
1/8 l Frischmilch

Die Beeren mit Sanddorn vermischen. 1/8 l Milch darüber gießen.

Quark-Kaltschale mit Beeren

(für 2 Personen)
ca. 150 Kal.
pro Portion

125 g Quark (20 %),
1 Päckchen Vanillin-Zucker,
1 El Rahm,
je 100 g Himbeeren und Johannisbeeren

Quark mit Vanillin-Zucker und Rahm gut verrühren, so daß er cremeartig wird. Dann die Beeren unterziehen. Kurze Zeit kaltstellen und auftragen.

Heidelbeer-Quarkschale

(2 Portionen)
ca. 160 Kal.
pro Portion

125 g Quark (20 %),
4 El Milch,
2 El Honig,
200 g Heidelbeeren

Zubereitung wie bei Quark-Kaltschale.

Erdbeer-Quarkschale

(2 Portionen)
ca. 160 Kal.
pro Portion

125 g Quark (20 %),
2 El Rahm,
2 El Sanddorn-Vollfrucht,
150 g Erdbeeren

Zubereitung wie bei Quark-Kaltschale.

Milch-Obstkaltschale, leicht gebunden*

(für 2 Personen)
ca. 160 Kal.
pro Portion

2 Blatt Dünnblattgelatine,
1/4 l Trinkmilch, 3,5 % Fett,
etwas Vanillemark, 2 El Zucker, 150 g Beerenobst

Gelatine in wenig kaltem Wasser einweichen. Milch mit dem Vanillemark heiß werden lassen, nicht kochen, Zucker hineingeben, die ausgedrückte, abgetropfte Gelatine in der heißen Milch auflösen und kühlstellen. Inzwischen die Beeren waschen und abzupfen oder anderes Obst zerkleinern. Wenn die Gelatine-Milch abgekühlt ist, das Obst hineinrühren und alles kühlstellen.

* Die beliebte Bindung mit Stärkemehl oder Puddingpulver gefährdet die Linie. Bindet man jedoch mit Gelatine, so besteht die Gefahr nicht, da Gelatine reines Eiweiß ist, und Eiweißkalorien nicht dick machen.

Pfirsich-Kaltschale
(für 2 Personen)
ca. 160 Kal.
pro Portion

125 g Quark (20 %),
1 El Rahm oder Kondensmilch,
250 g Pfirsische, 1 El Zucker

Quark und Rahm oder Kondensmilch sahnig verrühren. Reife Pfirsiche entsteinen und häuten und in feine Scheiben schneiden. Mit Zucker bestreuen, den Sahnequark darüber geben und alles vermischen.

Buttermilch-Kaltschale, leicht gebunden
(für 2 Personen)
ca. 80 Kal.
pro Portion

1/4 l Buttermilch, 2 El Sanddorn-Vollfrucht,
2 Blatt Dünnblattgelatine, 2 El Wasser

Buttermilch mit Sanddorn verquirlen. Die kalt eingeweichte Dünnblattgelatine abtropfen lassen, mit heißem Wasser völlig auflösen. In diese Lösung die Sanddorn-Buttermilch einrühren, in zwei kalt ausgespülte Schälchen oder Tassen füllen und kühlstellen.

Tiefkühlobst für Mixgetränke

Das tiefgefrorene Obst kann im Elektromixer nur wenig angetaut mit Milch, Joghurt, Buttermilch oder Sahne vermischt werden. Hierbei gehen durch langes Auftauen also kaum Vitamine verloren, und die Getränke sind gleich erfrischend kühl, ohne daß Eis zugesetzt werden müßte.

Früchte-Quark-Cocktail
(3 Portionen)
ca. 90 Kal.
pro Portion

1 Becher Quark mit Früchten (200 g), tiefgefroren,
1/2 l Milch, 1 Eigelb,
1 El Zitronensaft, 1 Prise Salz

Die angetaute Quarkspeise mit den übrigen Zutaten im Mixer vermengen. Sofort in Gläser füllen und servieren.

Quarkcreme mit Früchten

(4 Portionen)
ca. 200 Kal.
pro Portion

2 Eigelb, 50 g Zucker,
250 g Quark, an- oder aufgetaut,
3 Blatt Dünnblattgelatine,
150 g gezuckerte, gefrorene Früchte,
1 El Zitronensaft, 2 Eischnee

Eigelb mit Zucker und Quark schaumig rühren. Die eingeweichte, in 3 El heißem Wasser aufgelöste Gelatine zu der Quarkmasse geben.

Die gefrorenen, leicht angetauten Früchte im Elektromixer pürieren und mit Zitronensaft ebenfalls zu der Quarkmischung geben, gründlich mischen. Zuletzt den festen Eischnee darunter geben.

Diese Mischung kann sofort serviert werden.

Weintrauben-Gelee

(6 Portionen)
ca. 180 Kal.
pro Portion

400 g Weintrauben, blaue und grüne gemischt.
1/2 l Apfelsaft,
60 g Zucker,
10 g (1 El) Zitronensaft,
1 Likörglas Rum,
8 Blatt Gelita-Dünnblatt-Gelatine,
50 g Schlagsahne.

Gelatine zusammengerollt mit kaltem Wasser bedeckt einweichen, ca. 4 Minuten. Die gewaschenen Weintrauben halbieren, entkernen und in eine kalt ausgespülte Form schichten. Apfelsaft, Zucker, Zitrone und Rum gut verrühren, bis sich der Zucker aufgelöst hat. Die abgetropfte, etwas ausgedrückte Gelatine im Wasserbad verflüssigen, allmählich in den gut gekühlten Obstsaft einrühren und über die Weintrauben geben, im Kühlschrank die Speise erstarren lassen und vor dem Servieren stürzen. Mit der ungesüßten steif geschlagenen Sahne garnieren.

Exotenfrüchte aus tropischer Wunderwelt

Ananas, ersetzt Magensalzsäure

Die Ananas, englisch »Pineapple«, d. h. »Kienapfel« wegen der äußeren Ähnlichkeit mit einem Kiefernzapfen, soll ihre Urheimat in Paraguay haben. Von den dortigen Ureinwohnern, den Quaranti-Indianern, wird sie »nana ment« d. h. köstliche Frucht, genannt.

Neben Eisen und Kalk findet sich im frischen Saft Bromelin, das Nahrungseiweiß ohne Vorhandensein von Salzsäure aufzuspalten vermag. Nur die frische Ananas hat diese Wirkung. Bei Mangel an Magensalzsäure empfiehlt sich also diese Frucht.

Am besten schneidet man sie in dicke Scheiben, die man dann schält und von dem inneren Strunk befreit.

Ihrer eiweißauflösenden Wirkung wegen kann Ananas roh nicht für Gelatinespeisen verwendet werden.

Weißkrautsalat mit Ananas

(2 Portionen)
ca. 100 Kal.
pro Portion

100 g Weißkraut, 100 g frische Ananaswürfel,
1 El Schlagrahm, Mayonnaise nach Grundrezept S. 37

Weißkohl in papierdünne Streifen schneiden und mit den Ananaswürfeln mischen. Anrichten mit Mayonnaise, der etwas Schlagrahm zugesetzt wurde.

Avocado, »Kaviar der Pflanzenwelt«

Die Avocadobirne wird überall in den Tropen und Subtropen angebaut. Diese birnenförmige Frucht, die übrigens als Aphrodisiakum gilt, hat zwischen einer harten Schale und einem großen, harten Kern, ein grünliches, fettes Fleisch. Dieses butterartige Fruchtfleisch kann mit einem Löffel leicht herausgenommen werden. In Mexiko bezeichnet man diesen Fruchtbrei als »Butter des Waldes«. In Europa spricht man wegen des hohen Preises der Frucht vom »Kaviar der Pflanzenwelt«.

Für den Frischverzehr wird die Frucht wie eine Birne der Länge nach aufgeschnitten; man schält den fast hühnereigroßen Kern heraus (Samen) und kann nun die Frucht weiter verarbeiten. Man kann aber auch einfach das Fruchtfleisch mit einem kleinen Löffel herausheben, um es gleich zu verzehren.

Im Ursprungsland gibt man Pfeffer und Zitronensaft darauf.

Avocadosalat »Gouacomolé«

(2 Portionen)
ca. 105 Kal.
pro Portion

100 g Avocadofruchtfleisch, 1 El Senf,
je 1 Prise Salz und Pfeffer,
2–3 Tomaten, enthäutet, in Scheiben,
2 kleine Zwiebeln, würflig geschnitten

Das Fruchtfleisch mit Senf, Salz und Pfeffer sahnig rühren und mit Tomaten und Zwiebeln gut vermischen.

Avocado-Quarkcreme in Tomatenhälften

(2 Portionen)
ca. 130 Kal.
pro Portion

2 Tomaten, 100 g Avocadofrucht,
50 g Magerquark, Senfsoße S. 42,
einige Salatblätter

Die Tomaten waschen, halbieren, aushöhlen, umstülpen zum Abtropfen. Das Avocado-Fruchtfleisch mit dem Quark und der Senfsoße sahnig rühren und in die Tomatenhälften einfüllen. Diese auf grünem Salat anrichten.

Banane, kochsalzärmste Frucht, vitaminreich

Die Banane gehört heute zur Volksnahrung, und mit Recht. Zu Unrecht wird sie verteufelt, einen zu hohen Kochsalzgehalt zu haben. Sie hat zwar einen gewissen Gehalt an Chlor, einem Bestandteil des Kochsalzes, weshalb sie bei gewissen Nierenleiden verboten ist, aber im übrigen ist ihr Natriumgehalt, das ist der 2. Bestandteil des Kochsalzes (Chlor-Natrium) so gering, daß die Banane auch für kochsalzarme Kostformen erlaubt ist. Wegen ihrer Leichtverdaulichkeit ist sie den Leber- und Magenkranken willkommen. Ihr Reichtum an dem Schönheits- und Wachstumsvitamin A und dem Nervenvitamin B_1 macht sie wertvoll für die heranwachsende Jugend.

Nicht minder dient sie dem alternden Organismus, zumal sie so leicht zu kauen ist. Auch die Übergewichtigen brauchen nicht darauf zu verzichten. Übergewicht bleibt ein quantitatives Problem der Gesamtzufuhr an Kalorien.

Bananen-Quarkcreme

(2 Portionen)
ca. 130 Kal.
pro Portion

60 g Banane, geschält, 3 El Sanddorn-Vollfrucht,
1/10 l Trinkmilch 3,5 % Fett,
60 g Speisequark, 1 El Schlagrahm,
2 Blatt Dünnblattgelatine, 3 El Wasser

Banane, Sanddorn, Milch, Quark und Schlagrahm mit dem Elektroquirl sahnig schlagen. Gelatine kurz kalt einweichen, ausdrücken, in heißem Wasser auflösen, langsam in die Fruchtquarkmasse einrühren. In zwei kalt ausgespülte Tassen oder Schälchen füllen und kühlstellen.

Bananensalat »Louisiana«

ca. 125 Kal.

100 g Tomaten, enthäutet, in Vierteln,
1 Blutorange, in Streifen,
60 g Bananen, geschält, in Scheiben,
1 El Schlagrahm, 1 Prise Pfeffer oder Curry;
Tomatensoße S. 36

Tomatenviertel, Orange- und Bananenscheiben mischen, in Tomatensoße marinieren, Schlagrahm unterziehen. Mit Pfeffer oder mildem Currypulver bestreuen.

Bananen- Sellerie-Salat ca. 135 Kal.	*60 g Bananen, geschält, in Scheiben,* *1 Stück Sellerieknolle, fein geraffelt,* *2 El Zitronensaft, 2 El Schnittlauch, in Röllchen;* *zur Soße:* *2 El saure Sahne, 1 Prise Salz*

Bananenscheiben und die fein geraffelte Sellerieknolle mit Zitronensaft beträufeln und mit der Salatsoße vermischen. Schnittlauch darüber streuen.

Banane in Grapefruitcreme (für 2 Personen) ca. 115 Kal. pro Portion	*1/8 l Grapefruitsaft, frisch gepreßt,* *30 g Zucker, 1 Eigelb,* *2 Blatt Dünnblatt-Gelatine, 1 Eiweiß,* *100 g Banane, in Scheiben*

Fruchtsaft, Zucker und Eigelb gründlich verrühren, die eingeweichte Gelatine in 2 El heißem Wasser völlig auflösen und zu dem Fruchtsaftgemisch geben, tüchtig rühren, dann kaltstellen. Sobald die Masse zu gelieren beginnt, den steifen Eischnee unterziehen und gründlich schlagen. Dann die Bananenscheiben abwechselnd mit der Creme in zwei hohe, kalt ausgespülte Gläser füllen und im Kühlschrank fest werden lassen.

Grapefruit, natürliches Laxans

Die *Pampelmuse* stammt aus Malaya. Botanisch nicht dasselbe, auch nicht von ihr abstammend, ist die *Grapefruit,* deren Name (engl. grape = Weintraube) davon hergeleitet wird, daß die Früchte meist eng zusammenhängen wie die Beeren einer Weintraube (also »Traubenfrucht«). Doch unterscheidet die Umgangs- und Handelssprache nicht zwischen der großfrüchtigen bis zu 6 kg schweren Pampelmuse und der kleineren Grapefruit, die etwa doppelt so groß wie eine Orange ist.

Die Grapefruit wird aus Israel und Cypern, aus Westindien und Jamaika geliefert. Die Schale ist glatt und gelb, es gibt Sorten mit rötlicher Schale und ebensolchem Fruchtfleisch. Der leicht bittere Saft im Fruchtfleisch und im Saft ist Limonin mit dem Vitamin-P Faktor Naringin. Das Fruchtfleisch ist ein mild wirkendes Laxans, dem Saft geht diese Wirkung ab. In den Tropen streut man etwas Salz auf das Fruchtfleisch anstelle von Zucker. Die Früchte sollen gut abgelagert sein, ehe sie verzehrt werden. Zum Frischgenuß wird die Grapefruit quer halbiert. Mit einem spitzen Küchenmesser, besser mit einem gekrümmten, gezähnten Grapefruitmesser, läßt sich dann die Frucht leicht aus der Schale lösen. Sie muß auf eine Schale gestellt werden, um austretenden Saft aufzufangen. Nach dem Lösen von der Schale teilt man die Frucht in ihre Segmente. Gegen den bitter-säuerlichen Geschmack kann man statt Salz oder Zucker auch Weizenkeime aufstreuen oder Leinsamen.

Für festliche Anlässe kann auch Ingwerpulver zum Würzen gebraucht werden und gelegentlich mag auch ein Tropfen Rum oder Kognak in die Mitte fallen.

Eine Grapefruit hat etwa 125 g Fruchtfleisch und ergibt rund 40 Kalorien.

Grapefruit-Salat »Alice«
ca. 220 Kal.

1 Orange, 1 Grapefruit, 1 kleiner Apfel, 1/2 rote Paprika, 2 El geriebene Walnüsse; Soße Grundrezept S. 34

Filets einer Orange und einer Grapefruit mit Apfelscheibchen und würfelig geschnittener Paprikaschote mischen, mit geriebenen Walnüssen bestreuen und in die Salatsoße einlegen.

Grapefruitsalat mit Chicorée
ca. 135 Kal.

1 Grapefruit, 100 g Chicorée, 1/10 l frisch gepreßten Orangensaft, 1 Tl Honig

Grapefruit-Filets mit in Streifen geschnittener Chicorée mischen und mit Orangensaft, der mit Honig gesüßt wurde, marinieren.

Kaki, zuckersüß

Die Kakifrucht heißt botanisch Diospyros kaki, wobei das asiatische Wort kaki lediglich Frucht bedeutet, während diospyros (griechisch »göttliches Feuer«) sich auf die goldgelbe, orangerote bis tomatenrote Farbe bezieht. In Form und Größe ähnelt die Kaki einer Orange oder einer großen Tomate. Kakifrüchte sind weich. Sie werden ohne weitere Zubereitung roh verzehrt. 100 g = ca. 72 Kalorien.

Kaki, gefüllt
ca. 170 Kal.

1 Kakifrucht, 1/2 Banane,
1 El Sahnequark

Deckel von der Frucht abschneiden, aushöhlen, das ausgehöhlte Fruchtfleisch zerdrücken und mit pürierter Banane vermischen, die Masse einfüllen, abschließen mit einer großen Rosette aus Sahnequark, kühlstellen, kalt servieren.

Mango, »Badewannenfrucht«

Die Mangofrucht ist ein Geschenk des Himalaya. Sie kommt auch aus Südafrika zu uns, ebenso aus Israel. Sie kommt in unterschiedlichen Größen vor, von dem Umfang einer Pflaume bis zur 2 kg schweren Melone. Die länglich-ovale Form zeigt zuweilen eine nierenförmige Krümmung. Die Schale ist gelb bis rot oder grün. Alle drei Farbtöne können auch gleichzeitig ineinander übergehen. »Badewannenfrucht« heißt sie, weil sie gleich beim Aufschneiden und dann beim Verzehren so viel Saft abgibt, daß man sie eigentlich nur in der Badewanne genießen könnte.

Melonen-Obstsalat (Seite 99). ▷

Bunte Salatplatte mit Chicoreé, Kopfsalatherzen, Radicchio und Gurken. Dazu schmecken die verschiedensten Salatmayonnaisen (vgl.
Seite 37 ff.).

Sie hat von allen Früchten den höchsten Vitamin-A-Gehalt (Augen- und Hautschutzvitamin), Vitamin C weist sie 60 mg % auf wie die Grapefruit.

Für den Frischverzehr sollte die Mangofrucht kurze Zeit im Kühlschrank gelagert werden. Dadurch verliert sich das terpentinartige Aroma, das manchen Mangogewächsen anhaftet. Am besten schneidet man die ungeschälte Frucht quer auf, indem man mit dem Messer um den großen Kern herumfährt.

Zwei Stunden nach dem Verzehr ist weder Milch noch Alkohol erlaubt, weil sich sonst ernste Magenbeschwerden einstellen können. Eine Begründung dafür gibt es bis jetzt nicht.

Das Alkohol- und Milchverbot gilt auch für konservierte Mangos. Das Fruchtfleisch ist sehr wohlschmeckend.

100 g Mango = ca. 120 Kalorien.

Mango-Fruchtcreme
ca. 245 Kal.

200 g Mango-Fruchtfleisch,
1/2 Tasse Wasser, Saft von 1/2 Zitrone (1 El),
20 g Fruchtzucker,
1 Blatt Dünnblatt-Gelatine, 1 Eiweiß

Das Mangofruchtfleisch mit einer Gabel zerdrücken und durch ein Sieb streichen. Die halbe Tasse Wasser mit Zitronensaft säuern, den Fruchtzucker hinzugeben, die eingeweichte Gelatine abtropfen lassen, gut ausdrücken und in 1 El heißem Wasser auflösen. Mit dem Mangofruchtfleisch und dem Zitronenwasser gut verrühren, kühlstellen. Wenn die Masse anfängt zu gelieren, das steifgeschlagene Eiweiß vorsichtig unterziehen. In eine kalt ausgespülte Schale füllen und vorsichtig abkühlen lassen.

Melone, saftreiche Dessertfrucht

Melonen kommen in verschiedenen Arten vor: Glatte Melone oder »Ananas-Melone«, Netzmelone mit netzadriger Schale und Kantalupe. Letztere ist besonders süß und hocharomatisch.

Die Melone wird der Länge nach aufgeschnitten, halbiert und von den Samenkernen befreit. Dann wird sie nochmals in Filets unterteilt. Sie kann mit der Schale angeboten werden, läßt sich aber auch geschält gut in Form halten.

Die Wassermelone ist größer als die Zuckermelone, nicht so süß. Sie ist stark durstlöschend, paßt gut für die Diät der Zuckerkranken.

Melonen sind gut gekühlt zu servieren. Man kann sie auf verschiedene Arten würzen: mit Zucker, Salz, Curry oder Zimt.

100 g Zuckermelone = 26 Kalorien, 100 g Wassermelone = 23 Kalorien.

Melonen-Paprika-Salat
ca. 120 Kal.

150 g Melonenfruchtfleisch, in Würfeln,
30 g rote Paprika, in feinen Streifen, 1 El Mayonnaise

Melonenfruchtfleisch mit den Paprikastreifen vermischen und mit Mayonnaise anrichten.

Melone auf Kreolenart
ca. 120 Kal.

150 g Melonenwürfel,
150 g Erdbeeren, 2 El (20 g) Zucker

Die Melonenwürfel mit den Erdbeeren locker vermischen und zuckern. Wird der Fruchtsalat in größerer Menge zubereitet (eine ganze Melone), kann man ihn sehr hübsch in der ausgehöhlten Melone anrichten.

Wassermelone mit Gurke
ca. 190 Kal.

1/8 Wassermelone (von einer normal großen Melone),
1 Stück Gurke (etwa ebensoviel wie Melone),
2 El Öl, 1 El Zitrone,
etwas Pfeffer und Streuwürze, 1 Tl Majoran oder Oregano

Melone von Kernen befreien, Gurke und Melone in kleine Stücke schneiden und mit Öl, Zitrone und den Gewürzen mischen. Gut gekühlt servieren!

Melonen-Aspik süß-sauer

(2 Portionen)
ca. 225 Kal.
pro Portion

100 g Melonenwürfel (Zucker- oder Wassermelone),
3 El (ca. 60 g) Tomatenpaprika (in Essig, Glas),
4 grüne Oliven, 1/4 Tl Curry, 1/2 Tl Senfkörner,
je 1 El (15 g) Zucker für Melonenwürfel und Aspik,
3 El Zitronensaft, 1/8 l heißes Wasser,
3 Blatt Gelita-Dünnblatt-Gelatine,
1 hart gekochtes Ei, 2 El Senfmayonnaise S. 38

Melonenwürfel einzuckern, mit Curry und Zucker bestäuben, kaltstellen. Tomatenpaprika noch weiter zerkleinern. Oliven entkernen und zerschneiden, unter die Paprikaschoten mischen, kaltstellen. Eingeweichte Gelatine in dem heißen Wasser zusammen mit dem Zucker auflösen, Zitronensaft einrühren, in Schüsselchen kaltstellen.
Sobald die Sülze anfängt, zu gelieren, die vorbereiteten Salatzutaten mit dem würflig geschnittenen Hartei gut mischen, alles zusammen in die Sülze geben, gut durchmischen, in 2 kalt ausgespülte Schälchen füllen, im Kühlschrank fest werden lassen.
Auf grünen Salatblättern mit Senfmayonnaise anrichten.

Melonen-Obstsalat

(8 Portionen)
ca. 260 Kal.
pro Portion

1 mittelgroße Honigmelone,
1 kleine Dose Mandarinen (Saft abgegossen),
2 Bananen (in Scheiben geschnitten),
Saft einer Zitrone,
250 g Spargel aus der Dose,
1 Prise Salz, 250 g Miracel Whip*

Die Honigmelone halbieren, entkernen, schälen und in ca. 1 × 1 cm große Würfel schneiden oder mit dem Kartoffelausstecher Bällchen ausschneiden. Bananenscheiben gleich mit Zitronensaft beträufeln, damit sie nicht braun werden. Spargelstangen in ca. 3 cm lange Stücke schneiden. Alle Zutaten locker mit Miracel Whip mischen, mit einer Prise Salz würzen und kühlgestellt eine Stunde durchziehen lassen.
Besonders phantasievoll können Sie den Salat auf einer schönen Glasschale oder in einer halbierten, ausgehöhlten Wassermelone anrichten. Die Zacken mit einem Küchenmesser ausschneiden.

*) Eine neue Dressing-Spezialität, die aussieht wie Mayonnaise, jedoch weniger Fett enthält (Ölanteil unter 50 %).

Frischkost aus Getreide und Früchten

Rohe, ausgereifte Früchte geben in Verbindung mit frisch geschrotetem Getreide, mit Flocken oder mit Getreidekeimen und Milch eine in ihrer Zusammensetzung ideale Nahrung. Sie bildet ein ausreichendes Frühstück und kann ebensogut als Nachtessen empfohlen werden. In der von Dr. Bircher-Benner begründeten Zusammensetzung des »Bircher-Müsli« ähnelt sie weitgehend der Zusammensetzung der Muttermilch.

Rohes, durch keinerlei Hitzeeinwirkung verändertes, unzermahlenes Getreide enthält außer einer Fülle von Vitaminen auch die sogenannten Wuchsstoffe (Auxone), die, wie die Forschungen von Prof. Kollath erwiesen haben, für die Gesunderhaltung unentbehrlich sind. Um diese Stoffe dem Körper ungeschmälert zukommen zu lassen, darf das Getreide nicht auf Vorrat gemahlen werden, sondern soll täglich in der benötigten Menge mit Hilfe einer Schrotmühle frisch hergestellt werden. Nur gereinigtes, ungespitztes, also noch den Keim enthaltenes Getreide erfüllt den Zweck. Sobald das Getreide geschrotet ist, wird durch Hinzutritt des Luftsauerstoffs ein Teil der Vitamine und Wuchsstoffe zerstört. Eine Besonderheit bietet die Donath-Mühle (Reformhaus) mit einem Weizenschrot aus biologischem Anbau. Der Weizen wird nach einem patentierten Verfahren so geschrotet, daß der Keim und damit die ihm eingelagerten sauerstoff- und lichtempfindlichen Vitamine unversehrt bleiben. Dieser »Kraftkorn«-Schrot vermehrt beim Einweichen in etwas Wasser zum Müsli durch Keimung das Vitamin B_1 (Nerven- und Wachstumsvitamin).

Bekannt ist die Verwertung von Getreide in Flockenform (Hafer-, Weizen-, Roggen-, Grünkern-, Mais- und Reisflocken). Zu ihrer Herstellung wird das Getreide gedämpft und gequetscht, wodurch die Stärke aufgeschlossen wird. Die Flocken sind also nicht ganz roh. Eine Spezialität sind die nach einem werterhaltenden Verfahren von Prof. Kollath aus biologisch angebautem Weizen hergestellten »Kollath-Vollwert-Flocken«.

Kollath-Frühstück
Grundrezept
ca. 250 Kal.

20 g frischgeschrotete Weizenkörner oder Kollathflocken, 4–5 El Wasser, 125 g Obst nach Jahreszeit, evtl. 1 El Nüsse, 1 El Zitronensaft, 1/10 l Milch, Sauermilch oder Joghurt

Den Schrot über Nacht im Wasser einweichen, so daß ein dicker Brei entsteht. Mit Zitronensaft und geriebenen oder pürierten Früchten vermischen. Milch und Nüsse runden den Geschmack ab und machen die Nahrung vollwertiger.

Bircher-Müsli
Grundrezept
ca. 240 Kal.

1 El (10 g) Haferflocken, 3 El Wasser, 150 g frisches Obst (z. B. 1–2 Äpfel), Saft von 1/2 Zitrone, 1 El (25 g) gezuckerte Kondensmilch, 1 El (10 g) Nüsse

Die Flocken in Wasser kurze Zeit vorweichen, die Äpfel mit Schale und Kernhaus fein reiben und mit Zitronensaft beträufeln, damit sie hell bleiben. Flocken, Milch und geriebene Äpfel (oder anderes püriertes Obst) gründlich vermischen, zuletzt die Nüsse darunter rühren.
Anstelle der gesüßten Dosenmilch kann 1 El Bienenhonig, mit Wasser verdünnt, verwendet werden.
Wer Zucker und Honig meiden muß, nimmt statt dessen 1 El Rahm oder 2 El Joghurt.
Die Flocken können statt in Wasser in 4 El Frischmilch vorgeweicht werden.
Statt Haferflocken lassen sich Weizen-, Gerste-, Roggen-, Mais- oder Reisflocken verwenden. Auch Hafermark, Weizenschrot, Sojaflocken und Sojaschrot sind geeignet.

Kraftkorn-
Schrot-Müsli
Grundrezept

ca. 200 Kal.

2 El Donath-Kraftkorn, 3 El Wasser,
1 Tl Zitronensaft, 1 Tl Honig,
1 mittelgroßer Apfel, 1/2 Becher Joghurt oder Bioghurt

Kraftkorn in Wasser einweichen und 8–12 Stunden quellen lassen. Den geschälten Apfel grob raffeln und mit Zitronensaft und Honig unter den Brei mischen. Joghurt oder Bioghurt einrühren. Diabetiker nehmen anstelle des Honigs 1 Tl Fruchtzucker.

Weizenkeim-
Müsli
Grundrezept

ca. 215 Kal.

2 El Keimdiät-Keime (Dr. Grandel), 3–4 El Wasser,
1 Apfel, Saft von 1/2 Zitrone,
1 El gezuckerte Dosenmilch oder 4 El Frischmilch,
oder 2 El Joghurt oder 1 El Rahm,
evtl. etwas Honig

Die Keime einige Minuten in Wasser vorweichen, den Apfel reiben, mit Zitronensaft beträufeln und mit den Keimen vermischen. Mit Milch, Sahne oder Joghurt abschmecken.

Variationsmöglichkeiten

Beerenfrüchte

kommen einzeln oder gemischt dazu: Erdbeeren, leicht mit der Gabel zerdrückt; Heidelbeeren, Himbeeren oder Johannisbeeren, ebenfalls leicht zerdrückt. Süßen mit Zucker oder Honig. Stachelbeeren nur, wenn sie vollreif sind. Trauben läßt man ganz.

Kirschen
und andere

Saftige, reife Kirschen, entsteint, wenn nötig, etwas gesüßt. *Reineclauden, Mirabellen, Aprikosen,* entsteint und fein geschnitten mit rostfreiem Messer. Gut auch in Mischungen.

Zwetschgen,
Pflaumen

Sie sollten besser nur in kleinen Mengen mit anderen Früchten ins Müsli kommen, da sie leicht zu Gärungsvorgängen im Darm führen.

Birnen	Saftige, süße Sorten, geben fein geschnitten ohne Süßung schon allein eine delikate Speise, besser noch in Verbindung mit Äpfeln oder Orangen.
Südfrüchte	wie Orangen und Bananen sind gemischt oder in Verbindung mit Äpfeln vorzüglich: Orangen werden in kleine Stücke zerschnitten, Bananen entweder in feine Scheiben geschnitten oder mit der Gabel zerdrückt. Je reifer die Bananen sind, desto süßer und saftiger sind sie (am besten Bananen mit braunen Flecken auf der Schale).
Trockenfrüchte	Sie sollen ungeschwefelt und frei von Paraffin sein, da selbst durch wiederholtes Waschen der Schwefel nicht restlos zu entfernen ist. Je weißer die Apfelringe, desto mehr sind sie chemisch behandelt. Das unscheinbare im Haushalt getrocknete Obst ist am besten. Das sorgfältig gewaschene Trockenobst – 50 bis 80 g pro Kopf je nach Quellfähigkeit – wird über Nacht eingeweicht: Feigen werden zuvor in Streifen geschnitten, ebenso gedörrte Bananen. Zwetschgen sind gedörrt bekömmlicher als frische. Birnen müssen notfalls noch durch die Maschine gedreht werden, wenn sie nicht genügend weich geworden sind.
Frischobst mit Trockenfrüchten	Im Winter ergibt eine Zusammenstellung von Äpfeln, Orangen und über Nacht eingeweichten, streifig geschnittenen Feigen eine nicht nur köstliche, sondern auch gut sättigende Verbindung. Auch Datteln und Rosinen können mitverwendet werden.
Sanddornbeeren-saft	von schöner orangeroter Farbe findet man im Reformhaus. Donath Sanddorn-Vollfrucht enthält das Vielfache an Vitamin C wie die Zitrone. Gerade bei Obstgerichten paßt seine Verwendung vorzüglich.
Nüsse	können durch Mandeln ersetzt werden. Ferner ist das in Reformhäusern käufliche Nuß- oder Mandelmus sehr geeignet. Wer aber besonders sparsam und doch zweckmäßig arbeiten will, gibt zu den Flocken statt der Nüsse die gleiche Menge (1 El) Weizenkeime oder streut zuletzt – ohne weichen zu lassen – 1 El geschroteten Leinsamen über das Müsli.

Leinsamen-Müsli	2 El Leinsamen (Linusit), 5 El Flüssigkeit, 10 g Rosinen

ca. 75 Kal.

Die Leinsamen nur kurze Zeit, keinesfalls über Nacht, mit den Rosinen einweichen. Man erhält einen dicken Brei, der – auf nüchternen Magen genommen – bei starker Verstopfung hilft.

Obsttage

Obsttage sind ein sehr beliebter Weg, das Körpergewicht zu vermindern. Pro Tag kann man bis zu 1/2 kg Körpergewicht verlieren. Mehrere Obsttage nacheinander dürfen nur unter ärztlicher Aufsicht durchgeführt werden!

Früchtetage

Die erlaubte Tagesmenge wird in 5 Portionen eingeteilt. Die Verträglichkeit des Obstes wird erhöht, wenn zu jeder Portion eine kleine Scheibe Knäckebrot verzehrt wird. Dies ergibt pro Tag ca. 200 Kalorien mehr.

Obstart	erlaubte Tagesmenge	Kalorien
Äpfel	1500 g	765
Äpfel Birnen	1000 g 500 g	765
Aprikosen Pfirsiche Pflaumen	je 500 g	625
Äpfel Aprikosen Weintrauben	je 500 g	800
Äpfel Orangen Birnen	je 500 g	800

Obstsaft-Tage

Obstart	erlaubte Tagesmenge	Kalorien
Apfelsaft	1 l	ca. 700
Apfelsaft Birnensaft	je ¹/₂ l	ca. 700
Apfelsaft Traubensaft	³/₄ l ¹/₄ l	ca. 700
Johannisbeersaft	1 l	ca. 700
Erdbeersaft Kirschsaft	je ¹/₂ l	ca. 700

Besonders süßen Säften gibt man in jedes Glas 1 Zitronenscheibe oder einen Eßlöffel Zitronensaft bei. Tagesmenge in 5 Rationen nehmen. Bei großem Durst – wenn beispielsweise am Safttag größere Spaziergänge unternommen werden – kann zur vorgeschriebenen Saftmenge noch 1 Glas Buttermilch (40 Kalorien) getrunken werden.

Milch-Obst-Tage

Obstart	erlaubte Tagesmenge	Kalorien
Erdbeeren	1500 g	900
Heidelbeeren	1500 g	700
Himbeeren Johannisbeeren	1000 g 500 g	720

Pro Tag rechnet man 1/4 l Milch, zum Süßen dürfen insgesamt 2 gestrichene Eßlöffel Zucker verwendet werden. Wer 1/2 l Milch am Tag benötigt, muß in Kauf nehmen, daß er jeweils ca. 160 Kalorien mehr zu sich nimmt. Es empfiehlt sich, die Früchte teils roh, teils als Kaltschale mit Milch, in 5 Portionen aufgeteilt, zu verzehren.

Bei der Durchführung von Safttagen ist als vitamin-B-reiches Zwischengetränk zu empfehlen:

Mandelmilch

1 Tl Nuxo-Mandel-Emulsion wird mit einigen Tropfen Wasser zunächst glatt verrührt und dann mit 1/10 l abgekochtem und wieder abgekühltem Wasser verquirlt. So entspricht sie im Fettgehalt der gleichen Menge Trinkmilch.

Frische Säfte

Saftgewinnung von Hand

Am besten sind frisch gewonnene, also selbst bereitete Säfte, denn sie enthalten alle Duftstoffe und Vitamine ungeschmälert. Sorgfältiges Reinigen des Saftgutes ist notwendig; Wurzeln schaben (siehe auch S. 16ff) oder 30 Sekunden in kochendes Wasser tauchen. So fein wie möglich auf nichtrostender Reibe zerkleinern, den Brei durch einen Mull- oder Nesselbeutel pressen oder mit Hilfe einer Handpresse ausquetschen.

maschinell

Wesentlich einfacher und rationeller ist die Saftgewinnung mit einer elektrischen Saftzentrifuge, die auch Blattgemüse schnell entsaftet. In Handarbeit erreicht man nie eine solche Ausnützung des Saftgutes wie maschinell. Nicht zuviel Saftgut auf einmal auspressen, weil im Preßrückstand wie in einem Filter wertvolle Inhaltsstoffe zurückgehalten werden. Gibt man nach dem Entsaften noch einen kleinen Schuß Wasser durch die Saftzentrifuge, so wird der Preßrückstand besser ausgenützt. Werden nur geringe Saftmengen benötigt, so genügt es, das geriebene Obst oder Gemüse durch ein sauberes Nesseltüchlein zu filtrieren.
Rohe Säfte sollen nicht lange stehen bleiben, damit Vitaminverluste vermieden werden. Müssen größere Mengen vorbereitet werden, so sind sie im Kühlschrank aufzubewahren.

Bekömmliche Gemüsesäfte	erhält man aus Karotten, Möhren, Roten Rüben, Rettich, Tomaten und Gurken.
Kartoffelsaft	nur von ganz jungen, nicht keimenden Kartoffeln ist bewährt gegen Sodbrennen, darf nicht über einen längeren Zeitraum dauernd genommen werden (Gefahr der Augenschädigung durch Atropinwirkung); Karottensaft mit etwas Zitrone hat die gleichgute Wirkung ohne Schädigungsgefahr. Kartoffeln geschält auspressen.
Grünblattsäfte	hauptsächlich Brennessel- und Spinatsaft fördern die Magensaftbildung und wirken sekretionsanregend auf die Galle. Zur Geschmacksverbesserung werden sie mit Apfelsaft gemischt: Mischungsverhältnis 2/3 Grünblattsaft und 1/3 Apfelsaft (möglichst naturrein). Grünblattsäfte, ebenso wie Tomatenpaprika, Möhren, Karotten, Aprikosen und Sanddornbeeren, haben einen hohen Gehalt an Karotin, das in Vitamin A umgewandelt wird – jedoch nur bei gleichzeitiger Aufnahme von Fett. Man sollte diesen Säften daher ein wenig wertvolles Fett zusetzen, z. B. Nuxo-Mandel-Emulsion, einige Tropfen Sonnenblumen-Kaltpreßöl, 1 Tl Sahne oder 1 El Bioghurt, Joghurt oder Milch.
Weißkohlsaft	wird in Amerika täglich gegen Magengeschwür gebraucht, er enthält Vitamin U (U = ulcus = Magengeschwür).
Rote-Bete-Saft	hat durch die guten Erfahrungen des ungarischen Arztes Ferenczi in der Behandlung Krebskranker Eingang in die Krebsdiät gefunden. Gut auch zur Vorbeugung gegen Grippe (antikatarrhalische Wirkung), besonders in Verbindung mit Meerrettich.
Saure Fruchtsäfte	vor allem von Apfelsinen, sind Magen- und Leber-Gallekranken unverdünnt meist nicht zuträglich. Die einhüllende Wirkung von Leinsamenschleim oder von Haferschleim macht auch diese Säfte bekömmlich. Mischungsverhältnis: 2/3 Schleim, 1/3 Fruchtsaft, allmählich überleitend zu halb und halb, schließlich zu 1/3 Schleim und 2/3 Fruchtsaft. Der Schleim soll etwa 40° C haben.

Leinsamenschleim wird folgendermaßen zubereitet: 2 El Linusit mit 1/2 l kaltem Wasser zum Kochen bringen, dabei bleiben, weil die Flüssigkeit wie Milch überschäumt, sobald sie kocht. Nach 5 Minuten Kochdauer vom Feuer ziehen.

Zitrusfrüchte Apfelsinen, Mandarinen, Zitronen, Grapefruits nicht mit Aluminiumpressen ausdrücken, sondern nur mit solchen aus Glas, Porzellan oder Cromargan. Pressen, welche die Schale mit ausquetschen, sind diätetisch abzulehnen, da Schalenstoffe unerwünschte Reizwirkungen (Leber-Galle) auslösen können.

Frische Säfte – bunt gemixt

California-Becher
ca. 150 Kal.

1/10 l frischer Grapefruitsaft,
1 El Sanddornvollfrucht, gesüßt,
1/10 l Trinkmilch, 3,5 % Fett

Im Mixbecher mit Eiswürfeln mischen. Ein sehr vitamin-C-reiches Getränk!

»Rotes Hexlein«
ca. 80 Kal.

1/10 l frischer Möhrensaft,
1 El Sahne

Die Zugabe der Sahne erhöht durch den Fettgehalt die Wirksamkeit des Karotins, der Vorstufe von Vitamin A.

»Fromme Helene«
ca. 45 Kal.

1 Likörglas frisch gepreßter Rettichsaft,
1/10 l Buttermilch

Saft und Buttermilch gut verrühren und in kleinen Schlucken trinken. Ein Anti-Gallenstein-Spezial-Mix!

Eistee Orange
ca. 90 Kal.

3 Likörgläser frischer Orangensaft,
1 El Sanddornvollfrucht, 1 Spritzer Rum,
leicht gesüßter Tee

Orangensaft mit Sanddorn in ein hohes Becherglas mit Eiswürfeln geben, mit Rum aromatisieren und mit Tee auffüllen.

Olympia-Becher
ca. 150 Kal.
mit Alkohol
ca. 210 Kal.

1/10 l Trinkmilch, 3,5 g Fett,
1 Tl Nescafé, 2 El Sanddornvollfrucht, gesüßt,
1 El Zitronensaft,
evtl. 1 Likörglas Kirschwasser

Alle Zutaten im Mixbecher mit Eiswürfeln gut vermischen. Ein aufmunterndes Getränk, das vor allem bei Zugabe von Alkohol zu olympiaverdächtigen Leistungen anspornt – Vorsicht: Doping!

»Odysee«
ca. 100 Kal.

1/10 l frischer Tomatensaft, 1 Eigelb,
je 1 Prise Kräutersalz und Curry, 1/2 Tl Zucker

Alle Zutaten im Mixbecher mit Eis gut vermischen – ein stärkender Eye-opener nach anstrengenden Nächten!

»Rote Lampe«
ca. 140 Kal.

1/10 l Saft von Roter Bete,
je 1 Tl Friate (Apfelkonzentrat) und
frisch geriebener Meerrettich,
2 El Schlagrahm

Alle Zutaten gut verrühren. Dieser Cocktail wirkt beruhigend auf strapazierte Nerven.

Rezeptverzeichnis